Armin Thurnher

Heimniederlage

Nachrichten aus dem neuen Österreich

Paul Zsolnay Verlag

1 2 3 4 5 04 03 02 01 00

ISBN 3-552-04975-4

Satz: Satz für Satz. Barbara Reischmann, Leutkirch
Druck und Bindung: Friedrich Pustet, Regensburg
Printed in Germany

I

Trubel, Trauma, Niederlage

Ganz nüchtern wird der Osten,
wenn der Westen besoffen ist.
Karl Kraus, »Nachts«

Man kann nicht alles haben. Der Verlag lehnte meinen Titelvorschlag ab. Ich hätte »Trauma II« für gut gehalten. Gefolgt von Trauma III, Trauma IV, Trauma V und schließlich, aber nicht abschließend, »The Return of Trauma«. Schon im Titel »Das Trauma, ein Leben« meines vorhergegangenen Buches war es angedeutet: Das österreichische Trauma lebt, und es kommt immer wieder. Je mehr man es totsagt, desto sicherer.

Zwar bemerkte ein führender Kopf des Landes, der nur den Titel meines Buches, nicht aber dieses selbst kannte, er verstehe nicht ganz, was mich so traumatisiert habe in diesem hypernormalen Ländchen Österreich. Das war kurz nach den Wahlen vom 3. Oktober 1999. Nicht mich, Freund, das Land, hätte ich antworten mögen. Aber einige Monate später, nach der Bildung der blauschwarzen Koalition und den Sanktionen durch die Vierzehn, gab auch er zu, »schockiert« zu sein. Ja, Schock und Trauma regierten die Alpenrepublik. Das Land schlägt um sich, wälzt und wendet sich, trifft sich selbst und andere – kurz, man weiß nicht, wacht es auf, kommt es zu sich oder träumt es nur schlecht. Ist es eben im Begriff, zu Bewußtsein zu kommen, oder verabschiedet es sich gerade von sich selbst.

Das alles natürlich nur im Traum. Die Realität im wirklichen Leben ist tatsächlich völlig normal. Normal und reich. Nur Luxemburg, die Schweiz, Norwegen, Dänemark, Japan, Singapur, die USA und Island produzierten pro Kopf ein höheres Bruttosozialprodukt als die Österreicher. Nirgendwo in der Welt gibt es mehr Handys pro Person. Der Fortschritt ist da, die Institutionen haben Bestand. Der Rechtsstaat funktioniert, man darf sagen und schreiben, was man will, es brennt kein Asylantenheim; der Linksextremismus ist ausgerottet, der Rechtsextremismus nur verrückten Einzeltätern zuzuschreiben, die sich dann auch noch rechtzeitig umbringen. Eine wirtschaftliche Idylle bei ideeller Katastrophe, schrieb ich. Dem ist vieles hinzuzufügen. Zum Beispiel ein traumatisches Triptychon dreier tief österreichischer Figuren mit einsilbigen Namen: Franz Fuchs, Terrorist. Johann Kelz, sein Opfer, Polizist. Heinrich Gross, schrecklicher Psychiater.

Franz Fuchs, das weggewischte Trauma. Franz Fuchs, Erfinder und offenbar einziges Personal der Bajuwarischen Befreiungsarmee, die von 1993 bis 1996 das Land in Atem hielt, indem sie Briefbomben verschickte, welche fast ein Dutzend Menschen zum Teil schwer verletzten, und die das schlimmste politische Attentat der Zweiten Republik zu verantworten hatte, nämlich den Mord an den vier Roma in Oberwart, dieser Franz Fuchs erhängte sich Ende Februar 2000 in seiner Zelle in der Grazer Haftanstalt Karlau. Bereits 24 Stunden später hatte das Justizministerium seine letzte Untersuchung in Sachen Fuchs abgeschlossen. Zweifelsfrei liege Selbstmord vor, hieß es. Der Attentäter habe sich selbst getötet.

So fiel der Vorhang über dem Kapitel Fuchs, aber viele Fragen bleiben offen. Der zu allem fähige Einzeltäter, ein Mann, auf dessen universelle Fähigkeiten unter anderen

Umständen ein ganzes Land hätte stolz sein können, hatte sich nämlich seine beiden Hände samt Unterarmen bei seiner Verhaftung selber weggesprengt. Im Bericht des stellvertretenden Anstaltsleiters, Oberst Gerhard Plotho, heißt es: »Rechts in der Ecke des Haftraumes, nicht von der Haftraumtür einsehbar, hatte sich der Untergebrachte mit einem Kabel seines ihm ordnungsgemäß ausgefolgten Rasierapparates an einer Schraube eines Wandkästchens erhängt.« Er sei sehr geschickt mit seinen Armstümpfen gewesen, erklärten die Justizbeamten, habe Eßbesteck und Zahnbürste gebrauchen können. Die Psychologen waren, wie immer, nicht überrascht. Der Gerichtsgutachter, der seinerzeit vom »geborenen Einzeltäter« gesprochen hatte, meint, es sei nur »eine Frage der Zeit« gewesen, bis, wie sein Wiener Kollege ergänzte, Fuchs »diese persönlichste aller Entscheidungen« getroffen habe.

Damit verschwand die Figur des Einzeltäters aus der Zeitgeschichte, die Figur des Mannes, der alles nur allein tat und plante und mit dem Österreich so gar nichts zu tun hatte. Bis zuletzt bestritt er zwar, allein gewesen zu sein, aber das Verfahren war ohne ihn abgelaufen, weil er laut Parolen brüllte, damit man ihn aus dem Gerichtssaal entferne. So ersparte er sich zu hören, was das Gericht ihm sagen wollte. Fern liegt es mir, hieraus ein Sinnbild der aktuellen politischen Situation zu konstruieren: Österreich ist weder Einzeltäter noch brüllt es, und schon gar nicht wird es in eine Zelle zurückgeführt.

Der Prozeß war kurz, vieles blieb unangesprochen. Warum kam nicht alles auf den Tisch? Unzugehörige Fingerabdrücke, nicht von Fuchs' Kater stammende Katzenhaare in einem Bombenbrief, linguistische Gutachten, die von »mindestens drei Verfassern« der Bekennerbriefe reden, das nicht gefundene Labor, Rätsel, wie er zu den

Namen der Opfer kam – Fragen über Fragen, die ungeklärt im Raum schweben; und schon nicht mehr schweben, weil sie keinen mehr interessieren.

Die Verunsicherung des Rechtssystems ist Fuchs nicht geglückt, nicht einmal nach dem Tode. Obwohl keine Gutachter zugelassen wurden, die der Einzeltäterthese widersprochen hätten. Das Land hatte verstanden: Er ist nicht wir. Und unsere Art, es wieder gutzumachen, besteht nicht darin, einen umständlichen Prozeß zu führen, aus dem sich Fuchs durch Gebrüll selbst ausschließt (woanders hat man zu Plexiglaskabinen gegriffen), besteht nicht in den Mühen prozeßhafter Auseinandersetzung zwecks Wahrheitsfindung. Nur ein kurzer Prozeß ist ein guter Prozeß. Was bleibt, regelt das Unbewußte.

Theo Kelz, das überwundene Trauma. Kaum zwei Wochen nach dem Selbstmord von Franz Fuchs erstand ein Gegenbild zum brüllenden Dämon im Gerichtssaal: der Klagenfurter Polizist Theo Kelz. 1994 waren ihm durch eine von Franz Fuchs gelegte Rohrbombe beide Hände abgerissen worden. Nun nähten ihm die Ärzte in einer komplizierten Operation zwei Spenderhände an. Es war, wie die Medien stolz berichteten, der weltweit erst zweite Eingriff dieser Art, und er wurde als mehrfacher Triumph begangen.

Wir Österreicher sind zu medizinisch-technischen Höchstleistungen fähig, lautete die eine Botschaft. Das Selbstverständliche wird in einer merkwürdigen Selbstüberhöhung präsentiert, so daß es gleichwohl wieder nicht wie die Regel, sondern wie die Ausnahme daherkommt. Neben der Selbstfeier der Chirurgen, zu der selbstverständlich auch eine Moraldebatte gehörte, stand der willensstarke und disziplinierte Polizist im Vordergrund. Auch diese Eigenschaften verdienen großes Interesse. Nicht nur, weil Theo Kelz als Gegenfigur zu Franz Fuchs taugt, weil er uns beruhigt. Nein, er ist der Darsteller des überwundenen Traumas der Bajuwarischen Befreiungsarmee. Das ist die zweite Botschaft. Und was heißt Darsteller! Er verkörpert diese Überwindung; schon vor der Transplantation tat er mit Handprothesen seinen Dienst in der Verkehrsleitzentrale Klagenfurt. Der Terrorist erhängte sich ohne Hände; sein Opfer, der Exekutivbeamte ohne Hände, versah ruhig seine Pflicht. Und ohne Rachsucht: »Es ist bedauerlich, daß diese tragische Geschichte nun auch noch ein so tragisches Ende gefunden hat«, sagte er, als er vom Selbstmord des Franz Fuchs hörte.

Gegenbild: Der eine brüllte, weil er nicht hören und sehen wollte, der andere versteht seinen Job als Opfer und als Überwindung der Opferrolle als Dienstleistung nicht zuletzt an den Medien. Trotz eines erhöhten Infektionsrisikos stellte er sich bereits kurz nach der gelungenen Transplantation der Presse. Aber er leistete nicht bloß Dienst, er dankte den Ärzten, und er mahnte auch, seiner Rolle als Darsteller des offiziellen Österreich gewiß. Er mahnte die Journalisten, »die Pionierleistung« in die Welt hinauszutragen, »über das Ganze positiv zu berichten«, so wie es »meiner Meinung nach die Aufgabe der Medien ist«.

Unter den Ärzten, die Kelz so berührend lobte, wurde besonders einer bemerkt, der die Sache zwar nicht durchgeführt, aber organisiert hatte. Der prominente Chirurg Raimund Margreiter entspricht dem Ideal des österreichischen Heroen ziemlich perfekt: kühner Kletterer, Ex-Schirennfahrer und Wildwasserkanut. Nieren verpflanzt er wie der Gärtner die Stauden, gut sieht er aus, und er pfeift sich nix. Als ihn Ärzte kritisierten, weil die Transplantation eine lebenslange Unterdrückung von Kelz' Immunkräften notwendig machte, versetzte er unwirsch, er reagiere nur auf Bedürfnisse – und »auf den Markt«.

Da ist was dran. Der brave Kelz wollte seine Hände. Er wußte, was er dafür in Kauf nahm, warum sollte er sie nicht bekommen, wenn es möglich war. Der tüchtige Arzt steht nicht nur für die Rechte dieses Patienten ein. Er signalisiert auch: Österreich entwickelt sich zu einer modernen Dienstleistungsgesellschaft. Das ist die dritte Botschaft: jedem nach seinen Bedürfnissen, weg mit dem korporatistischen Plunder, ich nähe dir Hände an, Hauptsache, wir schneiden alte Zöpfe ab, die der freien Ausbreitung der Wirtschaft im Weg sind. Moralische Bedenken »müsse er mit sich selber ausmachen«, sagte Margreiter. Österreich dankt diesem tüchtigen Arzt. Anderswo im Land gab es Spitäler, in denen Patienten beispielsweise nach Blinddarm- und Hämorrhoiden-Operationen starben. Im oberösterreichischen Freistadt waren der Primar und sein Oberarzt zerstritten. Die Bevölkerung mußte es büßen. Der Kunstfehler lauert überall, und nur mit einem tüchtigen Darsteller der Chirurgenkunst ist ihm wirksam zu begegnen – keinesfalls mit einer Gesundheitsreform. Soll heißen: Der österreichische Beitrag zur Bewältigung der Globalisierung besteht in der Ausbildung und Entwicklung von Globalisierungsschauspielern.

Heinrich Gross, die Kontinuität des Traumas. 1915 in Wien geboren, 1932 Hitlerjugend, 1933 SA. Zwischen 1933 und 1938 war er kein »Illegaler«, trat aber sofort nach dem »Anschluß« der NSDAP bei. Er studierte Medizin, wurde 1940 Anstaltsarzt in der Pflegeanstalt Ybbs, im November desselben Jahres kam er an den Wiener »Spiegelgrund«, die Vorläuferklinik der heutigen Psychiatrie auf der Baumgartner Höhe. Im März 1943 rückte er – nach Aufschub – ein, wurde verwundet und trat 1944 einen Genesungsurlaub am Spiegelgrund an. Etwa sechs Wochen später mußte Gross an die Front zurück. Nach Kriegsende wurde er Psychiater bei der Gemeinde Wien. 1950 verurteilte ihn ein Gericht wegen Mitschuld am Totschlag eines Kindes am Spiegelgrund zu zwei Jahren Haft. 1951 hob das Obergericht dieses Urteil auf, das Verfahren wurde eingestellt, Gross wieder in den Dienst der Stadt aufgenommen. Bald kehrte er an den Spiegelgrund zurück. 1953 trat er der SPÖ bei, 1962 wurde er Primar auf der Baumgartner Höhe, leitete ein Boltzmann-Institut zur Erforschung von Mißbildungen, erhielt Preise und Ehrungen. Ende der siebziger Jahre deckte der Arzt Werner Vogt mit der Gruppe »Kritische Medizin« den Fall Gross auf und beschuldigte Gross, Euthanasie praktiziert zu haben; Vogt wurde von Gross geklagt und freigesprochen, weil die Anschuldigungen gerechtfertigt seien. 1981 trat Heinrich Gross unbescholten in den Ruhestand, bis 1997 war er weiter als Gerichtsgutachter tätig.

In den Worten seines Anklägers Werner Vogt klingt das Resümee so: »Denn Heinrich Gross wurde damals von allen Psychiatern, von der Ärztekammer, vom Wiener Gesundheitsstadtrat Stacher und maßgeblichen Richtern in Schutz genommen. Auch dann noch, als nach dem Oberlandesgerichtsurteil vom 30. März 1981 feststand, daß Gross ›an Tötungen von Kindern im Rahmen des Euthanasieprogramms mitbeteiligt war‹. Er blieb Primarius am Steinhof (Arbeitsplatz und Wohnadresse am Ort der Tat, 1140 Wien, Baumgartner Höhe 1), er blieb der meistbeschäftigte Psychiatriegutachter Österreichs, er behielt Orden und akademische Titel, blieb geachteter Kollege unter Kollegen.«

Anfang März 2000 sollte ihm wegen der Beteiligung am Mord von neun Kindern in der Euthanasieanstalt Spiegelgrund der Prozeß gemacht werden. Doch Gross wurde von einem Kollegen wegen Demenz als nicht verhandlungsfähig eingestuft. Die Farce schien im üblichen Stil weiterzugehen. Kaum aus dem Gerichtssaal, gewährte ein durchaus munter scheinender Gross dem ORF ein Fernsehinterview. Nach diesem Skandal forderte der Richter Anfang April ein erneutes Gutachten an. Es gelangte zum gleichen Ergebnis wie das erste.

Ein Mann flüchtet in die Demenz, und das Gericht läuft ihm langsam dabei nach. Mittlerweile ist Gross zum exemplarischen Fall geworden, zum Symbol für die Art, in der sich Österreich – und in seinem Fall besonders die SPÖ – um seine Geschichte herumgedrückt hat. Der neue Parteivorsitzende der Sozialdemokraten entschuldigte sich ausdrücklich dafür und nannte Gross ein Exempel für »braune Flecken« in seiner Partei. Es steht zu befürchten, daß sich die selbst zuerkannte Amnesie auch im Fall Gross durchsetzt. Die späten Bemühungen gegen dieses Vergessen sind ebenso unerläßlich wie vergebens.

Wenn wir das selber nicht begreifen, begreifen es andere für uns. Mit welchem Recht wollte man den Arzt Werner Vogt als Hysteriker bezeichnen, oder den Richter, der Gross erneut verhandlungsunfähig schreiben wollte, als Realisten? Es fehlt nicht viel, daß die Mehrheit des Publikums hier nickt. Laßt den alten Mann in Ruhe, was soll diese Obsessivität? Der Antifaschismus hat die Definitionsmacht, lautet das fürchterliche Wort, das fürchterlich ist, weil es soviel besagt wie: Aber recht hat er deswegen noch lange nicht. Sogar das ginge noch an, schwänge nicht die zweite Bedeutung, gleichsam zum Aussuchen, mit: Weil er die Definitionsmacht hat, hat er unrecht. Weil der Antifaschismus im freien Westen die Definitionsmacht hat, erlangt jedes Aufbegehren gegen ihn den Bonus der oppositionellen Ehrbarkeit. Solche Reden sind tatsächlich in Österreich (und nicht nur hier) von führenden Konservativen zu hören, aber nur hier gehen sie als Aufklärung und angewandter Skeptizismus durch. Sie fallen auf fruchtbaren Boden, im Land und außerhalb.

Das selbstgewählte nationale Trauma. Österreich hat sich im vergangenen Jahr in der Tat selbst traumatisiert. Begonnen hatte es im März 1999 mit der Wahl Jörg Haiders zum Kärntner Landeshauptmann. 42 Prozent der Stimmen hatte jener Mann erhalten, der 1991 wegen seiner Bemerkung von der »ordentlichen Beschäftigungspolitik im Dritten Reich« aus seinem Amt gewählt worden war, und sowohl ÖVP als auch SPÖ fehlte in Kärnten der Mut, seine Bestellung zu verhindern, obwohl sie genau das zuvor in ihren Wahlkampagnen versprochen hatten. Die Schwarzen und Roten in Kärnten hätten sich nicht als Demokraten gefühlt, wenn sie nicht der stärksten Partei den Landeshauptmann zugestanden hätten. Ein Argument, das im übrigen bei den Koalitionsverhandlungen nach der Nationalratswahl 1999 keine entscheidende Rolle mehr spielte: Die drittstärkste Partei (ÖVP) stellte am Ende den Kanzler, die zweitstärkste (FPÖ) regierte mit, die stärkste mußte in die Opposition.

Im politisch traumatischen Jahr 1999 folgte auf die Kärntner die Wahl zum Europaparlament. Sie endete mit einem Pyrrhussieg der SPÖ, bei dem der amtierende Kanzler Viktor Klima sich von seinen Spindoctoren als Internationalist und Gleicher neben Schröder, Jospin und Blair darstellen ließ. Er verschoß dabei sein ganzes Pulver, verschleuderte den Reichtum an einschlägigen Fotografien, und je näher die Parlamentswahlen rückten, desto stärker begann sich hinter den Bildern eine seltsame Leere breitzumachen.

Die SPÖ, in Umfragen vor dem Sommer noch bei komfortablen 38 Prozent, erweckte den Eindruck, vor allem nicht den falschen Eindruck erwecken zu wollen. Den Wählern war das zuwenig. Wolfgang Schüssel begann, die ÖVP mit ostentativer Aggressivität gegen die SPÖ aus dem Tief zu holen, was von Klima mit ostentativer Kuscheligkeit beantwortet wurde. Die beiden, oft als Paar karikiert, wobei Klima den Bräutigam abgab, boten Szenen einer zerrütteten Ehe in einem öffentlichen Lokal. »Nicht hier, Liebling!« beschwichtigte in einem fort der Gemahl und stachelte dadurch die Wut seiner Gattin erst recht an. Dem Ausmaß, in dem er sie nicht mehr verstand und ihr nicht mehr adäquat erschien, konnte sie nur durch öffentliche Unmutsäußerung gerecht werden. Je mehr er beschwichtigte, desto schriller insistierte sie.

Nur kein Streit, nur keine Wellen, und schon gar nicht in der Öffentlichkeit – dieses urösterreichische Rezept schien plötzlich nicht mehr zu wirken. Schon lange hatte der Wurm des Überdrusses in dieser Ehe genagt; die Zurücksetzungen der Zweiten durch den Ersten summierten sich vom Widerwillen zum Komplex, was seine Wirkung nach außen nicht verfehlte. Bisher war die Zwangsharmonie höchstens gelegentlich von ein paar Intellektuellen oder anderen Querulanten beklagt worden. Jetzt aber kam plötzlich Verdruß auf, ein Gefühl, es müsse sich etwas ändern. Ein Hauch von Wende durchzog das Land. Neoliberale Kommentatoren begannen plötzlich, Witterung aufzunehmen, im Verein mit linksintellektuellen Systemkritikern schrieben sie gegen »das System« an, mit grimmigem Gusto erklärten sie das lästige Geflecht zum mörderisch-langweiligen Kraken.

Beschwichtigend würgte dieser Krake das Publikum und schoppte ihm die immergleichen Sprachfertigteile in den Mund. Schließlich genügte das nicht einmal den genügsamsten Leuten. In eine durch den aggressiven Wahlkampf der FPÖ geprägte Atmosphäre platzte Wolfgang

Schüssels Ultimatum, er werde in Opposition gehen, sollte seine Partei nur den dritten Platz belegen. Beschwichtigung kombiniert mit amerikanischem Ostinato von Argumenten erwies sich dagegen als genau das falsche Rezept. Die SPÖ hatte nur auf ihren Kandidaten Viktor Klima gesetzt, und dieser hatte nichts mehr zuzusetzen außer dem sichtbaren Ausdruck des Mißbehagens über das schlechte Bild, das die Koalition nun abgab. Dem Koalitionspartner schien genau das recht zu sein. Die Spindoctoren der SPÖ aber merkten noch immer nicht, was sich zusammenbraute, und blieben bei ihrem Rezept: Schaumgummi, Schaumgummi, noch mehr Schaumgummi.

Nach einem von seiten der FPÖ zugleich staatstragend wie auch rassistisch und hetzerisch geführten Wahlkampf – in Wien plakatierte sie den Slogan »Stop der Überfremdung« – wirkte das Ergebnis der Nationalratswahl am dritten Oktober umso mehr als Schock. Das alte System von Rotschwarz hatte zwar eine komfortable Mehrheit; die ÖVP aber blockierte die Regierungsbildung mit ihrer Festlegung auf die Oppositionsrolle. Dennoch erwartete das Publikum, es werde irgendwie weitergehen. Irgendwie wie bisher.

Die Sanktionen, das verordnete Trauma. Oder Heimniederlage: Das trifft den Kern nicht schlecht. In Valencia hatten Österreichs Fußballer null zu neun verloren. Teamchef Herbert Prohaska, der geniale Melancholiker, mußte gehen. Auf einem anderen Feld setzte es eine noch höhere Niederlage, nachdem Bundeskanzler Viktor Klima, der unglückliche Dynamiker, nicht hatte reüssieren können. Als all seine Pläne von der Verlängerung der rotschwarzen Koalition bis zum Versuch einer Minderheitsregierung gescheitert waren und es zur Bildung einer schwarzblauen

Koalition kam, bestraften die Mitgliedsstaaten der EU Österreich mit einem eins zu vierzehn.

Diese sogenannten Sanktionen waren in Wahrheit die Erklärung bilateraler Maßnahmen. »Die Regierungen der 14 Mitgliedsstaaten werden bilaterale offizielle Kontakte auf politischer Ebene mit einer österreichischen Regierung, welche die FPÖ einschließt, nicht fördern oder akzeptieren«, sagte der Sprecher der Ratspräsidentschaft, der Portugiese Antonio Guterres. Also keine Kontakte auf Ministerebene, österreichische Diplomaten werden nur noch auf technischer Ebene empfangen. Darüber hinaus sollte es keinerlei Unterstützung für österreichische Kandidaten geben, die sich um Positionen in internationalen Organisationen bewerben. Die Erklärung war zuvor unter den 14 EU-Partnerstaaten Österreichs abgestimmt und dem Bundespräsidenten, dem Bundeskanzler und dem Außenminister übermittelt worden.

Das war als politische Geste gewiß angebracht, in seiner Hast jedoch erstaunlich, rechtlich zwar nicht fraglich, in den Konsequenzen aber wenig durchdacht, europapolitisch sogar bedenklich. Davon, wie es so weit kommen konnte und was es alles bewirkt hat, wird noch zu reden sein. Jedenfalls schlug die Erklärung im Land ein wie eine Bombe. Sie hatte einen doppelten Effekt und warf zwei Fragen auf. Erstens: Was ist Rechtsextremismus, und was bedeutet er in Österreich? Zweitens: Was ist Österreich für Europa, und was ist Europa für Österreich?

Österreich, mit Schweden und Finnland das jüngste Mitglied der EU, fühlte sich getreten. Empörung erhob sich ob dieses Trittes, in die sich sogleich eine kaum verhohlene Befriedigung mischte: Wir sind wieder wer; die Sanktionen haben uns aus der Kiste der Mißachtung geholt. Hatten wir uns nicht um eine musterknabenhafte Präsidentschaft bemüht? Und vergalt man es uns nicht, indem man uns gelangweilt unsere Bedeutungslosigkeit spüren ließ? Jetzt aber hat uns die Welt wieder im Blick, es ist wie einst, wie in den Waldheim-Jahren, wieder tut man uns Unrecht, und wenn man uns Unrecht tut, tut das so gut, weil man uns wenigstens bemerkt!

Nur mehr ein hartgesottener Zyniker wie der Soziologe Tony Judt vermochte noch einen Satz wie folgenden zu schreiben: »Austria is a small, unimportant country in Europe.« Jörg Haider avancierte zum Weltstar, rund um den Globus grinste er von den Titelseiten und aus den Bildschirmen. Mit Lust oder wohlig-masochistischem Grauen betrachteten Freunde und Gegner sein Treiben, schauten zu, wie er die Amerikaner provozierte, die Franzosen beleidigte und die Belgier kränkte, wie er im deutschen Fernsehen log, daß sich die Balken bogen, und so seinen Ruhm auf im Wortsinn schwindelnde Höhen trieb. Die Auswärtssiege dieses falschen Messias gingen der Heimniederlage voraus – und sie mästeten sich an ihr noch weiter. Auf Kosten des Torverhältnisses. Eins zu vierzehn ist kein gutes Ergebnis. Es nützte nur einem.

Eine Frage der Fitneß? In Österreich befindet sich der Fußball mittlerweile auf einem Niveau, das es erlaubt, andernorts aufgrund fehlender Fitneß ausgemusterte Spieler einzusetzen. Hierzulande können sie ohne weiteres eine Halbzeit mitspielen und Matches entscheiden. Der jugoslawische Altstar Savicevic ist ein Beispiel für diese Spezies des Halbzeitmessias. Er wird nicht als warnendes Exempel genannt, sondern als Grund angeführt, warum andere Vereine ebenfalls danach trachten, geniale halbinvalide Frühpensionisten zu verpflichten.

Die kleine Welt, in der die große ihre Probe hält. Ist Österreichs Fußball reif für die Europameisterschaft?

Diese Frage wurde in Valencia eindeutig beantwortet. Ist Österreichs Regierung reif für Europa? Diese Frage wurde mit eins zu vierzehn beantwortet. Eine Frage der Fitneß? Diese Phrase wurde in letzter Zeit des öfteren strapaziert. Unausgesetzt wird das Land für etwas fit gemacht; für die Europäische Gemeinschaft, für das Büro, für die Anforderungen der Globalisierung, für besseren Sex, den Wettbewerb auf dem Binnenmarkt und etwas Glück im Alter.

Die forcierte Rede von der Fitneß scheint gedeckt durch ein forciertes Körperbewußtsein. Auch von der Politik des Feschismus wird noch zu reden sein; hier aber müssen wir von ihren Kritikern reden. Nein, der bestsellernde Doktor Ulrich Strunz ist kein Feschist. Nur ein äußerst verbiesterter Kritiker schafft es, ihm »eiswasserblaue Augen« anzudichten, wo der Mann doch treuherzig und rehäugig vom Illustriertenumschlag lachte und auf uns zeigte. Man weiß wohl, was der Kritiker meinte, aber er verfehlte sein Thema.

Der gemeine Feschist trägt zwar seine körperliche Fitneß als Metapher seiner Politik durch die Welt, aber er ist zugleich unberechenbar, leugnet heute, was er gestern sagte, besitzt zur Not den Wolfswitz dessen, der um jeden Preis an die Macht will und dem die Regeln der Systempolitiker nichts gelten. Die Politik der Lüge und der Abrede haben aber nichts mit dem appellativen Charme jenes Mannes zu tun, dem die österreichische Bevölkerung, wie üblich etwas zeitversetzt im Trend, soeben massenhaft erliegt.

Ich zähle mich keineswegs zu den Trendforschern, aber zwei Phänomene fallen auf: Alles kauft Laufschuhe, läuft mit Pulsuhr durch Wiesen und Wälder und studiert die Bücher dieses Doktor Ulrich Strunz, der zwar ewige Jugend verspricht, aber doch das »survival of the fittest« meint. Die politisierenden Popstars wie Jörg Haider haben es im Wortsinn vorgehüpft. Sie laufen täglich, sie bringen ihren

Körper in bunten Joggingdressen auf Touren, ehe der graue politische Alltag beginnt. Es macht sie geradezu euphorisch, wenn sie sich nach dem Laufen mit den Kameraden und nach einer warmen Dusche an den Schreibtisch setzen und wohltemperiert ein bisserl Macht ausüben. Die fitteste Politik wird eben von den fittesten Burschen gemacht. Aber das ist, wie gesagt, noch kein Ausweis des Feschismus. Sonst wären ja Bill Clinton und Joschka Fischer auch Feschisten. Wolfgang Schüssel gönnt sich seit langem Auslauf und Fußball. Der Wirtschaftsminister Bartenstein hängt den FPÖ-Führer beim Marathon jederzeit ab, und wer weiß, was die Sozialministerin Sickl in der Kraftkammer alles draufhat. Alle fit im Kabinett. Endlich sind die schlaffen Sozialdemokraten weg. Jetzt wird die Gesellschaft fit gemacht, jetzt werden die sozialen Bereiche abgespeckt. Statt »Kuschelzonen«, wie ein Kommentator schrieb, dessen Intellekt man sich als Paket strotzender neoliberaler Muskeln vorzustellen hat, kommen nun strenge soziale Fitneßkammern und der schlanke Staat. Aller Anfang ist schwer, versichert jede Fitneßfibel, aber am Ende werden wir uns alle so wohl fühlen wie nie zuvor. Für Österreichs gefühlige Politik bedeutet das nichts Gutes!

Das zweite Phänomen der Stunde neben dem fröhlichen Imperativ diverser Fitneß-Päpste (Laufen Sie los! Verbrennen Sie Fett!) ist das Ende des Reflexivpronomens. Auf den Straßen staut man, im Wetterbericht lockert der Himmel auf und nachdem man gelaufen ist, entspannt man. Vielleicht denkt man sogar, aber man denkt sich nichts dabei. Das Fürwort »sich« stirbt aus. Mit der Selbstbezüglichkeit hat es sich gehabt.

Der Siegeszug der Fitneßmetapher kann als symbolischer Sieg des Neoliberalismus interpretiert werden (eine solche Interpretation hat, um es deutlich zu sagen, keine Verdammung des Laufens und Turnens in Sinn). Was aber mag der Trend, das Pronomen »sich« fallen zu lassen, bedeuten? Einerseits verträgt der tüchtige Mensch die Idee von Prozessen, die selbsttätig – also ohne ihn – ablaufen, nicht besonders gut. »Bedecke deinen Himmel, Zeus, mit Wolkendunst« – das geht. Da unternimmt ein fitter Gott etwas. Aber: »Der Himmel bedeckt sich mit Wolkendunst« – das macht unruhig, denn es verweist auf Vorgänge jenseits des Subjekts. Das erinnert den Neoliberalen an sein Portfolio, den Nasdaq, die Spekulationssteuer, die Europäische Union und daran, daß hinter allem die von ihm nicht beherrschbare Krise lauert.

Andererseits kann es kein Zufall sein, daß die Selbstreflexivität gerade hier und jetzt so munter abgeschafft wird, wo gleichzeitig von außen Hilfe kommt, uns selbst zu betrachten. Der Österreicher zieht es vor, sich nicht zu erinnern. Er blickt nicht auf sich, also blicken die anderen auf ihn. Er erinnert sich nicht, also wird er erinnert. Ein französischer Intellektueller, der lange Zeit hier gelebt hat und das Land gut kennt, schrieb mir in einem Brief: »Angesichts der narzißtischen Verblendung der Mehrheit der Österreicher, die jetzt die ganze Welt und besonders Frankreich schuldig machen für die selbstverschuldete österreichische Misere, möchte ich Ihnen wie Herbert Achternbuch im ›Atlantikschwimmer‹ zurufen: ›Du hast keine Chance, aber nutze sie!‹ Wie kann Österreich eine so große Vergangenheit und eine so kleinkarierte Gegenwart haben?« Wie kann es das? Und wie kann es das ertragen? Mit Fitneß und der Abschaffung des Reflexivpronomens!

Was aber bedeutete: die Chance nutzen, die man nicht hat? Wohl nur, selbstreflexiv zu werden, aber nicht mit dem Ziel, am geistigen Hometrainer populistische Fitneß zu erlangen – Hermann Maier oder Arnold Schwarzenegger als Politiker lassen sich, in the long run, würde Doktor Strunz sagen, sowieso nicht vermeiden. Die ehemalige Schikanone

Patrick Ortlieb fault ja schon jetzt im Parlament auf Hinterbänken vor sich hin. Seine politische Aufgabe hatte darin bestanden, sein Bild plakatieren zu lassen. Nein, Selbstreflexivität hieße, dem allgemeinen Nebelwerfen der »narzißtischen Verblendung«, daß die EU schuld sei an Österreichs mißlicher Lage und nicht die österreichische Regierung, eine Politik der Selbstvergewisserung entgegenzusetzen. Und zwar mit dem Ziel, die gebotene Chance der Modernisierung und Europäisierung nicht als rein wirtschaftliche Aufgabe mißzuverstehen, sondern sie als politische aufzufassen. Das aber hieße, mit dem Festbestand an österreichischer Selbstverblendung aufzuräumen. Wenn einmal saubere Grenzen gezogen sind, wenn nicht nur feststeht, was man leisten muß, sondern auch, was man sich nicht leisten darf in Politik und Gesellschaft, wäre ein Anfang des Endes der kleinkariert-traumatisierten Gegenwart gemacht.

Jeder, der es gut mir mir meint, wird mir hier in die Deichsel greifen. Dieser Hoffnungsschwung führt nirgendwo hin. Stimmt. Das Pandämonium der kleinkarierten Traumafiguren west fröhlich weiter; sie haben alles, was sie zum guten Leben brauchen: Wut im Bauch, Morgenluft und Oberwasser. Zwar ist die Episode nicht verbürgt, Karl-Heinz Grasser, der fesche junge FP-Finanzminister, habe sich in einer Loge der Wiener Staatsoper zuerst mit drei weiblichen Begleiterinnen laut unterhalten und dann eine Flasche Champagner entkorkt. Daraufhin sei es, berichtete eine Illustrierte, mit einer Platzanweiserin, die Grasser zur Ordnung rufen wollte, zum Streit gekommen. Dagegen verlautbarte das Finanzministerium, Grasser sei zwar in der Oper gewesen, aber es habe kein Korken geknallt, und es habe keinen Streit gegeben. Der Minister prüfe eine Klage gegen die Illustrierte. In der Staatsoper wollte man den Vorfall weder bestätigen noch kommentieren. Bis jetzt ist von einer Klage des Ministers nichts bekannt (wahrscheinlich hat man sich hinter den Kulissen verglichen), wir brauchen auch keine: Die Geschichte ist zu schön.

So also ergreifen die Feschisten Besitz von der Kultur. Oder so stellen wir uns das gerne vor. Die erste Tat des FPÖ-Kurzzeit-Justizministers Michael Krüger war es gewesen, einen Jaguar als Dienstauto zu ordern, um dreißig Prozent verbilligt, »zu den üblichen Rabatten«, wie er entschuldigend sagte. Zu Fall wurde Krüger dann durch einen Reporter gebracht, der unangemeldet einen Jugendfreund Krügers zum Interview mitbrachte. Gemeinsam mit Krüger schwelgte dieser in sexuellen Reminiszenzen (»die Miss Vienna, waßt no, i im Schlafzimmer und du im Wohnzimmer ...«) und veröffentlichte diese wechselseitigen Bekenntnisse vereinbarungswidrig. Zuvor war bekannt geworden, daß in Krügers Büro kurzfristig ein ehemaliger Neonazi tätig war, woraufhin der Justizminister drohte, die Zeitung, die dies berichtet hatte, zu klagen. Krügers Gesundheitszustand stellte sich bald als angegriffen heraus; nach zwei Wochen ließ er sich in einer Klinik in Tiefschlaf versetzen. Als er aufwachte, war er zurückgetreten. Auch aus dieser Klage wurde nichts.

Opernfreund Grasser war schon vor der Logen-Episode im Schlepptau seines vormaligen Chefs und Arbeitgebers Frank Stronach auf dem Opernball unterwegs gewesen. Bei Stronach hatte er sich als Sonderbeauftragter für Personalfragen im Vorstand des Magna-Konzerns für sein Amt qualifizieren dürfen. Stronach, der in seinen Betrieben Betriebsräte abzuschaffen pflegt, sich jedoch regen Zulaufs von Sozialdemokraten erfreut – Ex-Kanzler Franz Vranitzky ist Aufsichtsrat, Ex-SPÖ-Geschäftsführer Andreas Rudas folgte Grasser im Magna-Vorstand nach –, wendet in Österreich die von ihm selbst geprägte »Goldene Regel« an: Wer das Gold hat, macht die Regel. Immerhin versprach er, als er sich die Fußballbundesliga kaufte, Österreich in zehn Jahren zum Weltmeister zu machen. Vorher soll noch sein Verein Austria Wien Meister werden. Zu diesem Zweck ließ er den Trainer Prohaska demontieren, eine Galionsfigur des traditionsreichen Wiener Klubs und des austriakischen Melancholismus, ein Sinnbild des alten, müde gewordenen, menschlich, aber ohnmächtig wirkenden österreichischen Systems. Feuert man einen, nur weil er keinen Erfolg hat? Neue Zeiten! Unisono wurde Stronachs Vorgehen kritisiert. Und diese Kritik hat zumindest solange Bestand, bis Stronach Erfolg hat.

Eine Wirkungsgeschichte: Hilfe, die Ausländer kommen!

Hallo, guten Tag, Herr Thurnher, ich schalte Sie in wenigen Sekunden durch zu unserem Moderator, Herrn X, danke nochmal und viel Spaß!

– Ach guten Tag, Herr Thurnher! Sagen Sie, der *Falter*, das ist nochmal also was? Das junge Szenemagazin von Wien, ist das richtig? –

– Äh, in gewisser Weise ja. Wir sind aber auch eine Wochenzeitung, die einige Aufgaben übernimmt, die andere in diesem Land vernachlässigen, etwa ausführliche Rezensionen in der Kultur und ...

– Sie sind aber schon das junge Szenemagazin ...

– Naja, wie ich sagte, eher eine Stadtzeitung ...

– Das klingt aber nicht gut, wie sollen wir denn sagen? Junges Szenemagazin?

– Lieber nicht! Ich zum Beispiel bin nicht jung ...

– Wie alt sind Sie denn?

– Demnächst 51 ...

Betroffenes Schweigen am anderen Ende der Leitung. Ich beruhige den Amigo: Natürlich ist unser Publikum jung, die Redaktion im Schnitt nur halb so alt wie ich etcetera. Leider können wir uns nicht duzen, nein. Diese, eine der ersten Fragen des Moderators, brauche ich nicht mehr zu beantworten. Und dann gibt es ein schwungvolles, junges Interview. Diese Typen wollen ja nicht, daß man lange rumgrübelt, da kommt eine Flottheit rüber, die richtig ansteckend ist, die einem durch und durch geht. Am Mikrophon sieht man ja das Alter nicht, und der österreichische Akzent übertüncht manches.

Nach den Parlamentswahlen vom 3. Oktober 1999 war Haider-Time in den heimischen Redaktionsstuben. Kluge und weniger kluge, flotte und weniger flotte ausländische Medien riefen an und stellten Fragen: Wo ist der nächste Nazi-Aufmarsch? Aber auch Fragen, die manche Inländer selber stellen hätten können. Wie kommt es, daß es den Leuten so gutgeht und sie so schlecht gelaunt sind? Wie konnte Haider so reden und so groß werden? Wer ist eigentlich dieser Schüssel? Haben Sie zu Haider überhaupt eine Meinung?

Klar habe ich zu Haider eine Meinung. Davon lebe ich ja! Und die seriöseren Ausländer wollen sich auch eine bilden. Ich treffe sie in den Bars, in den Kaffeehäusern, sie besuchen mich im Büro, sie halten mich vom Arbeiten ab, sie quälen mich, sie insistieren, sie wollen es einfach wissen. Ich eile ins Rundfunk- und Fernsehstudio, und wenn ich nicht eilen will, besuchen mich Teams. Ich könnte die drei Haider-Krisen im Jahr ausschließlich und meist unbezahlt damit verbringen, ausländischen Medien zu erklären, was los ist. Den Rest des Jahres interessiere ich niemanden.

Ich rede mir den Mund trocken, aber die liberalen Freunde von den Broadsheets dieser Welt haben Spesenkonten und laden einen zum Abendessen ein; der Österreicher wählt den Wein zum Tafelspitz (da kennt er sich wirklich aus!) und fühlt sich ein wenig wie der Schnittlauch auf der Rindsuppe. Dafür kann er mit den linken Freunden darüber staunen, wie möglich ist, was in Österreich wirklich ist, und sich über die Rechten wundern, wie sie angesichts dieser Wirklichkeit möglichst cool bleiben. Alles ganz normal, diese Rhetorik kommt mir bekannt vor. Man muß flexibel antworten: den Aufgeregten die Normalität des Landes betonen, den Abwieglern die Realität der FPÖ vor Augen stellen und beides zugleich ins Bild rücken.

Man sieht nur, was man weiß, denke ich, als ich mit einer neukonservativen Freundin aus Berlin plaudere und ihr erzähle, der Architekt Roland Rainer habe sich zur großen Feier seines 90. Geburtstags Besuch aus der neuen Regierung verbeten, und dies, obwohl er für den Staatssekretär Morak ein Haus gebaut habe. Daraus machte sie in ihrem Bericht eine Geste des radical chic; sie bedachte nicht, daß dazu gehört hätte, mit dieser Geste zu prahlen – Rainer hatte aber öffentlich kein Wort darüber verloren. Man lernt viel über Wahrnehmung und Vorurteil, wenn über einen selbst berichtet wird. Andererseits, wie soll ein Reporter über Leute berichten, die – wie viele FPÖ-Politiker und Regierungsmitglieder – plötzlich ganz anders sprechen, als sie gestern gesprochen haben, wenn der Reporter aber gar nicht gehört hat, was sie gestern gesagt haben? Selbst beim Urgesteinsriesling dorrt einem da die Kehle ein.

In Krisentagen kann man was erleben. Zum Beispiel den Besuch eines Teams des französischen Polit-Satiremagazins *Charlie-Hebdo*. Er verlief absolut humorfrei. Sie kamen zu dritt. Eine Dolmetscherin, ein Zeichner; die Dolmetscherin war hübsch. Der Redakteur sah aus wie eine Parodie auf Woody Allen und bemühte sich um ein Mienenspiel, als wäre er halb Buster Keaton, halb Jean-Luc Godard. Der Zeichner schielte. Er tat so, als zeichnete er mein Büro, die Papierstapel hinter mir und die Unordnung insgesamt; aber in der Zeitung war dann ein tadelloses Porträt eingerückt, auf dem ich nicht nur mich, sondern auch meinen leichten

Überdruß an der Rolle des Haiderologen wiedererkennen konnte.

Da war nur ein kleiner Wermutstropfen: Sie hatten sich meinen Namen nicht aufgeschrieben. »Harmin Thurman« stand da neben der hübschen mich darstellenden Zeichnung. Das war bitter, aber man muß damit leben. Vielleicht, dachte ich, kann ich den Ausschnitt Uma Thurman schikken und behaupten, ich sei ihr verschollener Onkel, und wir müßten uns dringend treffen.

Vorsätze! Sie ließen mich nicht zum Atmen kommen. Nachdenken über Österreich? Man kann nicht behaupten, uns Österreichern fehle es an Faible für das Genre der Nabelschau. *Wir* wissen ja, wie wichtig wir sind. Tragen immer noch dieses Riesenreich in uns und leiden darunter, daß vergangener Glanz nichts mehr gilt. Kompensieren die Amputation mit Phantomschmerz aller Art. Selbstinfantilisierung hilft dagegen nicht wirklich, wenngleich wir mit ihr gut zurechtgekommen sind. Und nun dieses mediale Interesse; Reporter, Fragesteller, Kamerateams aus aller Welt!

Die Holländer sind auf dem Gang, da kommt eine französische Fotografin, die schnell für eine Agentur ein Porträt auf Halde macht. Kannst du mal die Türe schließen, da ruft gerade der Mitteldeutsche Rundfunk an. Okay, die Spanier kommen nicht. Wär' eh knapp geworden. Nein, unmöglich, ich kann morgen nicht schon wieder nach Köln fliegen. Da tut es gar nicht mehr so weh, wenn Haider von *Time Magazine* bis CNN den ganz großen Aufmerksamkeitsjackpot abcasht; im Gegenteil, auch diese falsche Größe fällt noch irgendwie aufs kleine Land zurück; auch der grelle Scheinwerfer der Weltmißbilligung taucht das Land zwar nicht ins beste, aber immerhin in ein Licht. Man sieht uns wieder! Danke schön! Es hat uns doch irgendwie gefreut. Auf zum unmoralischen Schifahren! Wir sind wieder wer!

Jeder zweite österreichische Journalist ist nun ein kleiner Medienstar; Haider-Gewinnler sind wir allesamt. Die öffentlichen Debatten nehmen zwar an Intensität und Quantität zu, aber die Medien verhalten sich wie immer – sie haben ja sonst nichts gelernt. Die sogenannten Qualitätszeitungen melden Auflagenzuwächse, *News*-Fellner trommelt sich auf die Brust und verkündet, ausgerechnet seine Magazine seien wieder einmal dreimal so stark gewachsen wie alle anderen. Soll er trommeln, die Dellen in seinem Brustkorb sind nicht unser Problem.

Unser Problem sind die Holländer. Mußte kurzfristig einen meiner Besten in den Urlaub entlassen. Der junge Mann war leichenblaß, ausgelutscht und am Rande seiner Nervenkraft. Siebzig Stunden hatte ihn ein holländisches Fernsehteam verfolgt. Wenn ich sage verfolgt, meine ich auch verfolgt. Alles im Rahmen eines sogenannten Dokumentationsfilms, versteht sich. Immer höflich um Erlaubnis fragen, immer kooperativ, nett und guter Laune. So sind sie, die Holländer. Das kann einem ganz schön den Nerv ziehen. Man versteht die Lebensqualität zu schätzen, welche die schlechte Laune von Wiener Kellnern zu vermitteln weiß. Die Niederländer baten auch um Erlaubnis, eine Redaktionssitzung im *Falter* mitdrehen zu dürfen. Das andere Österreich zeigen undsoweiter. Da kann man ja nicht nein sagen, es ist gleichsam patriotisch-touristische Pflicht, im Ausland ein ordentliches anderes Bild zu bieten. Ich bin sowieso schlecht im Neinsagen, aber selten habe ich eine Zusage so bereut. Die Holländer brauchten gar nichts zu tun; wie im Labor konnte man die Wirkung einer laufenden Kamera beobachten. Sie verwandelte einen Haufen sonst mäßig interessierter, cooler Poseure in eine Truppe aufgeregter, aber unbegabter Laiendarsteller, die sich selber überambitioniert zur Aufführung brachten. Es ist wunderbar, in Aufmerksamkeit zu baden. Weniger wunderbar ist es, Aufmerksamkeit von Haiders Gnaden zu genießen. Und am schlimmsten ist es, Futter für die Aufmerksamkeitsmaschine zu sein. Ach, wir armen Starlets: Wir wollten uns doch nur ausziehen, wenn es die Rolle dramaturgisch rechtfertigt. Unter diesem Regisseur spielen wir nie mehr!

Als die Aufregung im Begriff war nachzulassen, teilte mir meine Mutter am Telefon mit, in letzter Zeit höre und lese man nicht mehr so oft von mir. Sie hatte sich daran gewöhnt, ihren Sohn in Medien erwähnt zu finden, die auch Leute aus ihrem Bekanntenkreis lasen. Gelegentlich wurde sie dann auf mich angesprochen, was ihr das tröstliche Gefühl vermittelte, der Bub habe es ja doch zu etwas gebracht. Ihr war nicht bewußt, daß sie mit ihrer Frage nach meinem Aufmerksamkeitskonto den wundesten Punkt jeder Medienexistenz getroffen hatte. Ich muß zugeben – seit ein paar Monaten geht's mit mir diesbezüglich bergab. Zwar tut Jörg Haider alles, um uns Menschen, die sich mit ihm beschäftigen, in den Kreis seiner Aufmerksamkeit hineinzuziehen, und tatsächlich hat er keine andere Wahl als die attentive Eskalation. Er kann nur den Aufmerksamkeitskrieg anheizen, sonst läßt er die Leute kalt.

Ein Problem, das nicht nur ihn betrifft. Nüchtern betrachtet, habe ich – das will sagen: meine Resonanz – nach ein paar Monaten österreichischer Isolation stark nachgelassen. Vor wenigen Wochen noch war ich bei Ulrich Wickert in den *Tagesthemen*! Fünf Minuten live! *Tagesthemen*, das ist die Krönung, sagte mir ein deutscher Kollege, das schafft nicht jeder! Besser geht's nicht mehr! Sogar in der Illustrierten *Bunte* wurde der Begriff des »Feschismus« zitiert und mir als Urheber zugeschrieben. Deutsche Bekannte meiner Mutter, die mich bei Wickert gesehen hatten, fragten, ob denn »der nette Professor« ihr Sohn sei.

Ja, das machte schon was her, wie unsere deutschen Miteuropäer sagen. Es folgten Einladungen in europäische

Universitätsstädte. In Genf, Florenz, Brüssel sollte ich Vorträge halten, ich konnte gar nicht alle annehmen. Je länger jedoch die Regierungsbildung am 4. Februar 2000 zurücklag, desto dürftiger wurde das Interesse am Thema Österreich. Verzagt erinnerte ich mich an die Zeit, als mich ein wohlmeinender Veranstalter als Stargast eingeladen hatte, und fünf Leute waren gekommen. Vielleicht sollte ich einen Kurs für Neuro-Linguistisches Programmieren belegen, um kommunikationstechnisch nicht abzufallen. Agenda-setting lernen! Ich habe die einschlägigen Angebote immer in den Papierkorb geworfen, während einige FPÖ-Mandatare sich plötzlich sehr gut damit auskennen. Aber so einfach geht es nicht. Das Leben ist ein Beobachtungsraum, und das, was man früher soziale Beziehungen nannte, bildet nur in Form von Rangordnungen das Geflecht wechselseitiger Beobachtungen und Wertschätzungen ab. Das vermutlich hat der Theaterregisseur Schlingensief gemeint, als er nebenher bemerkte, Haider sei »doch auch bloß so 'ne Art Zlatko«. Nicht nur Haider, guter Mann.

Ganz Österreich steht nämlich unter Beobachtung. Auf seiten der Regierung, der Leitmedien und der Bevölkerung stellt man nicht die Frage: Haben wir möglicherweise etwas falsch gemacht, und zwar in den vergangenen 55 Jahren? Wenn ja, was könnte das sein? Stattdessen gleitet das Land, begünstigt durch die Idiotie einzelner Maßnahmen – wie die Stornierung von Schüleraustausch und die Erfindung des unmoralischen Schifahrens –, langsam zurück in einen Zustand der Selbstgerechtigkeit. Schon haben wir sie wieder, unsere liebste Rolle, die des Opferlamms. Mir san jo eh die reinsten Lamperln, vermögen keinem Hälmchen ein Härchen zu krümmen! Die bösen Belgier, die miesen Franzosen, die entgrenzten Spanier, die rechtsradikalen Deutschen sollen zuerst einmal bei sich selber für Ordnung sorgen, ehe sie anderen dreinreden!

Gehen wir davon aus, daß diese Regierung an ihren Taten gemessen werden will, nicht an ihren Worten. Daß sie für Symbole kein Sensorium hat, ja daß sie ihr Wurscht sind. Daß Geschichte und Bedeutung des Landes ihr gestohlen bleiben können. Und daß sie vor allem darin stark ist, dem eigentlichen Problem nicht ins Auge zu sehen, weil sie weiß, daß das mit Selbstauflösung bestraft würde: nämlich dem Problem, weshalb es an gleichsam naturwüchsigen gesellschaftlichen Schranken gegen rechten Extremismus – neu oder alt – mangelt. Weil es daran mangelt, weil dieser Rechtsextremismus bei uns salonfähig geworden ist und es in gewisser Weise immer gewesen ist, deswegen ist Europa nun böse auf das Vaterland des Herrn Karl.

Europe is watching you. Ja, es fehlt diesem Vaterland gänzlich am Bewußtsein dieses Problems. Anstelle des »großen Bonner Narrativs des Nie Wieder«, wie das der deutsche Soziologe Heinz Bude ausdrückt, west hierzulande die kleine Wiener Amnesie des Durchwurstelns und Fortschiebens. Wiederaufbau in ideologischer Hinsicht fand nicht statt; stattdessen setzte es Restauration und Austrochauvinismus satt. Eine Minderheit der Generation der Post-1989er versuchte, dieses Narrativ nachzuholen, von Waldheim bis zum Protest gegen Schwarzblau, aber der Nachkriegsfehlstart ließ sich nicht mehr ausbessern. Die Mehrheit dieser Generation wandte sich, ungehemmt von jedem nach deutscher Art nagenden Gefühl der Schuld, dafür umso ungenierter den neuen »Erregungssphären Macht, Geld und Wissen« (Bude) zu. Vor allem den Gebrauch von Macht und Geld galt es gegen das alte Regime des postfeudalen sozialen Systems der zünftischen Beschränkungen von Tüchtigkeit durchzusetzen; das Wissen, insofern es nicht Macht bedeutet, bleibt hierzulande gern den Volkshochschulen überlassen.

Ungehemmt: Deswegen bieten die österreichischen Macht- und Geldeliten einen etwas unangenehmen Anblick, vor allem, wenn sie sich mit dem befreiten Gestus »Jetzt holen wir uns endlich, was uns zusteht« präsentieren. Ungehemmt: Deswegen gluckst jetzt der alte Sumpf auf einmal vernehmlich. Oder hört man ihn nur besser? Man liest es nicht nur auf den Leserbriefseiten der *Kronenzeitung*, man schnappt es nicht nur am Stammtisch auf, auch in Konzertsälen, vornehmsten Tempeln des Bürgertums, kann man Konversationen wie diese hören, die der ehemalige Generalsekretär der Industriellenvereinigung, Herbert Krejci, jeder Hysterie unverdächtig, voller Abscheu überliefert: »Da diskutiert man, ob Abbado den dritten Satz von Mahlers Fünfter Symphonie so dirigiert wie Muti. Und dann hören sie Klassifizierungen wie: ›Alle Amerikaner sind verjudet, alle Neger stinken, und alle Italiener sind faul.‹«

Sicher, diese Stimmen gab es unter jeder Regierung. Jede war dagegen, keine hat etwas dagegen getan. In Kombination mit dem polit-ökonomischen Durchbruch der Generation Gier können einen diese Stimmen schon ein wenig beunruhigen. Aber wo Gefahr ist, wächst bekanntlich das Rettende auch. Gehen wir also ungeachtet der Wiener Amnesie von der Unschuldsvermutung aus und einigen wir uns darauf, Jörg Haider für ein reines Lamperl zu halten. Glauben wir ihm seinen Rückzug in die zweite Reihe. Nehmen wir an, auch die programmiert, verstockt und ferngesteuert wirkenden unter den FPÖ-Ministern seien stolze, eigenständige Charaktere. Und unterstellen wir, daß Europa Österreich monumentales Unrecht antut. Dann … Ja, was dann? Dann haben wir kein Problem.

Dann haben wir nur noch ein Medienproblem. Schon

steht sie uns vor Augen, die mediale Variante der unschuldigen, von Macht und Geld erregten Erfolgsgesellschaft. Schon nimmt der auf die Spitze getriebene Exhibitionismus der Schönen, Reichen und Gierigen mediale Gestalt an. Österreicher spielen bei diesem Formgebungsprozeß eine führende Rolle. Zum Beispiel Josef Andorfer: Der Mann hat Ideen, Gefühl und Biß. Er gehörte einst zu jenem dynamischen Erfolgsteam, das den öffentlich-rechtlichen ORF auf kommerzielle Linie brachte, nun brachte er dem deutschen Sender RTL II viel Freude und Erfolg, jene Ingredienzen, ohne die man sich den Fortschritt ungern vorstellt. Andorfer, einer jener Auslandsösterreicher, die den Deutschen vormachen, was ein reines Lamperl ist, hat bei ihnen ein sogenanntes Programmformat eingeführt, die Real-Life Soap.

Der Wahrheit die Ehre: Erfunden haben es die Holländer, aber denen sieht man ja alles nach. Popularisiert haben es die Deutschen, an denen immer alles hängenbleibt. Jetzt macht auch das österreichische Fernsehen das Beste draus und engagiert sich passenderweise in einer Koproduktion mit RTL II bei »Expedition Robinson«. Zugleich schafft der ORF, ganz im Dienste seines öffentlich-rechtlichen Auftrags »der Darbietung von einwandfreier Unterhaltung« (Rundfunkgesetz) ein eigenes Format, »Taxi Orange«. Es gehe um Tüchtigkeit, um den Beweis erfolgreichen Geschäftssinns, versichert die zuständige Intendantin. Derlei interessiere das Publikum viel mehr als nackige Weiber und knackige Buben unter der Dusche. Als hätte nicht nackter Geschäftssinn die Duschenden eben dorthin getrieben. Dennoch nehmen sich »Taxi Orange« oder »Big Brother« gegen Veranstaltungen wie »Maulwurf«, »Inselduell« oder gar die Menschenjagd »Reality Run« harmlos aus. Auch deren Verantwortliche werden nicht müde, darauf hinzuweisen, daß es sich bei den Teilnehmern stets um Freiwillige handle. Eine Schutzbehauptung, selbstverständlich. Bilden sich nicht alle Teilnehmer am Leben ein, sie nähmen freiwillig daran teil?

Die Freiwilligkeit ist also kein konstitutives Element des Big-Brother-Syndroms, der Wille zum Exhibitionismus schon eher. Insofern kann man behaupten, daß mit der Beteiligung der FPÖ an der Regierung es dieser Partei gelang, den Exhibitionismus ihrer Exponenten nicht nur auf die europäische Ebene zu hieven, nein, es gelang ihr, das Land selbst in eine Art Big-Brother-Container zu schieben, wo es sich nun dem Urteil des europäischen Publikums ausgesetzt sieht. Die Erregung um die Veranstaltung des Aktionskünstlers Christoph Schlingensief wird dadurch verständlich. Schlingensief hatte mitten in Wien einen Container aufgestellt, auf dem er die Marke des führenden Mediums und einen Slogan der tonangebenden Partei ausstellte. Im Container selbst saßen Ausländer, über deren Abschiebung das Publikum disponieren sollte.

Weder die Ausländerthematik, das Überhandnehmen von Exhibitionismus und Voyeurismus, noch die allergeschickteste Vermarktung hätten die um Schlingensief ausbrechende Hysterie erklären können. Es brauchte schon das Gefühl, daß sich ein ganzes Land wenn nicht ertappt, so zumindest dargestellt fühlte. Da saß man bequem vor dem Fernseher, die Salznuß zwischen den Zähnen, und erfuhr aus dem Gerät, mit dessen Hilfe man sich gerade daran gewöhnt hatte, andere auszuspähen, daß man selber unter Beobachtung stand, unfreiwillig, wenn auch nicht ohne eigenes Zutun. Eine paradoxe Umkehrung der allabendlichen Situation.

Die 14 Mitgliedsstaaten beobachteten Österreich und stellten ihm Aufgaben. Die EU übernahm – in Gestalt der Kommission – die Rolle der deutschen Landesmedienbehörden (es sind 15). Das heißt, sie spielten die Rolle besorgter Warmduscher, um in der Metaphorik des Genres zu bleiben. Anfangs berieten diese Behörden, ob sie das Big-Brother-Spektakel verbieten sollten, sie gelangten aber dann zum Schluß, es verstoße zwar gegen die Menschenwürde, aber einstweilen wollten sie nur den Finger heben und alles genau beobachten. Wachsam sein. Die Kommission gab bekannt, sie bewache und hüte die europäischen Verträge und werde alles ganz genau beobachten.

Schließlich legten sich die Vierzehn auf das etwas traditionelle Format des Weisenberichts fest. Drei sogenannte weise Männer sollten Österreich untersuchen; der Präsident des Europäischen Gerichtshofs, sozusagen der Präsident der europäischen Jury, beharrte jedoch auf der Zustimmung aller 15, also auch des zu beobachtenden Österreich. Dieses, kein Spaßverderber, spielte gerne mit. Zu prüfen haben die Weisen, ob die österreichische Regierung europäische Grundwerte einhält, insbesondere Minderheiten-, Flüchtlings- und Immigrantenrechte. Außerdem haben sie die Entwicklung der »politischen Natur der FPÖ« zu untersuchen. Auf der Grundlage dieses Berichts sollen die Vierzehn ihre bilateralen Beziehungen zu Österreich »neu bewerten«.

Vor allem die Idee mit der »politischen Natur« der FPÖ erregte Heiterkeit im Land! Der Unterhaltungswert stieg, und alles prustete, als der Kanzler mit feinem Lächeln Thomas von Aquin bemühte, um die scholastische Verstiegenheit der Idee darzutun. Die Regierung erkannte sofort die Chance und erhöhte den Einsatz, indem sie unter allgemeinem Schenkelklatschen mit dem Instrument der Volksbefragung drohte. Um es mit einem Wort unserer Fernsehintendantin zu sagen: »Voyeurismus als Betrachtung des Lebens anderer ist das Wesen des Fernsehens.« Oder des Glücks. Oder des politischen Status von Österreich in Europa. Waren wir nicht seit jeher ein theatralisches Land? So ist es Österreich mit der Erfindung von »Big Brother

Europe« gelungen, seine barocke theatralische Sendung samt zugehörigem österreichischem Menschen in den medialen Raum zeitgenössischer Politik zu transponieren. Ein Land hat sein großes europäisches Narrativ gefunden. Als österreichischer Fernseher kann man nur staunend davor stehn und ein heißes Danke stammeln.

II

Schock im Oktober

Das Volk fühlt nicht immer ganz socialdemokratisch.
Peter Altenberg, »Was der Tag mir zuträgt«

Ein dreifaches Trauma fügte sich Österreich am 3. Oktober selbst zu. Das Wahlergebnis brachte erstmals die FPÖ an die zweite Stelle. Die Ankündigung des ÖVP-Obmanns und damaligen Vizekanzlers Wolfgang Schüssel, seine Partei bei einem dritten Platz in die Opposition zu führen, sorgte für ein politisches Patt, das sich über mehrere Monate quälend hinziehen sollte. Dennoch wollte niemand glauben, daß nicht die alte große, nunmehr kleine Koalition fortgesetzt würde. Der Bundespräsident erteilte, um diese Fortsetzung möglich zu machen, keinen Auftrag zur Bildung einer Regierung, sondern verordnete vorerst Sondierungsgespräche. An deren Ende stand nicht das erwünschte Ergebnis, sondern die Wende samt ihrem europäischen Effekt.

Angstlust und Wendewunsch

Vor die Wende hatten die Götter allerdings die Wendegeilheit gesetzt, die Rückseite des Verdrusses an der ewigen Koalition. Die Regierungsparteien taten alles, diesen Verdruß zu steigern: Kanzler Viktor Klima mit einer Harmonieshow, sein Vizekanzler mit dem Gegenteil. »Auf den

Kanzler kommt es an!« war auf den Plakaten zu lesen, die den Kanzler zeigten. Aggressivität und böser Witz der FPÖ machten zuletzt daraus den Slogan »Uns kommt es auf die Wähler an«. Der Fels, auf den die SPÖ die Kampagne gebaut hatte, erwies sich als hohl.

Bei den Spindoctoren vor allem der SPÖ kam man sich vor wie in dem alten Beatles-Film »Yellow Submarine«. Dort gab es nicht nur die blue-meanies, sondern auch den vacuum-cleaner, der alles in sich hineinsaugte und, als nichts mehr da war außer ihm, sich selbst bei einem Zipfel erwischte und sich daran ins Nichts saugte. So geht es mit dem Spindoctor. Weil er alles in seinen Spinbeutel hineinsaugt, ist letztlich gar nichts mehr da; oder vielmehr es ist noch alles da, aber eben im Beutel des Nichts. Alles da, und auch nicht, und schon gar nicht mehr als dasselbe. Verwundert standen wir Zuseher vor der Politik und fragten uns, wo ist sie nur geblieben? Wer hat an der Substanz gedreht? Ist es wirklich schon so spät?

Es roch nach Wende; je näher der Wahltag rückte, desto intensiver. Den Magazinen, vor allem der Neugründung *Format* aus dem Hause *News*, entquoll der Geruch. Unter Intellektuellen rümpfte man nicht mehr die Nase, und in den bürgerlichen Salons, vormals der FPÖ verschlossen, hatte er sich als Duft des Erfolgs an jene Erscheinungen angelagert, die nun bei kunstsinnigen Gynäkologen, polygamen Wirtschaftskapitänen und den seriösen Spekulanten nicht mehr als unerträgliche Parvenus oder proletenhafte Upstarts, sondern als Generation kommender Sieger empfangen wurden. So könne es nicht weitergehen, lautete der öffentliche Tenor. Die Kritik am bestehenden politischen System Österreichs fand, je näher die Wahl rückte, kaum mehr auf politischer oder auf sachlicher Ebene statt, sondern vor allem auf der Ebene eines schlechten Gefühls. Österreich fühlte sich nicht gut. Die Fakten sprachen zwar eine andere Sprache. Sozialer Frieden, Reichtum, Sicherheit, Mitgliedschaft in der EU – all das half nichts, und schon gar nicht wirkte es als beschwörend vorgetragene Formel. Wir sind doch erfolgreich, trichterten am Schluß nur noch die Sozialdemokraten dem Publikum ein; die Schwarzen waren, obzwar in der Regierung, bereits nicht mehr dabeigewesen. Sie hatten schon bemerkt, daß die Stimmung gegen die Errungenschaften der Zweiten Republik gekippt war. Kanzlerkandidat Schüssel griff aus Propagandagründen zwar zur Ziehharmonika und spielte Volkslieder, mit öffentlicher Harmonie aber machte er Schluß.

Sein Ziel war keineswegs die Wende; zumindest gab er das nicht an. Er hegte lediglich die Absicht, die FPÖ an dritter Stelle zu halten und sich eine gute Position für Koalitionsgespräche zu schaffen, da er – gemäß dem für die ÖVP üblichen Modell: Wahlen verlieren, Verhandlungen gewinnen – sicher war, diese für sich zu entscheiden. Die FPÖ wiederum hatte nach dem Gewinn der Kärntner Landtagswahl, nach der Haider zum Landeshauptmann gewählt wurde, bei den Wahlen zum Europäischen Parlament einen Dämpfer erhalten. Viktor Klimas Sozialdemokraten verließen sich ganz auf die Wirkung ihrer Galionsfigur; zu Sommerbeginn war er in den Umfragen noch bequem in Führung gelegen.

Dann aber machte die SPÖ Wahlkampf. Die Spindoctoren verpaßten dem Spitzenkandidaten sogenannte Botschaften, welche dieser gebetsmühlenartig von sich zu geben hatte. Dabei vergaßen sie, daß diese Sitte aus den USA stammt, einem Riesenland, wo Spitzenpolitiker sich um die Sendesekunden der TV-Anstalten balgen und deshalb ihre Botschaften ständig wiederholen müssen, in der Hoffnung, zumindest da und dort damit anzukommen. In Österreich aber, sozusagen auf engstem Raum, in Medien, die beinahe alle mit der Politik in der Form des Gegengeschäfts verkehren (14 Fotografien von Viktor Klima brachte die Illustrierte *News* allein auf den ersten elf Seiten einer ihrer Vorwahlausgaben), trug diese Art der Werbung nicht wenig zum Überdruß an der Regierung bei. Hat denn der Kanzler nichts zu sagen? Das mußte sich jeder fragen, der wenige Jahre zuvor gesehen hatte, wie ein kämpferischer Klima Jörg Haider in der Fernsehdiskussion zumindest ein Unentschieden abgerungen hatte. Nicht einmal Klima selbst fühlte sich wohl in seiner Haut, wie er später zugab. Dennoch blieb er bei der verordneten Linie der Entpolitisierung und eilte geradewegs in die Niederlage. Wolfgang Schüssels plötzlich antagonistischer Stil wirkte bedeutend politischer, und erst die Aggressivität der FPÖ!

Nicht, daß die Wendelust im Land etwas mit Lust auf mehr Politik zu tun gehabt hätte; aber mindestens mit Lust auf etwas anderes. Auf zivilisierte Weise konfrontative und konturierte Politik wäre ein Drittes gewesen, aber diese Möglichkeit zog keine der drei Mittelparteien in Betracht. Möglicherweise sehnte sich das Publikum nicht nach mehr Spaß, sondern nach einer ernsthaften Repräsentation seiner Interessen. Bei den Spitzen der Regierungsparteien spürte es davon zuwenig. Schüssel wirkte zu unernst, auch wenn er Ernst machen wollte; Klima sagte alles, was er sagte, in der Art, wie man eine Rolle spielt – ein fundamentales Mißverständnis der Aufgabe des Staatsschauspielers. Gegenüber dieser flauen Performance befand sich der unbedingte Wille, etwas zu erreichen, im Vorteil, und sei es nur die Macht für einen selber. Dieser Wille zeichnete sich auf den unirritierbaren Panzergesichtern des FPÖ-Personals ab. Die beschwörende Gestik und Mimik der Machthaber, das Erreichte doch zu sichern und weiterzumachen wie bisher, verfing dagegen nicht. Auf seiten der Öffentlichkeit war mindestens ebensoviel »Angstlust« vor

Haider im Spiel, um ein Wort Franz Schuhs aufzunehmen, wie Ennui an der bestehenden Politik. Der Schriftsteller Karl-Markus Gauß beschreibt, wie er im Radio hörte, »mit welch ausdauernder Gereiztheit sich die diensthabenden Journalisten den Kanzler vornahmen, ihm fünfmal hintereinander eine Antwort auf dieselbe Frage abnötigten, um Klima dann vorzuwerfen, daß er die mitgebrachte SPÖ-Kandidatin Ulli Sima nicht zu Wort kommen lasse. Ein paar Tage später zeigten sich dieselben Moderatoren gutgelaunt und dankbar für jedes Bonmot, das ihnen Haider und Prinzhorn flapsig zuwarfen. Was ist da geschehen?«

Gauß' Antwort, eine »Sehnsucht nach Erlösung« habe Politiker, Journalisten, Intellektuelle und das ganze Wahlvolk befallen, war schlüssig insofern, als alles Politische – in Ermangelung demokratischer, aber bei einer Überfülle katholischer Tradition – hierzulande meist einen üblen Zug ins Messianische aufweist. »Als wäre ganz Österreich jahrelang in einem lähmenden Starrkrampf gelegen, scheint nun vielen jede Arznei recht, den Krampf zu lösen. Ein Popanz der Immobilität, soll die große Koalition endlich stürzen; ein Ende, egal welches, nichts als ein Ende muß das alles finden.«

Allein, diese Gefühle von Angstlust, Wunsch nach Erlösung und simplem Überdruß entstanden selbst im gefühlsbetonten Österreich nicht ohne politische Grundlage. Anders ausgedrückt: Die SPÖ handelte sich die Niederlage am 3. Oktober ein, weil sie einen Hegemoniekampf verlor, von dem sie offenbar gar nicht merkte, daß sie darin verwickelt war. Das Liberale Forum schaffte den Einzug ins Parlament nicht mehr. Die ÖVP verfehlte den angestrebten zweiten Platz um 415 Stimmen. Die größte Niederlage aber erlitt Österreich. Was immer man an Positivem ins Ergebnis interpretieren mochte – Bewegung statt Statik, Ende der Nachkriegszeit, endlich Wechsel, Abwechslung, etwas

Neues –, was da, und wie es zustande gekommen war, ließ, auch wenn man nicht wußte, was alles bevorstand, nur ein Wort zur Interpretation übrig: Schande.

Wie hatte es so weit kommen können? Materieller Überfluß war das Ziel der österreichischen Zweiten Republik. Dahin richtete sie alle ihre Anstrengungen. Defizite beim Verfahren, ihn zu erreichen, wurden dabei in Kauf genommen. Wohlstand sollte den sozialen Frieden sichern, dieser hatte als Grundlage jenes politischen Friedens zu dienen, den man in der Ersten Republik vermißt hatte. So kam es zur Einrichtung der Sozialpartnerschaft samt ihren außeröffentlichen, oft beschriebenen vordemokratischen Ritualen, die mit dieser Nichtinstitution zusammenhängen.

Das überaus erfolgreiche Wiederaufbauprogramm erforderte die Konstruktion eines nationalen Bewußtseins, einer sogenannten Identität (Nachkriegspolitiker waren sich der Notwendigkeit hegemonialer Politik vollkommen bewußt). Um sie zu erlangen, schwindelte sich Österreich mit einem Trick an seiner unmittelbaren Vergangenheit vorbei. Es zauberte sich aus der Geschichte des nationalsozialistischen Großdeutschland weg und stellte sich mit tätiger Hilfe der Alliierten als das erste Opfer Hitlers dar. Auf Konsens und Verdrängung beruhte die Grundstimmung der Zweiten Republik. Erst in den achtziger Jahren brach all das auf.

Nicht nur aus einer innerösterreichischen Dynamik heraus, sondern im Rahmen der globalen Entwicklungen muß man diese Aufbrüche sehen. 1986 wurde Kurt Waldheim zum Bundespräsidenten gewählt; im gleichen Jahr übernahm Jörg Haider die Macht in der FPÖ, im gleichen Jahr begründeten – als Reaktion darauf – Franz Vranitzky und Alois Mock die Koalition zwischen SPÖ und ÖVP neu. Welthistorisch neigte sich damals die Balance des Schreckens dem Ende zu; auch das österreichische Satyrspiel dazu, die ewige rotschwarze Koalition, begann, aus dem Gleichgewicht zu geraten. Schon Alois Mock hatte 1986 versucht, eine schwarzblaue Koalition zustande zu bringen. Damals war er noch an seiner Partei gescheitert. Mock und der Modernisierungskanzler Vranitzky brachten Österreich auf EU-Kurs; nicht zuletzt, um die als unreformierbar geltenden korporatistischen Strukturen des Landes mit Impetus von außen zu reformieren. Wie überall verloren staatliche und politische Instanzen an Autorität gegenüber den Medien, der Wirtschaft, der Gesellschaft. In Österreich allerdings zeigten die Institutionen erstaunliche Beharrungskraft. Während anderswo Reaganomics und Thatcherismus regierten und wild dem Markt zu dem verhalfen, was man sein Recht nennt, kam hierzulande niemand auf die Idee, an der Sozialpartnerschaft und am gemäßigten System des österreichischen Interessenausgleichs zu rütteln.

Tatsächlich hat das Ergebnis des dritten Oktober seine Wurzeln 1986. Die Parteien erkannten nicht, daß die Phänomene Waldheim und Haider Symptome eines größeren Aufbruchs waren: Mehr Freiheit vom Korporatismus forderte Haider, und mehr Freiheit von der historischen Doktrin forderten die Intellektuellen, die gegen Waldheim protestierten. Auf beides wußte die etablierte Politik keine adäquate Antwort. Antisemitische Ausschreitungen wurden vertuscht. Zugleich mit dem intellektuellen Dissens im Protest gegen Waldheim erwachte unter Ermunterung des Boulevards ein antisemitisches und ausländerfeindliches Ressentiment, das man längst überwunden glaubte. Es richtete sich zuerst gegen Künstler und Denker, dann auch gegen Ausländer. Politiker setzten bestenfalls individuell Gesten, niemals schwangen sie sich auf zu einer dezidiert politischen Haltung; allzuleicht wären sie mit Praxis und Geschichte ihrer eigenen Partei in Konflikt geraten. Das singuläre Bekenntnis oder die reflexhafte Geste der schützenden wie der vereinnahmenden Umarmung, wie im linken Justemilieu praktiziert, konnte die politische Haltung, früher Weltanschauung genannt, nicht ersetzen. Wer Weltanschauungen aufgibt, ohne andere an ihre Stelle zu setzen, verliert den Hegemoniekampf.

So war auch das vielzitierte »Ausgrenzen« Haiders wegen dessen notorischer Anspielungen an die Sprache des Nationalsozialismus und dessen unklarer Abgrenzung von einschlägigen und rechtsextremen Kreisen zwar ehrenwert, aber alles andere als ein hegemoniefähiges politisches Programm. Die Vorschläge, ihn »in die Verantwortung zu nehmen«, schienen unakzeptabel, weil das Gegenteil von ehrenwert. Die medialen Machtverhältnisse im Land machten es unmöglich, Haiders FPÖ tatsächlich auszugrenzen. Zu sehr kam diese Partei aus der Mitte des ressentimentgeladenen Boulevards, der vielleicht größten und alle Parteien umfassenden politischen Kraft in Österreich. Das nationale Lager, im Konsens nach 1945 unterdrückt, hatte dort, in der allmächtigen *Kronenzeitung,* einen sicheren Hafen gefunden. Noch ehe die Partei Haiders ihren Aufschwung nahm, hatte die ihr entsprechende Stimmung ihr Organ gefunden. Die großen Nazis und ihre Erben fühlten sich im Nachkriegsösterreich tatsächlich verfolgt, ihnen hatte man Unrecht getan, im Unterschied zu all den kleinen Nazis, die ungeschoren blieben. In Haider hatte sie nun ihren Rebellen gefunden; um es mit einem Wort von Karl Kraus zu sagen, ihre verfolgende Unschuld.

Das von ihm geschürte Ressentiment blühte vor allem, weil das System der ewigen Koalition zunehmend in Mißkredit geriet. In den Zeiten seines Erfolgs hatte es beträchtliche demokratische Defizite angehäuft. Es hatte andererseits nicht weniger vorzuweisen als ökonomische Erfolge, Sicherheit, Stabilität und Frieden. Was will man mehr, würden wohl neun Zehntel der Erdbevölkerung fragen. Vor allem will man stets erneuerte und immer wieder plausibel vorgestellte Begründungen, warum alles so ist, wie es ist.

Das Klientelsystem der ewigen Koalition mutete im Zeitalter weltweiter Demokratisierung und Liberalisierung plötzlich seltsam totalitär an – in Fortsetzung jahrhundertelang eingeübter feudaler Strukturen, das ganze Leben als Lehen zu vergeben, vom Kindergartenplatz bis zum Begräbnis, von der Wohnung bis zum Arbeitsplatz, vom Nationalgefühl bis zur Weltanschauung. Das mochte angehen, solange die Leute keine Wohnung hatten. Nun wurde das Privileg zur Fessel: Nichts war vom einzelnen erworben, alles vom Staat, also von den Parteien gewährt, die sich dafür auch herausnahmen, über alles andere zu bestimmen: Karriere und Engagement. Vollends obsolet wurde der fürsorgliche Etatismus beider Koalitionsparteien (mit jeweils unterschiedlicher Rhetorik) durch Österreichs Beitritt zur EU.

Keine der regierenden Parteien hatte zur neuen Situation relevante politische Perspektiven anzubieten; beide befanden sich einer aggressiven, boulevarddominierten Öffentlichkeit gegenüber in der Defensive. Beide verteidigten vornehmlich schwindende Besitzstände. Die Öffentlichkeit aber begünstigte nur den Angreifer. Die Politik selbst hat sich aufgegeben – gegenüber der Wirtschaft, den Medien, dem populistischen Ressentiment. Sie hat es versäumt, sich mit den gesellschaftlichen Entwicklungen mitzuentwickeln und diesen, die auf eine umfassende Ökonomisierung aller Lebensverhältnisse abzielen, zugleich korrigierend gegenüberzutreten. Sie hat im symbolischen Bereich versagt und sich darauf beschränkt, die Macht zu erhalten.

Eine Politik, die vor dem ausländerfeindlichen Klima im Land kapituliert, verhindert nicht die Zunahme von Ausländerfeindlichkeit. Anders als viele meine ich, das Versagen des sozialdemokratischen Innenministers Karl Schlögl lag weniger im realpolitischen als im symbolischen Bereich. Er setzte anfangs stillschweigend die Politik seines liberalen Vorgängers Caspar Einem (ebenfalls SPÖ) fort, sprach aber anders als dieser. Hätte man Einem eine reaktionärere Politik verziehen, wäre Schlögl auch mit liberalerer Praxis nicht durchgekommen. Denn er gab den Law&Order-Mann, stellte sich bis zuletzt im Fall des während der Abschiebung getöteten Nigerianers Marcus Omofuma hinter die verantwortlichen Beamten und ließ kurz vor der Wahl eine »Operation Spring« genannte Razzia gegen mutmaßliche nigerianische Drogendealer durchführen, zu denen als einzige Berichterstatter die der *Kronenzeitung* geladen waren. Die Angelegenheit wurde, wie nicht anders zu erwarten, ein Propagandaerfolg für die FPÖ.

Diese hatte in Wien Plakate affichieren lassen, die auf gelbem Grund den Slogan »Stop der Überfremdung!« zeigten; Jörg Haider und der Spitzenkandidat Thomas Prinzhorn wurden als »zwei echte Österreicher« gepriesen, außerdem forderte man ein »Stop dem Asylmißbrauch«; das erste war eine Anspielung an Joseph Goebbels, das zweite auf den antisemitischen, gegen Bruno Kreisky gemünzten Slogan von dessen Widersacher Josef Klaus (»Ein echter Österreicher«). Haider sprach nach »Operation Spring« von Drogendealern prinzipiell als von den »Mördern unserer Kinder«. Auf all das wußten die Chefs der Koalitionsparteien nicht unverzüglich, nicht reflexartig, nicht leidenschaftlich, wie sie sich verhalten sollten. Statt diese Hetztöne brüsk zurückzuweisen, duckten sie sich und waren nicht mehr zu vernehmen.

Jetzt rächte es sich, daß man solche Töne hingenommen hatte, um den Aggressoren, wie Viktor Klima das ausdrückte, »keine weitere Plattform zu bieten«. Jetzt rächte es sich, daß man das ganze Milieu, von der *Krone* bis zur FPÖ, nicht längst konsequent bei jedem rassistischen Ausfall öffentlich abgemahnt und bei Wiederholung geächtet, in die gesellschaftliche Schmuddelecke gestellt hatte. Diese schweigende Hilflosigkeit hat die FPÖ gestärkt. Wie hätten ihre Funktionsträger das Schweigen anders interpretieren sollen denn als stillschweigende Anerkennung ihrer Worte? Und das Wort ist Politik geworden, weil diese Worte wirkungsmächtig wurden und die Regierungspolitik zielstrebig nach rechts gedrängt hatten.

Auch die Intellektuellen halfen nicht. Fast schien es, als seien sie müde. Claus Peymann, der Oberlärmer der Nation, war nach Berlin gezogen; seine gezielten, blitzschnellen Reaktionen fehlen. Im Vorfeld der Wahl wurde ein Interview mit Robert Menasse gedruckt, in dem er erklärte, der Unterschied zwischen SPÖ und FPÖ sei wie der zwischen Pest und Cholera, was allgemein gern geglaubt wurde, obwohl es sich sogleich als ein Fehler der interviewenden Journalistin herausstellte. Die Intelligenz rief bestenfalls dazu auf, Grüne oder Liberales Forum zu wählen, wenn sie sich nicht in eitlen Scharmützeln verlor. Eine Woche vor der Wahl ging es beispielsweise im *Standard* auf der Seite des »Kommentars der anderen«, wo sich die Denker der Nation tummeln, in vier Folgen um die Zuordnung eines eineinhalb Jahrzehnte zurückliegenden Zitats von Franz Vranitzky.

Haider stand vor der Türe, und es gelang niemandem, auch nur mit erstickter Stimme, »Alarm!« zu rufen. Selbst die berüchtigte Fraktion der sogenannten Alarmisten verhielt sich merkwürdig ruhig. Es gab weder Kundgebungen noch Proteste. Haider unterließ direkte Provokationen der Intelligenz nach dem Muster des unseligen Peymann-Jelinek-Plakats oder der Kärntner Hetze gegen den Künstler Cornelius Kolig: Diesmal warb er selber mit Kinderpopos. Quer über die nackten Popos von gut einem halben Dutzend Kleinkindern war ein »Danke Jörg!« gedruckt. Gedankt wurde für die Einführung eines Kinderschecks, mit dem in Kärnten jede Mutter ausgestattet werden sollte, dessen Finanzierung zu dieser Stunde jedoch noch völlig ungeklärt war. Diesmal fehlten zwar die dramatisch anmutenden Begleitumstände der letzten Wahl, wie Sparpakete, Briefbomben und der Verkauf der Creditanstalt, dramatisch wirkten aber die Umfragen (einige nannten Haider knapp an der ersten Stelle), die gesellschaftliche Akzeptanz der Haideristen und der durchschlagende Erfolg der ganzen Entourage des Feschismus bei den Erstwählern.

Haider hatte seine strategischen Felder gut bestellt, seine Gegner setzten ihm wenig entgegen. Die Öffentlichkeit machte es ihm leicht. Wo sie ihn nicht direkt propagierte, sondern bloß wendegeil kommentierte, war sie unfähig, zwischen sich auflösenden Traditionen und echtem Unheil zu unterscheiden. Eine Woche vor der Wahl überkam manchen Kommentator die Angst. Einige zeigten betroffen die Gefahren einer Wende auf: die autoritäre Republik, die Bedrohung von Wohlstand und Konsens undsoweiter. Die *Kronenzeitung* schaltete, wie üblich, in letzter Sekunde von Haiderwerbung um auf Regierungspropaganda. Haider werde gewinnen, schrieb Hans Dichand, aber »Klima und Schlögl werden (Ausländerproblem) ebenfalls gut abschneiden«. Alles in allem standen die Medien dem Phänomen, das auf sie zukam, aufgeschlossen, aber nicht ohne Erschrecken gegenüber. Als hätten nicht gerade sie erst die Schmuddelecke behaglich gemacht, in welcher der derzeitige Kärntner Landeshauptmann wuchs.

Das Positive? Man muß es auch sehen: Kein Intellektueller deklarierte sich für Haider (mit Ausnahme seines »Kulturberaters« Andreas Mölzer und des Historikers Lothar Höbelt, die sich über mangelnde Medienpräsenz nicht beklagen konnten). Haider selbst konstatierte in der *Pressestunde*, der sonntäglichen Verlautbarungssendung des ORF, bei der einem geladenen Politiker zwei nach Quoten ausgesuchte Journalisten sowie ein Hausmoderator als Stichwortbringer assistieren, der Wahlkampf sei »locker und freundlich« gewesen. Auf das gelbe Plakat angesprochen, bemerkte er: »Überfremdung ist meiner Meinung nach kein Begriff, den man angreifen kann.« Überfremdung ist selbstverständlich ein Begriff aus dem Nazijargon, aber das hielt ihm keiner mehr vor, als er mit gewohnter Schwenkkraft das Thema an sich riß und davon sprach, es gehe ihm nur um die Rechte der anständigen und fleißigen Österreicher.

Der Schock der Wahl

Die Woche vor der Wahl habe ich mir als Tagebuch notiert. Dienstag früh um acht findet eine Diskussion sogenannter Spitzenjournalisten bei *News* statt; alle sind sich einig, es bleibt bei Rotschwarz, wenn auch in einer kleinen Koalition. Der Augenblick, ein Verhältniswahlrecht zu schaffen, sei versäumt worden, sagt Alfred Payrleitner. Jetzt gehe das nicht mehr, weil dies Haider an die Macht bringen könnte. Hat aber Anlaßgesetzgebung nicht auch dazu beigetragen, Haider groß zu machen?

Abends folgt das Duell Klima gegen Schüssel im TV; manchmal wirken beide wie Aufsagepuppen ihrer Spindoctoren. Klima, soeben von einer leichten Lungenentzündung auferstanden, zeigt sich darüber verzweifelt, daß Schüssel nicht zur Harmonieshow zu bekehren ist, Schüssel sucht unbeirrt seine letzte Chance in der Attacke. Wie man Klimas Phrasen nicht mehr hören kann, so mag man Schüssels Fliege nicht mehr sehen. Nicht nur ihretwegen wirkt er bubenhaft, unernst, überheblich. Meiner Meinung nach hat er das Duell verloren (vielleicht, weil man mit einem vom Krankenbett Auferstandenen sympathisiert). So kann man sich täuschen.

Am Mittwoch melden sich Rundfunkstationen aus Deutschland, der Schweiz, Italien. Dann muß man das Land im Ausland verteidigen, das fällt nicht gerade leicht, es hilft aber der leicht ungläubige Unterton in den Fragen: Seid ihr nun Alpen-Nazis oder nicht?

In der Tat tue ich mir schwer zu erklären, wieso nicht alle in der Ecke stehen, die Hetzer und ihre Medien. Wieso sie mit Sätzen durchkommen, die, wie Edmund Stoiber, der rechte Bayer, später sagte, in Deutschland ihre Karriere binnen einer Stunde für immer beendet hätten. Die Öffentlichkeit hat sie so lange gut behandelt, als Trotzdem-noch-immer-Demokraten freudig begrüßt, ihre Antisemitismen und xenophoben Ausfälle nicht einmal ignoriert, bis man sich an sie gewöhnt hatte. Was heißt »man«? Bis die politmediale Klasse sich an sie gewöhnt hatte. Von da an gab's kein Zurück mehr.

Abends interviewt mich Lorraine Millot von *Libération*. Sie ist außergewöhnlich gut informiert und stellt insistierende Fragen. Unzufriedenheit bei materiellem Glück, gut – aber sind die Österreicher wirklich so blöd, daß man ihnen diese Tricks und Schmähs vorgaukeln kann, fragt sie. Darauf weiß ich keine Erklärung als die der verkrüppelten Öffentlichkeit. Ich glaube, die Leute sind nicht blöd, es ist ihnen egal. Die Schamschranken sind nicht mehr oben. Sie wollen Rotschwarz los sein, egal um welchen Preis. Daß es sich um einen Preis handelt, ist ihnen wahrscheinlich gar nicht klar. Dennoch sind sie nicht rassistischer als die Leute anderswo, sage ich. Oh doch, sagt Frau Millot: Man merke den Unterschied, wenn man die deutsche Grenze überquert.

Dann die Elefantenrunde im Fernsehen: Klima wirkt desaströs, weil ihm die Sache längst entglitten ist – er darf laut (Partei-)Regie noch immer keine Kanten zeigen, das Volk aber lechzt mittlerweile danach. Er faßt sogar Haider am Arm, konzediert, nicht nur Blödsinn komme von der FPÖ – will er den, der ihn morgen frißt, heute noch vereinnahmen? Wahrscheinlich gibt es Umfragedaten, die Kanten für kontraproduktiv erklären. Schüssel wirkt weit besser als am Dienstag; am besten, weil cool und er selbst, hält sich der Grüne Alexander Van der Bellen. Auch Haider macht es wie immer: fesch, frech und unverschämt. Er »war nicht der Gewinner im verbalen Schlagabtausch dieses Abends. Aber alle haben ihn als Sieger des kommenden Sonntags behandelt«, bemerkte treffend ein Kommentator der *Kleinen Zeitung*.

Wieder deutsches Radio: »Ja, ich weiß, Sie haben ein Buch geschrieben, ›Das verträumte Leben‹, ach nein? Aber sagen Sie mal, was ist denn da los bei euch Österreichern?« Später dann beim Friseur verkröche ich mich am liebsten unter den Latz. Der Frisiersalon schwirrt vor Politik, und ich möchte nichts meinen müssen, sondern zuhören dürfen. Die liebe junge Friseurin weiß ja nicht, daß sie einen Journalisten unter der Schere hat. Hier greift der angewandte Feschismus. Es ist sicher nicht ganz falsch, was Haider sagt, meint sie, und, es muß einfach mal ein anderer her. Sozusagen die Volksversion des neoliberalen Leitartikels. Das Wort Ausländer kommt ihr nicht über die Lippen. Von Fanatismus keine Spur. Sie ist Pendlerin, kommt aus der Steiermark, es lockt der Kinderscheck. Time for a change? Nein, sage ich. Schneiden Sie's wie beim letzten Mal.

Abends die Abschlußkundgebung der FPÖ am Stock-im-Eisen-Platz. Viele der am Ende wahrscheinlich zehntausend Besucher sind Neugierige, von ihnen offenbar viele dezidiert gegen Haider. Vorwiegend finstere Gesichter sind zu sehen, zu hören ist zwischen den Zähnen gemurmelter Widerspruch gegen die Agitatoren. Rührend die Hilflosigkeit und die stumme Empörung älterer Wiener, viele von ihnen Juden, die meisten wahrscheinlich zum ersten Mal bei einer Demonstration. Man sieht ihnen eine innere Befriedigung über das Pfeif- und Brüllkonzert der Gegendemonstranten an – als »linke Chaoten, Kerzerlmarschierer, Haschbrüder« bezeichnet sie der notorische Wiener FPÖ-Obmann Hilmar Kabas vom Podium; dazwischen Mütter mit Kindern in Kinderwägen. Aber auch grobschlächtige Wurstgesichter, bleiche Mitläufer, *innocent bystanders*, die geballte Faust noch im Hosensack. Ängstliches Gemurmel in den vornehmen Geschäften, wenn Haider zu den Wiener FPÖ-Plakaten sagt: »Das wird den Freiheitlichen ausgelegt, als wäre das radikale Politik.« Auch François Mitterrand habe zweimal einen Aufnahmestop durchgeführt. »Was linke Franzosen dürfen, müssen auch Österreicher dürfen.« Und »es geht nicht darum, einen Umsturz herbeizuführen, sondern die Politik zu zwingen, sich um die Österreicher zu kümmern«. Vorne, in der ersten Reihe, brüllen die Fans: geschorene Muskelpakete, aufgerissene Augen, Schaum vorm Mund: »Hier regiert die FPÖ!« Der Führer kann nichts für die Gefolgschaft? Daß ich nicht lache! Hier changiert das »e« des Feschismus deutlich zum »a«: eine echte Volkspartei eben.

Am Sonntag, dem 3. Oktober, ist das Vorhersehbare eingetreten. Das Ergebnis stand zwar wegen der Wahlkarten erst eine Woche später fest, aber bereits am Nachmittag war klar: Der langersehnte, lang befürchtete Bruch in Österreichs Nachkriegsvergangenheit hatte stattgefunden. Das Zweiparteiensystem mit marginaler Opposition war endgültig zu einem Dreiparteiensystem mit ebensolcher geworden.

Die SPÖ erhielt 33,2 Prozent der Stimmen (1995 waren es 38 Prozent gewesen) und 71 Mandate. ÖVP und FPÖ erreichten nach Auszählung aller Wahlkarten exakt die gleiche Prozentzahl an Stimmen (26,9) und gleichviel Mandate (52). Gerade 415 Stimmen machten die FPÖ erstmals zur zweitstärksten Partei im Land. Die ÖVP hatte allerdings 1,4 Prozent verloren, die FPÖ 5 Prozent gewonnen. Damit stand der große Sieger fest: Jörg Haider. Der kleine Sieger, die Grünen, jubelten über 7,4 Prozent (1995: 2,6 Prozent) und 14 Mandate; der Wermutstropfen in diesem Jubel war das Scheitern des Liberalen Forums, das nicht mehr im Nationalrat vertreten ist. Die nicht rechte Opposition war damit dezimiert.

Zeitenbruch. Nachkriegszeit beendet. Das Land ist nach rechts gerückt. Die Wende ist da. Schock im Inland, Schock in Ausland. »Rise of Neonazi startles Austria« titelt die Londoner *Times*. Und eine Welle der Empörung geht durch Europa. Vorerst stehen sie im Inland da und schauen verdutzt; als erster tritt ein sehr, sehr blasser Andreas Rudas, Geschäftsführer der SPÖ, vor die Kamera. Wir müssen das Ergebnis ernst nehmen und uns ändern, sagt er. Der ORF-Reporter fragt, ob es nicht ein Fehler gewesen sei, das Vorbild von US-amerikanischen Kampagnen auf Österreich zu übertragen. Ob sich nicht das Klima-Bild im EU-Wahlkampf verbraucht habe? Nichts von alledem, naturgemäß. Hingegen: »Verantwortung tragen, Reformpartnerschaft, wir müssen unsere Reformen weitertragen ...« Auf die Frage, ob er, Rudas, jetzt zurücktrete, sagt Rudas: »Viktor

Klima ist nicht der Mann, der sich bei schwerem Wetter drückt. Ich bin von Klima gerufen worden; man geht nicht in einer schwierigen Situation von Bord.« Später wird der Kanzler die wortgleiche Formulierung gebrauchen. Noch jetzt, da sie alles verloren haben, mögen sie von ihrem fatalen Rezept nicht lassen.

FP-Geschäftsführer Peter Westenthaler poppt aus dem Schirm, drall und vor Freude glänzend wie ein mit Speck geschmiertes Osterei. Und wie die Ostereier springen die Phrasen aus seinem Mund: historischer Wahlerfolg, Absage an den Sozialismus. Jetzt ernten die Ausgrenzer, was sie gesät haben. Damit meint er die SPÖ, weil sie mit der Haider-FPÖ nicht in eine Koalition gehen will. Ausländerfeindlich? Nein, menschenfreundlich sei der FPÖ-Wahlkampf gewesen. Eine dreiste Lüge, die stehen bleibt, weil ihr keiner entgegentritt. Dem Baumeister Richard Lugner, dem erfolglos gebliebenen Polit-Clown, können sie heimleuchten, die Herren Reporter, aber bei Westenthaler gehen sie schon ins Knie. Ein schönes Beispiel, wieviel Zivilcourage im Wendestaat beim ORF zu erwarten sein wird!

Einen antiaggressiven Wahlkampf habe man gemacht, sagt Haiders Wahlkampfleiter Gernot Rumpold. Einen mit Themen, nicht mit Haß wie die Ausgrenzer. War da nicht noch etwas? »Stop der Überfremdung«? »Stop dem Asylmißbrauch«? »Keine Gnade für Drogendealer«? »Wir haben einen menschlichen Wahlkampf geführt, wir haben niemanden niedergemacht, niemanden diffamiert«, erklärt Rumpold, treuherzig wie es nur die geballten Gernots, Hilmars und Jörgs zusammenbringen. Perfid und geschickt zugleich, den Gegner des Hasses zu bezichtigen und damit von dem Haß abzulenken, den man selbst gesät hat. Haltet den Dieb!

»The most famous campaign« habe man hingelegt, teilt Haider irgendwelchen englischsprachigen Interviewern mit.

Und er hat natürlich recht. Die Blauen bringen ihren Teil des Landes auf den Punkt. Nicht das Land. 70 Prozent sind gegen ihn. Das macht es so peinlich. Haider und die Seinen haben keine Skrupel. Skrupel haben die anderen. Die Rechten wollen an die Macht, darüber lassen sie keinen Zweifel mehr. Haider, nicht Spitzenkandidat, nur noch Parteiobmann, sagte bei der Abschlußkundgebung, er wisse, wie man das Land regieren müsse, und er traue es sich zu. Wir siegen, weil Frechheit siegt. Wir sind so frech, wie wir wollen. Und unsere Frechheit siegt, weil niemand sie in die Schranken weist.

Runde der Spitzenkandidaten im Fernsehen: Klima ist k.o. Er will dennoch Verantwortung für die Stabilität des Landes übernehmen. Schüssel sieht man an, daß er jetzt Lust hat, Klima die Hosen auszuziehen. Hosenausziehlustig blickt er drein und sagt: »Es geht nicht mehr so weiter, wie es bisher war. Mir ging es immer um die ...« Haider wirkt in seinem grauen Anzug wie ein Konfirmand, aber das freche Grinsen hilft bei der Identifizierung: Er ist's noch. Und die FPÖ hat »niemanden ausgegrenzt«, so daß sie mit allen gesprächsfähig ist. Van der Bellen tut es leid ums Liberale Forum, Heide Schmidt auch. Und in den kommenden Monaten wird man sehen, wie schmerzlich die Option der Ampel fehlt – die zumindest ist deutlich abgewählt worden: mit fast 54 Prozent für Schwarzblau. Rotschwarz allerdings erhielt, wenn man es so sieht, noch immer mehr als 61 Prozent.

Was tatsächlich geschah, ist schnell erklärt. SPÖ und ÖVP verloren zusammen 310 000 Stimmen an die FPÖ, die SPÖ 169 000 (neun Prozent), die ÖVP 141 000 (elf Prozent). Die SPÖ vermochte es nicht, ihre Wählerschaft zu mobilisieren; 146 000 Stimmen verlor sie durch Wahlenthaltung. Vermutlich wäre es nicht damit getan gewesen, im Wahlkampf Konturen zu zeigen. Vermutlich wurde hier die

Rechnung für die Modernisierungsattitüden der Sozialdemokraten präsentiert, die zwar symbolisch von »sublimiertem Klassenkampf« auf wirtschaftliche Tüchtigkeit geschwenkt waren, diesen Schwenk aber politisch nie zur Debatte gestellt hatten. Die SPÖ vermochte nur knapp 70 Prozent ihrer Wählerschaft an sich zu binden, während die ÖVP über 80 Prozent ihrer Wähler behielt. Auch an die Grünen und an die Liberalen verlor die SPÖ kräftig; in Summe 100 000 Stimmen. Dies darf wohl dem Verlust des letzten Kredits in Menschenrechtsfragen zugeschrieben werden, der für die SPÖ nach dem Fall Omofuma endgültig wirksam wurde. Das Milieu der Intellektuellen und Künstler, der Besorgten und Engagierten war damit für diese Wahl verloren.

Zum ersten Mal seit 1986 gab die SPÖ mehr Stimmen an die ÖVP ab, als sie von ihr gewann. Dies deshalb, vermuten die Sozialforscher Hofinger und Ogris, weil es sich »wahrscheinlich um eine strategische Rückwanderung zur Volkspartei handelte, um damit den Weiterbestand der Koalition von SPÖ und ÖVP zu sichern«. Schüssels Bluff, als Dritter auf jeden Fall in Opposition zu gehen, hatte gewirkt. Im übrigen, so die Analyse, stieg nicht die Zahl der Wechselwähler, sondern die Zahl derer, die es vorzogen, nicht zu wählen.

Jetzt erregen sich die internationalen Medien erst recht. Eine besondere Feinheit hält Radio Bayern III für mich bereit. Zwischen besorgten Auslandsösterreichern, die ihren Paß zurückgeben wollen, und betulichen bayerischen Haider-Fans schalten sie mir plötzlich den pensionierten Schirennläufer und FPÖ-Kandidaten Patrick Ortlieb zu. Der hat natürlich noch nie was von Ausländerfeindlichkeit gehört, und als ich ihn frage, ob er als halber Franzose unter Haider wohl österreichischer Olympiasieger geworden wäre, fällt ihm keine rechte Antwort ein. Man hat den Eindruck, er weiß nicht einmal, für wen er kandidiert hat. Leute, die nicht wissen, was sie wählen, Journalisten, die nicht wissen, was sie schreiben, und Kandidaten, die nicht wissen, wofür sie stehen: Das muß die Wende sein. Oder?

III

Die Republik der Sondierer

Stimme von oben:
Wir haben alles reiflich erwogen.
Karl Kraus, »Die letzten Tage der Menschheit«

Schon vor Jahren hat der Politologe Anton Pelinka darauf hingewiesen, daß sich die rotschwarze Koalition mit dem Entschluß, der EU beizutreten, selber den Boden der gemeinsamen Außen- und Sicherheitspolitik unter den Füßen wegzog. Die Regierenden der Zweiten Republik hatten ihr Programm der überwältigten Republik nicht nur als nach innen, sondern vor allem als nach außen gerichtet verstanden: Die Alliierten waren das erste Publikum dieses Opfermythos, sogar die Engländer, die ihn ausgeheckt hatten. Der Zweck der Vorstellung war die Erlangung der Neutralität, und der Beitritt zur Europäischen Union bildete den Abschluß dieser Phase. Eingeläutet wurde der Abschied mit der Kanzlerschaft des Modernisierers Franz Vranitzky, der vermutlich psychologisch nach innen nichts anderes darstellte als die Wende à l'Autrichienne: sozialdemokratisch, weich, ohne Bruch mit dem Sozialstaat. Mit einem Wort: Thatcherismus ohne Thatcher oder Reagan ohne Reaganomics. Immerhin erklärte Vranitzky an offizieller Stelle die Verantwortung Österreichs für die Daten und Taten seiner Geschichte – verborgen in einer längeren Ausführung zu Jugoslawien.

Das Leiden in dieser Koalition war nicht nur dem individuellen Leid der Beteiligten zuzuschreiben. Vor allem die

Führer der ÖVP hatten sich stets zurückgesetzt und »kühl behandelt« gefühlt; Vranitzky hatte immer auf Distanz geachtet, mit dem Du-Wort hielt er sich zurück. Die Herzlichkeit seines Nachfolgers (von Rudolf Burger mit dem Attribut »zähnefletschend« versehen) kam aber ebensowenig zupaß. Viktor Klima war schließlich der Mann, der als Finanzminister gegen den Widerstand der ÖVP den Verkauf der bürgerlichen, im Staatsbesitz befindlichen Creditanstalt an die sozialdemokratische Bank Austria durchgeführt hatte. Im Wettbewerb um Aufmerksamkeit war Klima zudem meist schneller auf dem Foto. Schon stand er neben Clinton, während die Guards noch die Zugangsberechtigung Schüssels überprüften, und wenn man die Gruppenfotos betrachtete, überragte er Wolfgang Schüssel um zwei Kopfeslängen. Umso schlimmer, daß sich dieser seinem Partner intellektuell haushoch überlegen fühlte.

Es war also genug individuelles Leid vorhanden, aber das reicht nicht aus, um den Haß auf die Roten zu erklären, der einem bereits in den Vorzimmern der ÖVP-Granden vermittelt wurde. Da saßen Sekretäre mit zusammengebissenen Zähnen und fluchten auf den Partner, während die auf der anderen Seite mild lächelten und mit den Schultern zuckten. Sie waren sicher, die Schwarzen bei der Wahl erneut zu demütigen. Auf seiten dieser Schwarzen war mehr als Rachsucht, da war das Gefühl, das Recht der Geschichte von seinem Regierungspartner vorenthalten zu bekommen. 13 Jahre befand man sich in einer Situation, die man als erniedrigend und in historischem Sinn ungerecht empfand. Die virtuelle Wende von 1986 war erst 1999 wirklich geworden.

Im gleichen Maß, in dem sich die SPÖ von den kleinen Leuten entfernt hatte, die nun FPÖ wählten, im gleichen Maß, in dem sie ihr hegemoniales Personal, die kritischen Intellektuellen, vergrämt hatte, war es ihr auch gelungen, den langjährigen Koalitionspartner vor den Kopf zu stoßen. Klima unterschätzte die Frustration und wohl auch das politische Geschick seines Partners. Der saß jetzt am längeren Ast. Die Situation war unauflöslich: Die ÖVP hatte sich festgelegt, in Opposition zu gehen, und alle ihre Protagonisten blieben lustvoll bei dieser Festlegung. Die SPÖ wiederum war auf eine Fortsetzung von Rotschwarz eingeschworen; eine Ampelkoalition hatte sie zwar zart in Aussicht genommen, aber mit zarten Aussichten gedeihen keine politischen Strategien, und die Basis für die Ampel war mittlerweile verschwunden. Eine Koalition mit der FPÖ schloß die SPÖ aus.

Überwiegend herrschte die Ansicht, eine Beteiligung der FPÖ an der Regierung komme nicht in Frage – 90 Prozent der Bevölkerung hielten sie laut einer Umfrage zumindest für unwahrscheinlich. Schon vor der Wahl hatte der Politologe Helmut Kramer in Hinsicht auf das kommende Patt eine Allparteienregierung ohne Beteiligung der FPÖ vorgeschlagen; jedoch halfen solche Gedankenspiele wenig. Der herbeigewählte Wechsel war keine Wende, vorerst bloß ein Patt. Nun schlug die Stunde des Bundespräsidenten. Thomas Klestil hatte stets versprochen, ein »aktiver Präsident« zu sein, seine Aktivitäten hatten sich aber im wesentlichen auf eine Eheaffäre und gesundheitliche Probleme beschränkt, die er aktiv in den von ihm dazu auserwählten Boulevardmedien abhandelte – so ist es neuerdings politischer Brauch in Österreich. Wenn es auch die Aufgabe des Bundespräsidenten ist, den Auftrag zur Regierungsbildung zu erteilen, sah sich Klestil doch in einer schwierigen Situation. Den Auftrag zur Regierungsbildung erhält traditionell die stärkste Partei; diese hätte jedoch keine Aussicht auf Erfolg gehabt. Folgerichtig wäre der Auftrag an die zweitstärkste Partei ergangen – die FPÖ Jörg Haiders. In diesem Fall hätte der sein Kärntner Wahlversprechen, dort als Landeshauptmann auszuharren, so leicht in den Wind geschlagen wie manches andere, den Spitzenkandidaten Prinzhorn beiseite geschoben und gerne die sogenannte Verantwortung übernommen. Aber der Diplomat Klestil wußte ganz genau, daß die FPÖ nicht regierungsfähig war.

Warum nicht, fragten aufgeregt die Apologeten des Wechsels. Ihre Rhetorik war ebenso einfach wie verblendet. Sie punkteten anfangs leicht: Wenn Haider kein Demokrat ist, warum hat man ihn dann zu diversen Wahlen antreten lassen? Warum akzeptiert man seine Partei in den Parlamenten, auch – seit 1995 – im europäischen? Die Kernfrage, die sie stellten, lautete aber: Was hat er denn getan, das beweist, daß er nicht nur ein gewöhnlicher rechter Populist ist? Und überhaupt, ist nicht jeder Politiker im Medienzeitalter notgedrungen Populist? Haider hat doch nichts getan, er hat doch nur geredet! Weshalb soll man die FPÖ nicht als demokratische Partei akzeptieren?

Das war bewußt frivol gefragt. Denn undemokratisches Verhalten, undemokratische Reden und angekündigte undemokratische Vorhaben zählen in der Demokratie so viel wie Taten. Und davon gab es mehr als genug: Die demokratisch gewählte Partei FPÖ ist – wir erinnern uns an das Salzburger Beispiel, wo Haider per Telefonat 700 demokratisch gewählte Funktionäre entließ – komplett dem Führerwillen unterworfen. Das Parteistatut gibt dem Obmann ein Durchgriffsrecht, das erst nachträglich von den Gremien zu sanktionieren ist. Haiders Hetztiraden gegen Ausländer und seinen Verharmlosungen des Rechtsextremismus bräuchte man ebensowenig heranzuziehen wie seine Ankündigungen einer autoritären Republik, in der die Ämter des Bundespräsidenten und des Bundeskanzlers, das Innen- und das Heeresministerium zusammengelegt werden sollten.

Seine Konkurrenten hatten ihn in der Hoffnung gewähren lassen, ihn schon noch kleinzukriegen. Daß er, politisch hochbegabt, es verstand, die Unzufriedenheit der Modernisierungsverlierer und der Modernisierungsgewinner zugleich für sich zu vereinnahmen, damit hatte niemand gerechnet. Eine ernsthafte Diskussion über die Grenzen der Toleranz in der Demokratie wurde nie geführt. Sie hätte weite Teile der Öffentlichkeit außer Kraft gesetzt. Nun war es für die, die Haider bisher harmlos geredet hatten, schwer zu begründen, warum er plötzlich kein Demokrat mehr sein sollte. Die Gegenfrage, was denn das heiße, im Grunde schon, an der Oberfläche aber nicht, stellte man ihnen selten.

Österreich zahlte den Preis für seine historische Laxheit. Das Opfer Österreich hatte diese seine Rolle geschickt betont, sie mit den Interessen der Westalliierten kombiniert und sich so eine Reeducation weitgehend erspart. Dafür war es mit einer politischen Öffentlichkeit gesegnet worden, der es schwerfiel, zwischen falsch und richtig zu unterscheiden. Je länger, desto schwerer – stellte man den Konsens in Frage, stellte man alles in Frage. Denn das junge Staatswesen war fragil; als es stabil geworden war, hatte sich die Sitte des Nichtinfragestellens so sehr verhärtet, daß man sie nicht mehr in Frage stellen konnte. Der jüdische Altösterreicher Eric Pleskow, seinerzeit zur Emigration gezwungen, als Filmproduzent Gewinner von 14 Oscars und Gründer von United Artists, nunmehr Präsident der Viennale, fand bei deren Eröffnung deutliche Worte zur Lage. Spitzenpolitiker würden ihn beschwichtigen, erzählte er, Österreich sei gar nicht rechtsextrem, das sehe alles anders aus, als es sei. Dagegen könne er aus dem Horizont des Emigranten nur mit dem amerikanischen Sprichwort antworten: »If you look like a duck, if you walk like a duck, and if you sound like a duck – you are a duck.«

And what if you vote like a duck? Natürlich sind die Österreicher keine Nazis, das berühmte Nazi-Gen gibt es nicht, wie führende Intellektuelle einer darob beunruhigten Öffentlichkeit nicht müde werden zu versichern. Genetik hat eben Konjunktur. Aber die FPÖ ist eine Partei, die mit dem nicht aufgearbeiteten, im Hintergrund lauernden Altbestand flirtet; sie ist eine rechte und eine demokratisch nicht vertrauenswürdige Partei, die mit gutem Grund rechtsextrem genannt werden kann. Haiders Distanzierungen waren einschlägig. Sie gehören zur Methode seiner Anspielungen und sind deshalb in der vorgetragenen Form unglaubwürdig. Die FPÖ selbst besteht weder durchgehend aus rechtsextremen Wählern noch aus rechtsextremen Mitgliedern; aber sie hat sich 1986 zum rechtsextremen Rand wieder geöffnet und führt ihren Hegemoniekampf mit Leuten wie Andreas Mölzer und Lothar Höbelt, die irgendwo zwischen rechtsextrem und nationalkonservativ angesiedelt sind. Rechtsextreme tauchen immer wieder in den Büros und den Stäben der FPÖ auf. Wie anders als rechtsextrem sollte man diese Ente also nennen?

Reden wir übers Reden!

Das traditionelle Zweiparteiensystem war ad acta gelegt; die Regierungsbildung ließ sich entsprechend problematisch an. Trotz anfänglicher Schwierigkeiten glaubte alle Welt, der Wirtschaftsbund werde Wolfgang Schüssel schon in die rotschwarze Koalition zwingen; der Preis, den der dafür verlangte, sein Gesicht zu verlieren und doch nicht als Dritter in die Opposition zu gehen, werde zwar astronomisch hoch sein, aber er werde bezahlt werden müssen. Schüssel hatte im Poker von allen drei Spielern die besten Karten. Die schlechtesten hatte Viktor Klima. Vor der roten Sperrminorität im Parlament und der Drohung, in Wien bei einem Nichtzustandekommen der Koalition Rotschwarz durch Rotgrün zu ersetzen, fürchtete sich niemand.

Immerhin wußte sich Klima einig mit dem Bundespräsidenten. Der erfaßte die Lage und fand eine österreichische Lösung. Er erteilte erst einmal keinen Auftrag zur Regierungsbildung. Stattdessen kreierte er einen neuen Begriff, mit dem er die Öffentlichkeit in Atem hielt. Sogenannte besonnene Kommentatoren lobten ihn dafür, daß er etwas erfand, was Tätigkeit erlaubte, ohne daß etwas geschah: das Sondierungsgespräch. Kanzler Klima erhielt den Auftrag, mit allen Parteien solche Gespräche über die Konturen eines möglichen Regierungsprogramms zu führen.

Das Gehör der Bevölkerung war in dieser Situation für semantische Feinheiten bereits geschärft. So blieb die Überraschung gering, daß die Entscheidung der ÖVP, auf jeden Fall in Opposition zu gehen, falls sie den dritten Platz erreichte, nun plötzlich etwas anders klang. Am nämlichen Abend, als der Rückstand von 415 Stimmen amtlich feststand, legte sich der Bundesvorstand der Volkspartei darauf fest, »die Weichen in Richtung Opposition zu stellen«. Parteichef Schüssel schloß selbstverständlich kategorisch die Idee aus, in irgendeine Art von Regierungsverhandlungen einzutreten. Stattdessen erfand auch er einen Terminus: In »Zukunftsgesprächen« wollte er sich mit allen anderen Parteien gepflegt über die wichtigsten Themen der kommenden Jahre unterhalten.

In verwirrten Zeiten, wenn das Publikum mit Inhalten geradezu bombardiert wird, wenn sich die Prinzipien biegen vor Lachen und die Standpunkte das Tanzen lernen, kurz in Nachwahlzeiten, in Zeiten vor einer Regierungsbildung, haben die Wörter Konjunktur. Eine Sonde beispielsweise ist ein medizinisches Gerät zum Erkunden der

Tiefe einer Wunde. Ein Meß- und Prüfgerät, das man auf den Meeresgrund senkt oder in den Weltraum schießt, weit weg, in unbekannte Gefilde, um sie zu untersuchen. Österreichs politische Wunden brauchen nicht erkundet zu werden, Art und Tiefe sind bekannt; man kann allerdings in ihnen wühlen. Ein Sondierungsgespräch ist ein merkwürdiger Widerspruch in sich selbst. Das Gespräch als Form, das Gegensätzen die Annäherung ermöglicht, ein Beginn vom Ende der Feindschaft. Die Sonde hingegen als neutrales, chromblitzendes Instrument, keinem Argument zugänglich. Qual der Erkundung oder Hoffnung auf Überwindung der Gegensätze? Allein in diesem Unwort, in dem beides schwebt, drückte sich die verfahrene Situation hinlänglich aus.

Von der eingeübten Form österreichischer Politik kann man analog zu einem Wort von Karl Kraus behaupten, sie sehe umso ferner zurück, je länger man sie ansieht. Tatsächlich schien jetzt, auch wenn gegen allen Augenschein Rotschwarz noch einmal einen Indianersommer feiern sollte, das koalitionäre Regieren alter Art endgültig am Ende zu sein. Nicht, weil die FPÖ in die Regierung drängte oder in irgendeiner Weise regierungsfähig gewesen wäre, was sich weder ihre Wähler noch ihre Nichtwähler vorstellen konnten. Sondern weil die Modernisierung Österreichs nicht aufzuhalten schien.

Der Fortbestand von Rotschwarz wurde zum Testfall für die Machtausübung der Sozialpartner. Unter europäischen Bedingungen fände diese auf hierzulande gewohnte Weise längst nicht mehr statt. Man brauchte nur die hiesige Reaktion auf die Intervention des deutschen Kanzlers Schröder zur Rettung des Baukonzerns Holzmann mit dem Echo auf den Versuch des damaligen Bundeskanzlers Vranitzky zu vergleichen, Semperit vor der Zerschlagung durch dessen Eigentümer Conti zu retten. Vranitzky wurde seinerzeit geradezu angetrieben, einzugreifen; wäre es ihm gelungen, hätte man ihn zum Volkshelden ernannt. Schröder hingegen, der Holzmann mittels Regierungskredit vor einem Konkurs bewahrte, wurde von den Rabiatliberalen, die sich mittlerweile an die Meinungsführerschaft geschlichen haben, seines »ordnungspolitischen Übergriffs« wegen höchstens verhöhnt. Daß Schröders Eingriff sein politisches Geschick wendete, steht auf einem anderen Blatt.

Österreich schwankte im Oktober 1999 zwischen altem System und Wende. Dies vor dem Hintergrund, daß die Macht der Politik insgesamt zerbröckelt. Zugleich verliert sie ihr Wissen, wie diese Macht auszuüben wäre. Erneuert sie sich nicht, wird es den Staat bald nur mehr als eine Art Hausmeister geben – konsequenterweise wünscht das weise österreichische Volk deswegen derart machtvoll eine FPÖ-Beteiligung an der Regierung. Oder doch nicht? 50 Prozent wollten noch im Oktober einen Kanzler Klima sehen, obwohl ihn soeben nur 33 Prozent gewählt hatten, und noch weit mehr Leute sprachen sich für Rotschwarz aus.

Auch die Öffentlichkeit schwankte. Zuvor hatte sie sich für die Wende stark gemacht, nun bekam sie Angst vor der eigenen Courage. Ein Kanzler von Gnaden der FPÖ hätte zwar bestens ins Bild gepaßt, einen FPÖ-Kanzler schien vorläufig nicht einmal die *Kronenzeitung* anzustreben. Es ist immer dasselbe: Nachdem sie den Doktorhaider jahrelang an die Macht geschrieben hat, kriegt sie vor den Wahlen und vor allem danach kalte Füße und macht Propaganda für Rotschwarz. Mit Haider läßt sich besser Druck machen als gegen ihn.

Dennoch wurde es als politische Sensation gewertet und von allen Seiten entsprechend gewürdigt, als am 27. November ein merkwürdiges Element erstmals in der *Kronenzeitung* auftauchte: ein Kästchen. Ein wahres typografisches Schmuckstück, mit feinem Rand, aber mit einer Schrift vom Fettigkeitsgrad eines Zwischentitels, mit einem Titel, der zum Nachdenken mahnte (»Gedanken zur politischen Situation«), und mit einem Autor, der einem die Gänsehaut den Buckel hinuntertrieb. Es wurde nämlich gar keiner genannt. Nicht einmal eine jener lateinischen Strumpfmasken wurde bemüht, mit denen sich die Kommentatoren des Kleinformats überzeitliche Bedeutung anmaßen, die Aurelii, Catones, Mercatores, Christiani und wie sie alle heißen mögen. Nein, diese Maske blieb gänzlich anonym: »Von besonderer Seite« – mehr wurde über die Autorschaft nicht verlautbart. Inhaltlich war alles klar: Schüssel solle sich zusammenreißen und endlich die rotschwarze Koalition machen. Haider, »seine Zeit kommt noch«, tröstete ihn die redaktionell gestaltete Leserbriefecke »Das freie Wort«, solle in Kärnten üben, denn »für taktische Spiele haben die Wähler kein Verständnis«.

»Von besonderer Seite« – wer mochte das sein? Bei Lage der Dinge kamen nur drei Leute in Frage: der Bundespräsident, der Kardinal oder der liebe Gott. Die letzten beiden durften jetzt, im Advent, problemlos ran, denn traditionellerweise wird im Advent und zur Fastenzeit das nackte Fleisch auf Seite fünf des Boulevardblattes verhüllt. Andererseits wäre es möglich gewesen, daß der mediale Stellvertreter des Allmächtigen in Österreich, der publizistische Hausmeister der Casa de Austria, Hans Dichand persönlich, das Wort ergriff. Wer immer hier »von besonderer Seite« sprach, was immer diese dunkle Seite bedeuten mochte – Schattseite, die andere Seite, das innere Geheimnis der Macht –, die Botschaft war trivialerweise nur ein Teil der allgemeinen *Krone*-Kampagne: Schüssel, bleib bei deinem Klima!

Das schrieb sich leicht, und die *Krone* machte in der Tat eine Kampagne draus. Aber bis zum ersten Sondierungsgespräch war es noch ein weiter Weg. Am 14. Oktober 1999 hatte Klestil Klima den Auftrag erteilt, »Sondierungsgespräche über sachliche Inhalte für ein mögliches künftiges Regierungsprogramm« zu beginnen, und zwar mit allen vier Parlamentsparteien. Am 15. Oktober waren Klima und Schüssel zusammengetroffen, um Österreich beim EU-Sondergipfel in Tampere zu vertreten. Sie zelebrierten dort alle gewohnten Begleiterscheinungen ihrer kaputten Ehe und schafften gerade ein knappes Vieraugengespräch, das weiters keine Folgen hatte. Schüssel blieb hart: Die Weichen seien gestellt.

Drei Tage später startete die ÖVP ihre Zukunftsgespräche mit einer internen Diskussion. Es folgten öffentliche Veranstaltungen, bei denen meist in der Parteizentrale eine Art Verantwortungsträgershow abgezogen wurde. Dort saßen vorwiegend Herren, welche vorwiegend dunkelgrau gekleidet waren und sehr ernst aussahen. Sie saßen in einem für derlei Dinge vorgesehenen Sitzungssaal, dessen schwere Lichtleisten Medientauglichkeit signalisierten, dessen fette Scheinwerfer einen Hauch von Theatralik einbrachten, dessen Paravents hinter den wichtigsten Sprechern mit ihrer Schrift noch einmal darauf hinwiesen, daß man hier Zukunftsgespräche führe, dessen etwas klobige, aber modernitätswillige Architektur mit jedem Zeichen, das sie aufbot (und es waren nicht wenige) sagte: Hier wird Schweres diskutiert, Zukunftsgewichtiges entschieden, Entscheidendes beredet.

Ich, der ich alles einmal gesehen haben mußte, betrat den Raum, sah sie, und ich sah die Zukunft in ihren Augen leuchten. Da wird was daraus, dachte ich. Die Entscheidungsträger saßen da, schwere, dunkelgraue Erscheinungen, die nicht leicht daran trugen, daß sie jetzt die Zukunft besprechen mußten. Die Zukunft der Medien sollte es sein, und der Mediensprecher und Landwirtschaftsminister

Wilhelm Molterer, ein kluger und bedächtiger Mann, zu Recht als eine Hoffnung seiner Partei betrachtet, forderte dazu auf, nun einmal nicht eine jener üblichen Mediendebatten zu führen, die jeder kennt. Er wußte, warum er warnte, denn es wurde natürlich genau so eine Debatte. Und so redeten sie und redeten und redeten. An Gesprächen war kein Mangel im Österreich des Herbstes 1999. In Zukunfts-, Hintergrund- und Sondierungsgesprächen, in denen Klima erst nicht mit Haider reden wollte und später, als dieser sein Recht auf ein Vieraugengespräch forderte, doch mit ihm sprach. In erweiterten Sondierungsgesprächen, in die Klima, wie könnte es anders sein, auch die Sozialpartner mit einbezog. Klima redete über eine Minderheitsregierung, aber der Präsident redete noch dagegen. Es war fast wie in Qualtingers Eden beim Reden, nur daß die Leute vor lauter reden nicht zusammenkamen. Ende Oktober nahmen die Delegationen von ÖVP und SPÖ tatsächlich Sondierungsgespräche auf.

Langsam begann auch das Publikum zu reden. Wie lange sollte all das Reden noch weitergehen? Auch SPÖ und FPÖ waren beim Reden, aber sie redeten sich, wenig überraschend, nicht zusammen. Und immer wieder versicherten sie, sie wollten weiter reden, miteinander, und der Präsident mit allen. Nur die Gespräche zwischen FPÖ und ÖVP verliefen, im Urteil eines Teilnehmers, des FPÖ-Klubobmanns Westenthaler, »gut und produktiv«. Die Bevölkerung pfiff auf das Theater, aber sie fand sich damit ab, auch ohne Regierung ins neue Jahr zu gehen.

Der größte Effekt der Sondierungsgespräche war also die Selbstbeschädigung der Politik. Der amtierende Kanzler und der Bundespräsident machten eine schwierige Lage noch schwieriger. Gemeinsam mit der *Krone* – der Repräsentant des Staates und das Organ der Volksanarchie: eine Mesalliance der Sonderklasse! – verstärkte der Präsident den Druck in Richtung Rotschwarz; Viktor Klima und die Seinen taten dasselbe mit Hilfe der Sozialpartner. Schließlich war Wolfgang Schüssel weich: Er ließ die Weiche Weiche sein, als Anfang Dezember die Präsidentschaftskanzlei ankündigte, den Auftrag zur Regierungsbildung voraussichtlich an SP-Chef Viktor Klima erteilen zu wollen.

Der Parteivorstand der ÖVP zierte sich noch ein wenig, aber am 9. Dezember war es soweit: Klestil beauftragte Klima mit der Regierungsbildung. Der Bundespräsident sagte, er wolle eine »Regierung mit solider Mehrheit und Ansehen« und machte auch inhaltliche Vorgaben. Die FPÖ unter Jörg Haider wartete derweil gelassen ab. Wieder entspannte sich die Öffentlichkeit in der Gewißheit, das Übliche nehme seinen Lauf. Immerhin bekräftigten die 67 Tage, die bis zur Erteilung des Regierungsbildungsauftrags verstrichen waren, den Ernst der Lage. Die bisher längste Frist in der Zweiten Republik hatte gerade 24 Tage betragen.

IV

Das Ende einer Ära

Die Stimme Gottes:
Ich habe es nicht gewollt
Karl Kraus, »Die letzten Tage der Menschheit«

Ächzend und unausweichlich steuerte die Republik der Sondierer ein letztes, ein allerletztes Mal auf Rotschwarz zu. So sah es das Publikum. Und es sollte sich gewaltig täuschen. Wer vermutete, der Qual sei nun genug, der ahnte nicht, was noch bevorstand. Bundespräsident Thomas Klestil sah schon seit längerem recht schlecht aus. Selbst herzlose Zeitgenossen wie ich merkten dem Mann an, daß es dem Staat nicht gutging. Zwar warnte und mahnte er nach Art seines Amtes unausgesetzt, die Worte aber, sie klangen bedenklich: Kein »panisches Krisengerede« wollte er hören, als nach dem Wahlergebnis tatsächlich die Krise des Staates in Sicht war. »Keinen unnötigen Zeitdruck« wollte er den Parteien auferlegen, als Österreich und die hellhörig gewordene Welt über das endlose Sondieren stöhnten. »Geduld und Augenmaß« verlange die politische Lage, sagte er, als verlange Politik das nicht zu allen Zeiten. Als er aber Mitte November forderte, die Sondierungsgespräche sollten »zügig und in ehrlicher Absicht« geführt werden, wurde deutlich: Er war nicht mehr Herr der Lage.

Dies, obwohl (oder weil?) er sich im Prozeß der Regierungsbildung eine aktivere Rolle angemaßt hatte als alle seine Vorgänger. Nur Adolf Schärf hatte einst in den fünfziger Jahren eine Regierungsbeteiligung des VdU verhindert, eines Sammelbeckens von ehemaligen Nationalsozialisten und einer Vorläuferorganisation der FPÖ. Thomas Klestil hatte ebenso gute Gründe, alles in seiner Macht Stehende zu unternehmen, die FPÖ von der Regierung fernzuhalten. Noch in seiner Neujahrsansprache hoffte er, »daß ein rascher Abschluß der Regierungsverhandlungen das Vertrauen der Bevölkerung in die Politik wieder zu stärken« vermöge, und versprach dem verkaterten Volk, er werde »weiter darauf drängen, daß zügig verhandelt wird«. Klestil drängte, Klestil warnte, und Klestil drohte. Es nützte nichts. Die Verhandler sollten nicht »persönliche Interessen vor das Wohl des Staatsganzen stellen«, also Schüssel solle seinen Lebenswunsch, Kanzler zu werden, vergessen. Lachend schlug der es in den Wind. Selbst inhaltliche Prognosen wagte Klestil: »Gefälligkeitsdemokratie« werde »nicht mehr honoriert, denn die Wähler wissen zu gut, daß Wahlgeschenken zumeist Sparpakete folgen«, was gegen Kinderschecks etcetera gemünzt war. In ihrem Programm legten die Verhandler postwendend noch einige Geschenke an die Familien drauf. Bis weit in den Jänner warnte Klestil SPÖ und ÖVP vor einem Scheitern der Verhandlungen und drohte für diesen Fall mit Neuwahlen. Auch das verfing nicht.

Für sein Agieren faßte Klestil Kritik vom demokratisch versierten Ausland aus: »Das Augenmerk richtet sich im Lande selbst zuwenig auf die zunehmend problematische Rolle des Bundespräsidenten. Er dehnt den weiten Rahmen, den ihm die Verfassung bei der Regierungsbildung gibt, aus wie kein Staatsoberhaupt der Republik vor ihm. Klestil hat öffentlich Bedingungen gestellt, die sich mindestens teilweise widersprechen: Eine Mehrheitsregierung, wie er sie fordert, ist (nach dem Scheitern der Verhandlungen am 21. Jänner, Anm. d. Verf.) nur in Koalition mit Haider möglich, mit dem Politiker also, dessen Partei der

Präsident mit Rücksicht auf negative Reaktionen im Ausland nicht im Kabinett dulden will. Die Frage, ob hier demokratisch legitimierte Abläufe behindert werden, liegt auf der Hand«, schrieb die *Neue Zürcher Zeitung.*

Die Schweizer irrten. Ebenso irrte der Chefredakteur der *Presse,* dessen Übereifer, Blauschwarz herbeizuschreiben, ihn gar von einem »Putsch« des Präsidenten sprechen ließ. Die österreichische Verfassung stattet seit ihrer autoritären, 1945 nicht korrigierten Reform von 1929 den Präsidenten mit Vollmachten aus, die den regulären Gang »demokratisch legitimierter Ereignisse« außer Kraft setzen können. Seine eigene Partei, die ÖVP, hatte Klestil als starken Präsidenten gewollt, nun richtete sich kraft seiner verfassungsmäßigen Stellung diese Stärke gegen die ÖVP selber. Klestil tat, was er konnte, und er tat, was er durfte. Seine politischen Partner, die Parteiführer von SPÖ und ÖVP, konnten und wollten nicht. Die Koalitionsverhandlungen scheiterten unter denkwürdigen Umständen. Nachdem sie unter Aufbietung all ihrer Kräfte ein gemeinsames Regierungsprogramm ausgehandelt hatten, entdeckten Rot und Schwarz in letzter Minute Differenzen bei den zu vergebenden Posten. Am Personal werde es nun nicht mehr scheitern, hatte es zuvor unisono aus den Parteizentralen getönt.

Im Bewußtsein ihrer guten Ausgangslage spielte die ÖVP mit hohem Einsatz. Wenn Wolfgang Schüssel schon nicht Kanzler werden konnte, wollte er zumindest den Finanzminister haben. Verblüfft hatten die Konservativen bereits im Spätherbst die Ankündigung des amtierenden Finanzministers Rudolf Edlinger wahrgenommen: Um die Maastricht-Ziele zu erreichen, sagte Edlinger, seien nunmehr in jedem Ressort zwanzig Prozent der »Ermessensausgaben« zu streichen. Man habe sie belogen, hinters Licht geführt und die wahre Situation verschleiert, riefen die Schwarzen. Jetzt, da sie das wahre Ausmaß der Budgetkatastrophe ahnten – Genaues wüßten sie noch immer nicht –, müßten sie darauf bestehen, selbst den Finanzminister zu stellen. Daß es nicht zuletzt ihr eigenes Hauptziel, die Anhebung der bereits opulenten Familienförderung war, die den Staat vom Sanierungskurs abgebracht hatte, verschwiegen sie dabei vornehm.

Da sich ihr Repertoire des feinen und weniger feinen Quälens des Gegners nur während der Koalitonsverhandlungen entfalten konnte – den Rest der Legislaturperiode, so sahen sie es, würden sie sich dann wieder quälen lassen müssen –, zogen sie alle Register einer Bosheit von geradezu Dodererschem Format. So handelten sie etwa ein Sparpaket aus, von dem sie wußten, daß es der (mitverhandelnde) Gewerkschafter Nürnberger in seinen Gremien unter keinen Umständen hätte vertreten können; woraufhin der seine Unterschrift auch prompt verweigerte. Noch-Kanzler Viktor Klima wollte die Gewerkschaft möglicherweise schwächen, aber nicht brüskieren. Justament bestand die ÖVP auf Nürnbergers Unterschrift.

Klima offerierte, das ganze sozialdemokratische Parteipräsidium würde unterschreiben: vergebens. Sein kurzsichtiges und ungeschicktes Vorgehen erstaunte. Warum beließ er Nürnberger in seinem Team? In einem ähnlichen Verhandlungsfinale vor Jahren hatte man ihn abgezogen. Routinierte Parteifreunde machten Klima unmittelbar nach der Wahl darauf aufmerksam, daß er des Finanzministeriums wegen nicht die Regierungsbeteiligung aufs Spiel setzen dürfe. Schüssel wiederum war offenbar dazu bereit, sich tatsächlich noch einmal ins Joch der ungeliebten Koalition zu begeben. Sozialpartner und einflußreiche Landeshauptleute hatten ihn dahin gebracht. Die letzte Chance auf die Kanzlerschaft wäre für ihn damit vorbei gewesen. Zur Kompensation wollte er nun noch den Finanzminister.

Wochenlang zogen sich die Verhandlungen auch im neuen Jahr dahin. Die Republik der Sondierer wurde zur Republik der Abwarter. Bei Präsident Klestil in der Hofburg brannte noch Licht, er sagte Termine ab und harrte der erlösenden Meldung vom Ballhausplatz. Dort wiederum warteten die Journalisten. Ihre Spalten füllten sie, indem sie einander beobachteten oder notierten, was ihnen während der endlosen Pausen zur Verpflegung gereicht wurde. Dabei sammelten sie ihre Kräfte, um Kolumnen über das Warten zu schreiben und darüber, daß sie es nicht mehr ertrügen. Im Akademietheater spielte man Beckett.

Zwischendurch tauchten Gerüchte über einen im Schatten der Zukunfts- und Sondierungsgespräche ausgehandelten blauschwarzen Pakt auf. Der Präsident trieb die Verhandler erneut an. Die Gewerkschaft protestierte gegen SPÖ-Pläne, die Pensionen zu kürzen. Einzelne Minister erklärten, ihre Posten stünden nicht zur Disposition. Verhandler drohten, die Verhandlungsrunden zu verlassen. Kleingruppen wurden gebildet, bestritten, beschickt und wieder aufgelöst, Vieraugengespräche zwischen Schüssel und Klima eingestreut. Im Fernsehen sah man Limousinen vorfahren. Leute entstiegen ihnen, die bedeutungsvoll aussahen und kommentarlos in irgendwelche Gebäude huschten. Wie diese wiedererkennbaren Gesichter, sonst nie um ein Phräschen verlegen, nun den Kommentar verweigerten, damit ließen sich Nachrichtensendungen bestreiten. Heldenhafte Reporter redeten minutenlang, um ihrem Publikum mitzuteilen, daß sie nichts zu berichten hätten außer den Heroismus ihres Ausharrens.

Geplatzte Verhandlungen

Endlich hatten die Präsidien beider Parteien das Regierungsprogramm beschlossen. Die Nerven aller Beteiligten lagen blank. Während Klima in der Nacht zum 21. Jänner eilig eine Mitternachtssitzung seines Präsidiums einberief, um die personellen Forderungen der ÖVP zu beraten, begab sich Schüssel uneingeladen in die 22-Uhr-Nachrichtensendung des ORF, wo er als Überraschungsgast verkündete, er wünsche kein Scheitern der Verhandlungen. Zum sichtbaren Zeichen schlage er vor, das Amt des Finanzministers mit einem unabhängigen Fachmann zu besetzen. Etwas mehr als eine Stunde vor Sitzungsbeginn löste dies bei den SPÖ-Spitzen enormen Ingrimm aus; in kurzer Zeit hatten sie die Früchte von 110 Tagen Sondieren und Verhandeln zunichte gemacht und den Schwarzen Peter an sich genommen. Ergebnis war der Abbruch der Gespräche. Um drei Uhr früh teilte Viktor Klima dies zuerst Bundespräsident Klestil und dann Wolfgang Schüssel mit.

Schade, antwortete Schüssel und legte den Hörer auf, um Jörg Haider zu informieren.

Die Wende war da. Wirklich? Nein. Noch konnte man sich allerlei Illusionen hingeben. Präsident und Kanzler taten das auch. Klestil erteilte Klima umgehend den Auftrag, eine Minderheitsregierung zu bilden. Ebenso schnell signalisierten ÖVP und FPÖ, sie seien keineswegs bereit, eine solche zu dulden. Plötzlich hatte Gewicht, was die FPÖ sagte. Plötzlich blickte alles wieder auf Haider.

Systembruch? Vielleicht. Zuerst aber fielen das Ungeschick, ja das Versagen der handelnden Personen ins Auge. Trotz aller Aufregung war noch keine Rede von Staatskrise, auch nicht von einer der Gesellschaft und nicht einmal von einer des politischen Systems, sondern, wie Anton Pelinka bemerkte, von einer Krise der Professionalität der politischen Klasse. »Die ›große Koalition‹ ist tot. Die alte politische Klasse hat sich der FPÖ ausgeliefert. Deren Problem ist nicht der Populismus – im österreichischen Nationalrat sitzt keine Partei, die von der Versuchung frei wäre, in Sachfragen mit Blickrichtung Öffentlichkeit zu entscheiden. Das Problem der FPÖ ist, daß ihr Aufstieg seit 1986 von den bekannten Tönen begleitet wurde, die Jörg Haider zum negativen Politstar, zum einzigen medialen Exportgut Österreichs gemacht haben. Bisher konnte die (alte) politische Klasse das so darstellen, als wäre das alles ein isoliertes Phänomen. Ab morgen ist dieses Phänomen Teil der politischen Klasse selbst. Man darf zu dieser Leistung gratulieren.«

Ausgerechnet am 21. Jänner 2000, an dem die Ära des politischen Nachkriegsösterreich jenen tiefen Einschnitt erhielt, weil die Verhandlungen zwischen SPÖ und ÖVP offiziell gescheitert waren, erhielt ich den Bruno-Kreisky-Preis für das politische Buch überreicht. Ich hatte mich zu bedanken, warf meine vorbereitete Rede weg und schrieb eine neue. Der österreichische Sport, sagte ich, scheint mir in mancher Hinsicht ein Sinnbild für das österreichische politische Leben zu sein; mit einem Unterschied: Politiker haben kein derart sachkundiges Publikum wie Sportler. Technische und taktische Unzulänglichkeiten würden sonst sofort durchschaut: Das Ungeschick, mit dem etwa ein Gewerkschafter bis zum Ende in den Koalitionsgesprächen mitverhandelt hat, obwohl klar war, daß er das Ausgehandelte nicht mitträgt; oder das Ungeschick, mit dem man den Pensionisten das Allerschlimmste verkündet, ehe der Pakt überhaupt besiegelt ist – solche Fehler hätten Herbert Prohaska nicht einmal ein einziges Spiel als Bundestrainer überstehen lassen. Man könnte auf das Ergebnis der Koalitionsverhandlungen auch jenen Satz anwenden, den ich nach der Null-zu-neun-Niederlage der österreichischen

Fußballnationalmannschaft gegen Spanien geschrieben habe: Das Schlimmste ist der Trost, das Leben geht weiter. Was aber nützt es, daß das Leben weitergeht, wenn der Verteidiger stehen bleibt?

Damals war mir nicht bewußt, daß das null zu neun von Valencia, mit dem Österreich die Qualifikation zur Europameisterschaft endgültig verspielte, bald auf politischer Ebene noch übertroffen würde: Eins zu vierzehn sollte demnächst das Ergebnis lauten. Und der Hauptverantwortliche saß nicht einmal auf der Bank, sondern bequem zurückgelehnt auf der Tribüne.

Die Spieler hätten versagt, und der Mannschaftskapitän solle eine neue Aufstellung erwägen, sagte an diesem 21. Jänner in Klagenfurt Jörg Haider, dem der Triumph aus den Augen leuchtete. Er wußte, seine Stunde war gekommen. Klimas halbherzige Versuche in Sachen Minderheitsregierung wurden von den bärigen Kerlen und den kernigen Feschisten weggelacht. Energisch hob der Präsident das Kinn, aber seine Ansage blieb unklar. Erst ein nachgebessertes Kommuniqué klärte auf, daß er an diesem 21. Jänner tatsächlich Klima den Auftrag zur Bildung einer Minderheitsregierung erteilt hatte. Es sollte sein letzter bleiben, denn danach hatte er, wie der Volksmund sagt, keinen Auftrag mehr. Andere nahmen die Geschicke des Landes in die Hand. Er glich fortan einem Coach, der an der Linie machtlos beobachtet, wie sein Team in ein Debakel schlittert.

In der Stunde der Gefahr versagte die SPÖ. Stolz auf einen Pragmatismus, der nun nirgends hinführte, machte sie ihre eigenen Chancen klein. Jetzt hätte niemand sie daran gehindert, mit Inhalten zu argumentieren, Reformperspektiven zu eröffnen, von denen sich zu distanzieren selbst Gegnern schwergefallen wäre. Stattdessen wurde weiter um Posten geschachert. Viktor Klima hätte die Chance gehabt, Sachthemen zur parlamentarischen Debatte zu stellen, Anträge einzubringen, die, wenn nichts sonst, doch öffentlich zeigen hätten können, daß die Gegenseite kein inhaltliches Interesse hatte. Wäre ein vorgeschlagenes SPÖ-Budget sozial gerecht und konform mit den EU-Kriterien gewesen, hätte jeder, der es ablehnte, den politischen Preis dafür zu bezahlen gehabt. Aber die SPÖ hatte, während sie zur Machterhaltung die Medialpartnerschaft einübte, die Politik verlernt.

Wäre ÖVP und FPÖ am Budget und am Ansehen des Staates, an Beweglichkeit der Demokratie und am Wechsel gelegen, hätten sie eine SPÖ-geführte Minderheitsregierung dulden können. Natürlich hätte die vor allem dem Machterhalt der Sozialdemokraten gedient. Die europäischen Folgen von Schwarzblau waren jedoch bereits anhand des Echos auf die Wahlen absehbar gewesen. Nicht von ungefähr hatte der Bundespräsident eine Regierung »mit Ansehen im In- und Ausland« gefordert, was die FPÖ von vornherein davon ausschloß. Auch von den Regierungen des Auslands kamen nun klare Worte. 14 der 17 Fraktionen in der Knesset forderten die Abberufung des israelischen Botschafters für den Fall einer Regierungsbeteiligung der FPÖ. Jacques Chirac teilte Klestil seine Besorgnis mit. Die spanischen Konservativen, die italienische Mitte-Links-Regierung, selbst die CDU schlossen sich an. Nur von Le Pen, der Mussolini-Enkelin Alessandra Mussolini und der Lega Nord kam Unterstützung für die FPÖ.

Es war zu spät. Klestil hatte zuviel Zeit verspielt und nicht zuletzt, indem er die ÖVP aus ihrer Festlegung auf die Oppositionsrolle herausholte, hatte er ihr alle Karten in die Hand gegeben; danach war eine Minderheitsregierung kaum mehr machbar.

Schwarzblau würde dem Land schaden, so viel war klar. Noch mochten die meisten entweder nicht daran glauben, oder sie unterschätzten die Wirkung. Der Verfassungsjurist Manfried Welan hielt es für durchaus möglich, daß Klestil eine Minderheitsregierung erzwänge, sein Kollege Heinz Mayer pflichtete ihm bei. Selbst wer Blauschwarz als einzige Möglichkeit betrachtete, sah das Unheil nicht, das über den Häuptern der Alpenpolitiker schwebte. Anton Pelinka meinte, eine Regierungsbeteiligung der FPÖ würde Österreichs internationale Handlungsfähigkeit einschränken, aber international isoliert wie zu Zeiten Kurt Waldheims wäre das Land nur dann, »wenn Haider selbst Kanzler wird«. Gerade am Beginn würde die FP ja »demonstrativ angepaßt auftreten«. Innenpolitisch wären keine dramatischen Auswirkungen zu befürchten, da einer FP-VP-Koalition die Verfassungsmehrheit fehle.

Falsche Hoffnungen

Noch war tatsächlich nicht klar, was da kommen würde. Schwarzblau stand zwar unmittelbar bevor, aber kaum jemand machte sich einen Begriff von den Folgen. Nur eines war sicher: Die Situation war neu, und neue Situationen besitzen immer auch Chancen. Im Zeitalter des Endes nationalstaatlich fixierter Politik erlebten wir immerhin das Ende der österreichischen Nachkriegszeit aus Proporz und Sozialpartnerschaft. Ich machte mir einige Hoffnungen. Erstens auf eine Ende des watteweichen Konsenskurses. Zweitens auf eine Neugestaltung der Sozialpartnerschaft, damit sie auch einer Zeit standhielte, in der politische Gegensätze sichtbar werden, Konturen sich verstärken, kurz in der sich die Gesellschaft repolitisiert. Drittens war immerhin ein Akt von politischem Ungehorsam gegen die »Republik Dichand« zu konstatieren: Die ÖVP hatte sich vom Willen des allmächtigen Herausgebers der

Kronenzeitung nicht zu ihrem rotschwarzen Glück zwingen lassen. Diese mediale Dissidenz ließe sich verallgemeinern, glaubte ich. Viertens könnte sich die müde und ausgelutschte SPÖ in der Opposition regenerieren und repolitisieren. Und fünftens würde der europäische Protest die österreichische Opposition ermutigen und stärken.

Schmale Chancen allesamt. Andererseits schöpften viele in der Pause zwischen dem Scheitern der Verhandlungen und dem, was kommen sollte, Luft; die Blockade war beendet, der Würgegriff der ewigen rotschwarzen Laokoongruppe ließ nach. Schaden für das Land hin oder her, die Versuche, die Stabilität des Landes als Argument für deren Fortsetzung heranzuziehen, grenzten ans Absurde – das Land war so stabil wie nur irgendeines, keine Rede von Straßenkämpfen, Generalstreiks oder gar Massenverhaftungen. So sprach ich zum Publikum der Preisverleihung. Viele im Saal dachten wie ich, unter ihnen dissidente, freiwillig ausgeschiedene oder aufs Abstellgleis geschobene Regierungspolitiker – die eigentliche, nicht aktivierte und nicht mehr aktivierbare Personalreserve der SPÖ.

Dennoch sei der Preis, Jörg Haider und seine Partei an die Macht zu lassen, viel zu hoch, fügte ich hinzu. Haiders halbherzige Entschuldigungen können weder seine hetzerischen Methoden, seine untragbaren Sprüche und schon gar nicht seine autoritären Ziele vergessen machen. Er mag in wankelmütigen, von der Unfähigkeit der rotschwarzen Koalition angeekelten bürgerlichen Kreisen salonfähig geworden sein, regierungsfähig ist er nicht, sagte ich. Das mache all die Wenderhetorik ja so unerträglich, daß sie implizit auf eine Eingemeindung Haiders hinauslaufe – und zwar zu dessen Bedingungen.

Bundespräsident Thomas Klestil wollte aus staatspolitischen Gründen weder Haider noch die Haider-Partie an die Macht lassen. Er wollte dem Inland wie dem Ausland nicht nur Haider, sondern auch dessen Personal ersparen. Und er wußte, genau wie Schüssel, der heute so tut, als hätte er gar nichts geahnt, was bei einer Regierungsbeteiligung der FPÖ auf Österreich zukommen würde. Zahlreiche Warnungen aus Paris waren längst, ehe sie öffentlich wurden, an Wien ergangen; ein Außenminister, selbst ein dauernd in Koalitionsverhandlungen verstrickter wie Schüssel, mußte davon Kenntnis haben. Daß am Ende lautstark auch jene vor einer FPÖ-Regierungsbeteiligung warnten, die als erste mitgeholfen hatten, die Ekelschwellen vor dieser Partei zu senken, nämlich Hans Dichand und die *Kronenzeitung*, gehört zu den zahlreichen Paradoxien des politischen Lebens und Leidens in Österreich.

Das subjektive Ungeschick der politischen Akteure, des Kanzlers und des Präsidenten, der Verhandler und der Sozialpartner trug nun seine Früchte: Das kampagnenhafte Hämmern des Boulevards, das Mahnen, Drängen und Warnen des Präsidenten, die fieberhaften Aktivitäten des Kanzlers hatten nichts genützt. Während Europa mehrheitlich sozialdemokratisch regiert wurde, kreuzte Österreich mit landesüblicher Verzögerung das Kielwasser der Weltgeschichte und holte jene Wende nach, die offenbar 1986 nicht hinreichend stattgefunden hatte. Die rotschwarze, einst große Koalition, das österreichisch-farcehafte Pendant zum Gleichgewicht des Schreckens, fiel elf Jahre, nachdem der Eiserne Vorhang gefallen war.

Zwei Freunde sollt ihr sein

»Ich sehe allmählich keine andere Möglichkeit mehr, diese unanständige Form der politischen Selbsterhaltung der SPÖ mit Hilfe des Bundespräsidenten zu beenden«, sagte mittlerweile Jörg Haider. Weder Klestil noch die SPÖ hätten offenbar »das Wahlergebnis vom 3. Oktober begriffen«. Das stimmte keineswegs. Die Österreicher hatten zwar für einen Wechsel, aber nicht für Schwarzblau gestimmt. Hätte man ihnen die Koalitionsformen zur Auswahl vorgelegt, sie hätten sich mit Zweidrittelmehrheit für Rotschwarz entschieden. Noch nach dem Scheitern der Koalitionsverhandlungen war das so. Umgekehrt wollten nicht einmal alle Haider-Wähler Haider als Kanzler haben. Aber die Demokratie ist nicht plebiszitär, sondern – Gott sei Dank – repräsentativ abgefedert und folgt nicht den Ergebnissen der Demoskopen, sondern ihren institutionellen Abläufen.

Nun nahmen Wolfgang Schüssel und Jörg Haider die Geschicke des Landes in die Hände. Noch in der Nacht, da die SPÖ die Koalitionsgespräche abbrach, telefonierten sie miteinander. Erstmals sah Wolfgang Schüssel die Kanzlerschaft zum Greifen nah. Hatte er die Regierungsverhandlungen dazu benützt, Viktor Klima von der Spitze der Bundesregierung zu entfernen und sich selbst an dessen Stelle zu setzen? Klima war am Ende »menschlich enttäuscht«, der andere sagte nur »Schade«, aber ein Bedauern war ihm nicht anzumerken.

ÖVP und FPÖ wirkten so befreit, daß der Verdacht eines abgekarteten Spiels nicht von der Hand zu weisen war. Ohne Auftrag des Präsidenten begannen Haider und Schüssel zu verhandeln. Binnen Tagen grüßten sie einander mit »Seavas Jörg!« und »Pfiat di Wolfi!«. Diese unbeauftragte Harmonie schwächte den starken Präsidenten vollends; derjenige, der draußen gehalten werden sollte, war nun drinnen. Klestil hatte noch einige Trümpfe in der Hand, wie sich zeigen sollte, aber im Prozeß der Regierungsbildung hatte er ausgespielt und war auf die Rolle des Staatsnotars zurückverwiesen.

Schüssel und Haider: Da hatten wir zwei, die »Interesse des Landes« sagten und vor allem sich selber meinten.

Zwei, die etwas gewollt hatten: Schüssel das Kanzleramt. Haider den Systembruch. Satt und zufrieden lachte er nun aus den Medien; man merkte seine Anstrengung, das Grinsen nicht zu triumphierend werden zu lassen. Staatsmann zu spielen kann bekanntlich auch bei begabten Schauspielern lächerlich werden, wenn der Rolle keine Substanz entspricht. Für Haider müßte man sowieso eher den Begriff des Staatsmodels heranziehen. Die grauen Anzüge mit grauem Hemd und silberner Krawatte, die in dieser staatsmännischen Phase die schulterbetonten Sakkos mit den spitz ausgeschnittenen T-Shirts oder den gehäkelten Rollkragenpullis ablösten, halfen wenig über das Erschrecken hinweg, das sein Auftauchen in dieser verantwortlichen Position auslöste. Vielleicht war die FPÖ selbst über diese Chance am meisten überrascht. Ein kurzes Bild im Fernsehen, als die FPÖ-Spitzen die frischen Zeitungsberichte über »Haiders Stunde« sahen, ließ erkennen, daß sie selber am wenigsten damit gerechnet hatten, es wirklich so weit gebracht zu haben.

Im Parlament verhandelten die Schwarzen und die Blauen nun pausenlos und zeigten der Presse Firmlingsgesichter. Während Viktor Klima sich mit der Erstellung einer Expertenregierung plagte und Absage um Absage einsammelte, berichteten sie, wie gut, erfrischend und zügig die Gespräche verlaufen seien. Alles freute sich offenbar. Selbst die SPÖ schien froh darüber, als Viktor Klima den Regierungsbildungsauftrag endgültig zurücklegte. »Es wird nie mehr so sein, wie es einmal war«, kommentierte der Verfassungsrechtler Heinz Mayer trocken. »Ab dieser Regierungsbildung weiß man, daß man sich nicht um den Präsidenten kümmern muß.« Der vergab zwar noch immer keinen Auftrag an Schwarzblau, aber er ließ sich über die Gespräche berichten und fand sie – »interessant«. Von Neuwahlen war keine Rede mehr. Als Zuschauer schämte man sich bereits, auch nur über ein Kurzzeitgedächtnis zu verfügen.

Der Haider, den man soeben elegant bei Dean and DeLuca in New York jausnen sah und der sich nun, aus dem silbernen BMW aussteigend, durch Journalisten und Demonstranten in die Hofburg quetschte, war das nicht derselbe, der noch vor einem Jahr den ekelhaftesten aller Kulturkämpfe gegen den Kärntner Künstler Cornelius Kolig veranstaltet hatte? Der als Wahlredner auf den Märkten das Schlimmste aus der Menge zum Vorschein brachte? Nun zeigte er Österreich sein neues Gesicht. Nun zeigte auch Österreich ein neues Gesicht.

Um das alte mochte einem leid sein oder nicht. Sorgen machten sich nun nicht nur die Zuschauer, sondern, bei allem ausgestellten Optimismus, selbst eingefleischte ÖVP-Politiker. Die Generalsekretärin Maria Rauch-Kallat sagte nach einem Bericht des Magazins *Profil* zu Passanten auf dem Ballhausplatz zwar: »Wenn die FPÖ eine Nazipartei wäre, wäre sie schon längst verboten worden«, fügte aber hinzu: »Glauben Sie mir, niemand geht gern mit der FP in eine Regierung. Ich persönlich finde das auch gar nicht lustig.« Schüssel Kanzler von Haiders Gnaden, konnte das nicht heiter werden? Das Lachen verging einem gleich wieder, wenn man bedachte, wer sich da in wessen Hand begeben hatte.

Die Minderheitsregierung wäre eine Chance zur Repolitisierung der Öffentlichkeit gewesen; bei Blauschwarz blieb nur – so schien es im ersten Augenblick – die Chance zur Repolitisierung der Opposition. Von der Spitze her wehte nun ein anderer Wind, die kleinen Leute würden's bald merken. Alles, was programmatisch bekannt wurde, deutete auf eine Art Austrothatcherismus hin. So modern ist Österreich auch wieder nicht, daß seine Gesellschaft nicht von oben, von Staats wegen geprägt würde; es ist nicht mehr so wichtig wie früher, aber es ist beileibe nicht egal, wer das Land regiert. Und die Kommentatoren riefen im Chor: Wechsel ist normal. Wohl wahr, aber dazu hätte es einer normalen Partei bedurft. Wäre die FPÖ eine normale rechte Partei gewesen, wäre nichts gewesen, außer erleichtertem Aufseufzen im Inland und gelangweilten Notizen auf Seite vier der internationalen Blätter. Kein Fernsehteam hätte den Weg nach Österreich gefunden. Aber die FPÖ ist anders; wie anders, darüber kann man sich weder in Österreich noch im Ausland, geschweige denn untereinander verständigen. Sie ist zu einem Sinnbild des schlechten Österreich geworden, sie ist aber auch die, die das unerträgliche Österreich zu Ende gebracht hat. Sie ist eine undemokratische Führerpartei und hat zugleich demokratische Verdienste. Sie ist ein Paradox wie das ganze Land. Kein Wunder, daß man es von außen vorzieht, die Dinge mit etwas weniger Faible für Hanswurstiaden und Paradoxien zu sehen, sondern der Einfachheit halber eine Ente eine Ente zu nennen. Österreich war dabei, weltweit die Ente des Monats abzugeben.

Wer nicht hören will …

Die internationalen Warnungen nahmen zu, aber die beiden Freunde ließen sich nicht stören. Munter verhandelten die Teams und legten ein Paket nach dem anderen auf den Tisch. Es war kein Gabentisch – halb gaben und halb nahmen sie. Das Wahlversprechen Haiders lautete zwar, er werde keine Steuern erhöhen; nun nannte er es eben »Anpassungen«. FPÖ und ÖVP einigten sich, entschlossen in ihrem auf die österreichische Kleinfamilie fixierten Wahn, auf ein neues Karenzmodell unter dem Slogan »Karenzgeld für alle«, das von eineinhalb auf zwei Jahre erhöht wurde. Ein drittes Jahr

Karenz soll möglich sein, wenn der Vater dieses in Anspruch nimmt. In der Ausländerpolitik hatte Integration vor Neuzuwanderung zu stehen. Stolz erklärte Haider, damit sei de facto seine Forderung nach Nullzuwanderung erfüllt. Während noch die Köpfe über dem Rentenproblem rauchten, stiegen anderswo Signale ganz anderer Art auf.

Frankreichs Staatspräsident Jacques Chirac hatte angekündigt, er wolle mit einem gemeinsamen Vorgehen der EU verhindern, daß die FPÖ in Österreich in die Regierung komme. Haider und Schüssel scherten sich nicht drum; sie versuchten vielmehr, eine Dolchstoßlegende aufzubauen, da Viktor Klima als eine seiner letzten Amtshandlungen die Holocaust-Konferenz in Stockholm besucht hatte und dort mit den europäischen Staatschefs zusammengetroffen war. (Chirac war übrigens nicht in Stockholm.) Auch Thomas Klestils gute Kontakte zu Jacques Chirac waren nicht unbekannt. Genug Stoff für Legenden. Vor allem in einer Öffentlichkeit, die sich über das Bild, das sie nach außen abgab, dramatisch im unklaren war. Zu meinen, Jörg Haider und Wolfgang Schüssel hätten tatsächlich an die selbstausgestreute Legende geglaubt, hieße, sie der Naivität zu bezichtigen. Sie wußten genau, daß weder Klima noch Klestil 14 europäische Staaten vergattern hätten können. Aber ihre Reaktionen trafen instinktsicher: Die ausländische Kritik war der Archimedische Punkt außerhalb ihres Deals, von dem aus sie die österreichische Gesellschaft aus den Angeln heben konnten. Die hatten sie bisher ja gegen sich: den Bundespräsidenten, die *Kronenzeitung*, den ORF, gemäßigte Kirchenfürsten, die Wirtschaft, die Gewerkschaften sowieso.

Sofort hatte Schüssel erfaßt, worum es ging, und sprach von einer »akkordierten, parteipolitisch gesteuerten Kampagne«. Haider aber konnte es noch besser: Im Kreise von Mitfeschisten, die seinen 50. Geburtstag in einem Kärntner

Schigebiet feierten, ließ er die Sau raus. Zuerst war er der zahlreich angereisten internationalen Presse den ganzen Tag um den Bart gegangen, um ihr zu zeigen, daß er, wie er es ausdrückte, kein »Naziteufel« sei. Dann aber gab er dem ORF ein Interview, in dem er sich Einmischung des Auslands und Kritik von einem Chirac verbat, der in den vergangenen Jahren so ziemlich alles falsch gemacht habe, was man falsch machen könne. Chirac wisse offenbar nicht, wovon er rede. Die belgische Regierung nannte er bei gleicher Gelegenheit in Bausch und Bogen »korrupt«.

Beinah im gleichen Atemzug sagte er der Austria Presse Agentur, er sei »nicht nur verwundert, sondern auch zutiefst verletzt über die internationalen Reaktionen«. Der wohlkalkulierte Effekt, bei dem immer zur Provokation – wir Haiderologen haben es längst gelernt – die lässige Entschuldigung gehört, war gelungen. Ein entsetzter Klestil, der insofern noch benötigt wurde, als die Regierung von ihm akzeptiert und angelobt werden mußte, um im Amt zu sein, gab bekannt, Haider bei einem geplanten Treffen darauf hinzuweisen, »daß sich auch der Obmann einer Partei, die Regierungsverantwortung übernehmen möchte, einer anderen Sprache bedienen sollte«. Der stand damit wie geplant im Mittelpunkt. Nun schwieg er vorläufig; an seiner Stelle gab seine Stellvertreterin, Susanne Riess-Passer, bekannt, die Attacken aus dem Ausland beruhten auf Vorurteilen und Mißverständnissen; die FPÖ sei sozusagen von Chirac provoziert worden.

Für Wolfgang Schüssel begann am gleichen Tag eine zähe Arbeit: die Rechtfertigung Haiders mit zusammengebissenen Zähnen. Nur jetzt, einen Tag vor dem Abschluß der Verhandlungen, ihm keinen Anlaß geben, auszusteigen. »Es ist vor allem der Stil nicht richtig«, sagte er. Und fügte hinzu: »Es ist aber was dran. Es soll schon jeder bei sich beginnen.« Merkwürdiges fiel ihm zur Berechtigung der europäischen Kritik ein: Sie habe »Substanz, wenn sich die FPÖ nicht ändert«, sagte er. Dennoch müsse man sich »doch gegen die überzogene Kritik zur Wehr setzen«. Man kann diese Worte nur so verstehen, daß Schüssel die FPÖ noch in dem Augenblick für undemokratisch und rechtsextrem hielt, als er im Begriff stand, mit ihr eine Koalition einzugehen. Das konnte er vor sich nur durch die Gewißheit rechtfertigen, er werde derjenige sein, der diese Partei ändert. Seine Strategie, wenn man diesen geplanten Poker denn so nennen kann, verlangte von ihm ein Übermaß an Zurückhaltung und Geduld. An welcher Stelle diese taktische Zurückhaltung als Zustimmung nicht mehr nur interpretiert werden kann, sondern tatsächlich affirmative Wirkung entfaltet, bleibt die Frage. Es spricht für Schüssels Hochmut, daß er sicher war, oder zumindest so tat, als sei er sicher, dieses Spiel zu beherrschen.

Tags zuvor hatte Haider noch draufgesetzt: »Chirac weiß nicht, wovon er redet. Das ist wirklich meine Überzeugung«, sagte er, und es sei ihm »völlig egal, wer er ist. Ich habe keinen Grund, vor Chirac in die Knie zu gehen.« Auch seine Beschimpfung der Belgier empfand er als »durchaus zulässig«. »Manche« müßten eben »eine Antwort bekommen, die sie verstehen.« Am nächsten Tag, vor dem Gespräch mit dem Bundespräsidenten, entschuldigte sich Haider mit den charakteristischen Worten: »Meinetwegen ziehe ich die Äußerungen mit Bedauern zurück.« Sie seien »in einer gerechtfertigten Emotion« gefallen. Und nach dem Gespräch gab er bekannt, die FPÖ werde bei der Bildung einer Regierung »keinen Schritt ohne Zustimmung von Klestil« vornehmen. Man werde das gemeinsame Programm Klestil vorlegen, zur allfälligen Entgegennahme von dessen »Ergänzungswünschen«, und es werde auch keinen FP-Kandidaten für ein Ministeramt ohne ausdrückliche Zustimmung des Bundespräsidenten geben. Er habe bereits erste Namen mit Klestil erörtert. So schnell ging das! War da nicht etwas gewesen? Nein, sagte Haider, höchstens »ein bissel eine Irritation, die jetzt ausgeräumt ist«. Klestil werde mit Chirac sprechen, ihm die Lage erklären, und alles werde wieder gut.

Während Haider mit Klestil plauderte, traf um 17.45 in drei Ämtern ein denkwürdiges Schreiben ein. »Heute, Montag, 31. Jänner, informierte der portugiesische Ministerpräsident den Präsidenten und den Kanzler Österreichs, und der portugiesische Außenminister notifizierte seinen österreichischen Amtskollegen über die folgende gemeinsame Reaktion, auf die sich die Staats- und Regierungschefs der 14 Mitgliedsstaaten der Europäischen Union für den Fall geeinigt haben, daß in Österreich eine Regierung unter Einbeziehung der FPÖ gebildet wird.

1. Die Regierungen der 14 Mitgliedsstaaten werden keinerlei offizielle bilaterale Kontakte auf politischer Ebene mit einer österreichischen Regierung unter Einbindung der FPÖ betreiben oder akzeptieren.

2. Es wird keine Unterstützung für österreichische Kandidaten geben, die Positionen in internationalen Organisationen anstreben.

3. Österreichische Botschafter werden in den EU-Hauptstädten nur noch auf technischer Ebene empfangen.

Der portugiesische Premierminister und der Minister für Auswärtige Angelegenheiten haben die österreichischen Verantwortlichen bereits informiert, daß es in den bilateralen Beziehungen mit einer Regierung unter Einbeziehung der FPÖ kein business as usual geben wird.

Lissabon, 31. Jänner 2000«

Die »Erklärung der portugiesischen Präsidentschaft der Europäischen Union im Namen von 14 Mitgliedsstaaten« war eingetroffen. So hieß, was im österreichischen Inland gemeinhin als »EU-Sanktionen« bekannt wurde. Vorläufig handelte es sich nur um deren Androhung. Die Öffentlichkeit reagierte geschockt. Auch die Verhandler waren beeindruckt. Haider litt sogar, wie man sah. Aber sie ließen sich von nichts abhalten. Ein Geheimtreffen jagte das andere, es wurde weiterverhandelt, dazwischen hatte – so viel Zeit muß sein – Haider noch den Jägerball zu eröffnen. Im Parlament steckten anschließend Schüssel und Haider die Köpfe bis drei Uhr früh zusammen, Klestil versuchte derweil EU-Kommissar Franz Fischler als neutralen Kanzler zu gewinnen, der aber winkte ab.

Am 1. Februar, rechtzeitig zur TV-Nachrichtensendung *Zeit im Bild 2*, war es so weit; Schüssel und Haider gaben im Rahmen einer improvisierten Pressekonferenz die Einigung ihrer Parteien bekannt. Über diesen Auftritt sind gleich anschließend psychologische Studien erschienen; sie konzentrierten sich alle auf eine gewisse Erschöpfung Schüssels und auf die mediale Prächtigkeit des braungebrannten Feschisten, der den kleinen Kanzler gleich beim ersten Auftritt in den Sack gesteckt habe. Das Magazin *Profil* starrte fasziniert aufs Fähnchen: »Haider schrammt nur knapp am internationalen Fauxpas vorbei – mehrere Male wischt er das EU-Fähnchen vor ihm fast vom Tisch. Doch die Dutzenden Fotografen warten vergeblich auf den Schnappschuß der Woche.« Der eigentliche Skandal bestand aber darin, daß Haider zwei Holocaust-Überlebende, die nach Holocaust-Leugnern in Haiders Umgebung fragten, unter dem Vorwand, es werde aufgrund der großen Zahl von Journalisten nur eine Frage pro Person zugelassen, nicht einmal einer einzigen Antwort würdigte. Haider stellte bloß seine übliche Phrase – er habe sich bereits mehrfach klar vom Nationalsozialismus und jedem totalitären Regime distanziert – in den Raum.

Auch sonst gab es Vorhersehbares zu hören. Und die

internationale Kritik? Wie können die, so die beiden unisono, etwas kritisieren, was es noch gar nicht gibt! Die Shakespearesche Maxime »Das sind meine Worte nicht. – Meine auch nicht mehr!« wurde zum stillen Leitspruch der Koalition. Sie wolle an ihren Taten gemessen werden. Es sei »nicht in Ordnung, dem Wunsch der Österreicher nach Veränderung Druck von außen entgegenzusetzen«. Dies sei eine »Beleidigung aller Bürger in diesem Land«. Schüssel spürte immerhin, daß es in der Vergangenheit doch etwas gegeben hatte. »Wenn Menschen Angst haben, wird es ungeheuer wichtig sein, ihnen diese Angst zu nehmen. Wir haben hier eine Bringschuld«, sagte er.

Immerhin saß da der seit dreißig Jahren erste designierte Kanzler der Österreichischen Volkspartei. Er wußte, daß nun, unter dem Druck Europas, 51 Prozent der Bevölkerung sich wünschten, man solle sich diesem Druck nicht beugen. Ihm war aber ebenso klar, daß viel mehr Österreicher diese Regierung nicht nur nicht billigten, sondern sogar fürchteten. Er aber würde Kanzler sein. Eine ganze Generation war mittlerweile aufgewachsen, die sich das Land nicht mehr anders regiert vorstellen konnte als von einem Sozialdemokraten. Was störte ihn das gleißende Medienlicht, das auf den neben ihm sitzenden Prinz der Feschisten fiel. Der kleine Mann mit der Fliege hatte es geschafft. In der Regierung würden andere neben ihm sitzen.

Noch aber hatte er weder den Bundespräsidenten noch seine eigenen Parteifreunde gewonnen. Noch ist der Präsident nicht davon überzeugt, daß es dem Land guttut, die FPÖ in die Regierung aufzunehmen. Noch ist der Zweifel enorm, was die Rolle Jörg Haiders betrifft. Im Land und in Europa wächst der Protest. Spontan versammeln sich am nächsten Tag 15 000 Demonstranten vor der Parteizentrale der ÖVP, wo das Präsidium über den Koalitionsvertrag abstimmt, um anschließend zum Bundeskanzleramt zu marschieren. Täglich werden sie sich ab jetzt dort versammeln und demonstrieren und letztlich sogar die neue Regierung dazu zwingen, auf ihrem Weg zur Angelobung den unterirdischen Gang zu benutzen, der zur Hofburg führt.

Trotz des Drucks der Straße, der Öffentlichkeit, des Präsidenten und ganz Europas stimmte bis auf den Wiener Parteivorsitzenden Görg, der sich in einer rotschwarzen Koalition befindet und von der FPÖ existentiell bedroht wird, das ÖVP-Präsidium einstimmig für Schwarzblau. Auch der Präsident hatte keine Alternative; seine Neuwahldrohung hatte sich als leer erwiesen, die Minderheitsregierung war kein Thema mehr, eine Expertenregierung wagte er nicht einzusetzen. Wenigstens die Ministerliste der FPÖ stutzte er zurecht, den Industriellen Thomas Prinzhorn, immerhin Spitzenkandidat der FPÖ, lehnte Klestil ebenso ab wie den Wiener FPÖ-Chef Hilmar Kabas.

Ob nun der internationale Druck noch stärker wurde, ob es in Österreich brodelte wie nie in den letzten Jahrzehnten, ob Demonstranten das Wiener Burgtheater, das Sozialministerium und das Hotel Imperial besetzten, ob Portugals Premier ankündigte, nach der Angelobung die angedrohten Sanktionen der 14 EU-Staaten wirksam werden zu lassen, ob der Wiener Kardinal zum Gebet für Österreich aufrief oder ob Israel ein Einreiseverbot über Jörg Haider verhängte und seinen Botschafter abzog – die Dinge gingen ihren Lauf. In dieser Stimmung nahm Haider Thomas Klestils letzte Geste der Selbsterhaltung zur Kenntnis, akzeptierte die Streichungen seiner Minister und unterschrieb gemeinsam mit Wolfgang Schüssel eine vom Bundespräsidenten formulierte Präambel zum Regierungsabkommen, die ein klares Bekenntnis zur Europäischen Union und eine deutliche Absage an Antisemitismus und Intoleranz enthält.

Anschließend wurde Wolfgang Schüssel, ohne je einen Auftrag zur Regierungsbildung erhalten zu haben, als Bundeskanzler designiert. Gleichzeitig gab der Bundespräsident ausgerechnet der Illustrierten *News* bekannt: »Wenn ich diese Regierung angeloben sollte, tue ich dies nicht aus persönlicher Überzeugung, denn ich fürchte, daß Österreich international Schaden zugefügt wird.«

Staatsschauspielkunst

Als am Freitag, dem 4. Februar 2000, auf den Tag genau fünf Monate nach der Wahl, die Angelobung der Regierung auf dem Programm stand, zeigte Klestil, daß er, wenn schon nicht als aktiver Präsident, so als Staatsschauspieler Stärken hatte. Österreich war wieder einmal im Mittelpunkt Europas, allerdings glich es weniger einem starken Herzen als einem starken Stück, in dem Klestil seinen großen Auftritt hatte.

Der Bundeskanzler, der aus dem Tunnel kam, führte seine Regierung in das Kabinett des Bundeseismanns. So müßte eine Rezension dieser Angelobung beginnen, deren Live-Bilder sich das österreichische Publikum auf CNN oder auf n-tv, nicht aber direkt im ORF ansehen konnte. Man sprach passenderweise von einem technischen Gebrechen. Mittlerweile belebte sich die Szenerie auf den Straßen und Gassen. Vor dem Ballhausplatz demonstrierten seit Tagen Tausende empörter Menschen, bürgerliche, linke, junge, alte. Die meisten aus einer Generation, die man aufgrund ihres scheinbaren Desinteresses als völlig unpolitisch diffamiert hatte. Sie holten sich die Straße auf meist sehr sympathische Art zurück und retteten damit das Ansehen Österreichs in der Welt. Nun standen sie, zurückgedrängt von der Polizei, zwischen Hofburg und Ballhausplatz, klimperten mit Schlüsselbünden, trommelten auf Töpfen, bliesen Trillerpfeifen und bestrichen die dazwischenliegenden hundert Meter, die jede anzugelobende Regierung sonst im Schutz von drei Staatspolizisten und unter dem schütteren Applaus zufälliger Passanten zurückzulegen pflegt, mit faulen Eiern, Tomaten, Farbbeuteln. Gelegentliche Steinewerfer wurden von den Demonstranten selbst isoliert. Die TV-Anstalten hatten auf den Dächern ihrer geparkten Übertragungswagen einen guten Überblick, aber sie sahen nichts außer Protest.

Denn die Regierung schlich durch den Keller zum Bundespräsidenten. War es nicht Bruno Kreisky, der sich einst weigerte – als ihn in Klagenfurt der wegen zweisprachiger Ortstafeln aufgebrachte Mob bedrohte –, heimlich den Saal zu verlassen, indem er sagte: »Ein österreichischer Bundeskanzler verläßt ein Haus nicht durch den Hintereingang«? Das waren noch, wie der Herr Karl gesagt hätte, »Herren und Formen«. Über das Ansehen von Amt und Würde zu reflektieren mag wohl altbacken anmuten. Es ist aber für den Staat notwendig, sich darzustellen. Weil sie ihn repräsentieren, heißen seine Repräsentanten so. Wenn sie ihre Souveränität verlieren, bedeutet das nichts Gutes. Ein Präsident, der ausgerechnet in der Illustrierten *News* gleichermaßen seine Gefühle beim Angeloben (»Gänsehaut«) wie seine erotischen Verwirrungen (»Margot«) outet und nicht weiß, daß er in eine Qualitätszeitung oder ein öffentlich-rechtliches Medium gehört, demontiert selbst das Ansehen seines Amtes. Was aber soll man von einer Regierung halten, die aus Angst vor ein paar Farbbeuteln ihr Gesicht dem Volk nicht zeigt?

Ein wenig vermochte Klestils Darstellungskunst in der Rolle des Väterchen Frost bei der Angelobungszeremonie für solche Unsicherheit zu entschädigen. Mit eisiger Miene nahm er die nötigen Schritte vor; er hatte alles reiflich erwogen, er hatte es nicht gewollt, alles geschah gegen seinen Willen – das war seine stumme Botschaft. Er gratulierte den Ministern nicht, er kondolierte – sich selbst, der Republik, der Welt. Immerhin gebührt ihm Respekt dafür, daß er Hormon-Prinzhorn und Afrikanerfresser-Kabas von der Ministerliste strich; schlimm genug, daß Schüssel sie offenbar bereits akzeptiert hatte. Haider hatte die Zwillinge des Grauens nominiert, weil seine Politik auf die Demontage dieses Staates und seiner Repräsentanten zielt. Es war keineswegs, wie von seiten der FPÖ sofort insinuiert wurde, Klestils persönliche Gekränktheit, um die es im Fall Prinzhorn ging. Dessen verbale Radikalität stand ja nur für das Ziel, diesem Staat jede Art von Legitimität zu nehmen, um ihn zu demontieren und durch einen plebiszitären Autoritarismus zu ersetzen. Dazu gilt es, Symbole und Würdenträger dieses Staates madig zu machen. Dementsprechend fiel auch die Reaktion von Hilmar Kabas auf seine Streichung aus: »Es ist sicher nicht ehrenrührig, wenn man aufgestellt wird, aber noch weniger ehrenrührig, wenn man von diesem Bundespräsidenten nicht akzeptiert wird.« Später nannte er Klestil einen Lumpen, was er anschließend auf grobschlächtigste und provokativste Weise zurücknahm.

Der Schaden war eingetreten. Schlimmer konnte es nicht mehr werden. Immerhin: Europa wachte. Der Staat war und ist stabil, die Ministerien sind voll österreichischer Beamter, von Polizei bis Finanz, die verläßlich die laufenden Geschäfte besorgen und loyal auch zu fachlich unfähigen Politikern stehen. Um das zu beweisen, bedurfte es nicht erst der FPÖ. Dennoch saß der Schock tief. Auf meinem täglichen Weg ins Büro traf ich Herrn Doft, einen liebenswerten jüdischen Stoffhändler in den besten Jahren, von dem die Eingeweihten sagen, er sei ein »Philosoph«, ein Weiser, zu dem die Leute von fern um Rat kämen. Bereits in aller Früh steht er vor seinem Geschäft, später trinkt er im gleichen Café wie ich seine Melange. Seit Jahrzehnten grüßen wir uns. Erst kaum, dann doch mit einem Nicken, später tauschten wir ein paar Worte aus. Herr Doft spricht lieber mit Damen als mit Herren. Manchmal treffe ich ihn in der Nähe meiner Wohnung, wo sich ein Bethaus für fromme Juden aus dem Osten befindet. Auch dann grüßen wir uns freundlich. Wir kennen uns also aus einer distanten Nähe. Jetzt aber trat das Unvorhergesehene ein. Herr Doft, bei Gott kein Linksradikaler, sprach mich an. Er sagte: »Na, ist das nicht a Schweinerei, was der Schüssel da gemacht hat?« Das empfinde er persönlich als Verrat, sagte Herr Doft. Ich, durch diese unvermutete Anrede, aus der sich sogar eine kurze politische Konversation ergab, mehr verblüfft als durch die ganze Regierungsbildung, widersprach ihm nicht.

V

Die Sanktionen

Zu unsern Zeiten aber gehet
durch List der Franzosen
alles in solche Zerrüttung
daß man sein Datum auf niemand
als Gott und sich selbst setzen muß.
Philipp Wilhelm von Hörnigk,
»Österreich über alles, wann
es nur will«

Auf dem Gipfel der Nachkriegszeit, friedlich, zweckmäßig und modern bekleidet mit der Gewißheit, zur westlichen Wertegemeinschaft und zu Europa zu gehören, standen wir Österreicher nun da. Im Rucksack lastete die beschwerliche Tradition, welche die Bedeutung des Landes stets über dessen reale Möglichkeiten hinaus aufblies. Der Wettersturz riß uns aus dem heiteren Himmel unseres Selbstbilds. Unversehens waren wir isoliert und geschnitten im Kreis der europäischen Länder. Hatten wir Spätankömmlinge uns nicht gerade dort wie Musterknaben benommen? Nun wurden Maßnahmen gesetzt, die uns bei den diplomatischen Kontakten behinderten, unsere Entfaltungsmöglichkeiten einschränkten und uns die Repräsentation beinahe unmöglich machten.

Österreich schien traumatisiert. Als die europäischen Warnungen nichts ausgerichtet hatten und die angedrohten Maßnahmen der 14 EU-Staaten tatsächlich verhängt worden waren, empfanden auch die abgebrühtesten Skeptiker dies als Schlag. Nun griffen sich selbst die ausgepichtesten

Verspotter aller protestierenden Hysteriker an den Kopf und redeten von einem »Schock« und einer »Bombe«, welche in die Idylle eingeschlagen habe. Es dauerte eine Weile, ehe sie ihre Fassung wiederfanden, ihren Befund auf Europa ausdehnten und vom »antifaschistischen Karneval« redeten.

Tatsächlich war nicht Unerhörtes, aber bisher Ungesehenes geschehen. Aufgrund des Vertrags von Amsterdam, in dem sich die EU als »Wertegemeinschaft« definiert, hatten 14 ihrer Mitglieder, nicht aber die EU selbst, die angedrohten Maßnahmen gegen Österreich in die Tat umgesetzt. Kanada, Israel und Norwegen schlossen sich an. Außenministerin Madeleine Albright gab bekannt, die USA würden die Entwicklungen in Österreich »sehr aufmerksam verfolgen und gegebenenfalls geeignete Schritte unternehmen«. Die EU-Kommission veröffentlichte einen Tag nach der Androhung der Sanktionen eine Erklärung, in der sie »die Sorgen, die dieser Entscheidung (der 14) zugrunde liegen« teilte. Sie werde weiterhin ihre Pflicht als »Hüterin der Grundsätze und Grundwerte der Verträge wahrnehmen«, also auf Einhaltung der Grund- und Menschenrechte dringen. Aber: »Derzeit ist die Tätigkeit der europäischen Institutionen nicht berührt. In diesem Zusammenhang wird die Kommission, in engem Kontakt mit den Regierungen der Mitgliedsstaaten, die Situation genau beobachten und ihre Arbeitsbeziehungen mit den österreichischen Behörden aufrechterhalten.«

Das klang zwar moderater als die unter Koordination Frankreichs und vor allem des französischen Präsidenten Jacques Chirac abgelaufene bilaterale Aktion der 14 Mitgliedsstaaten. Dennoch ergab sich ein katastrophales Gesamtbild. Österreich war für ein paar Wochen der Paria der Welt, isoliert und ausgestellt wenn nicht als Naziland, so doch in der Geiselhaft eines, je nach Geschmack, Rechtsextremisten oder Rechtspopulisten, Popfaschisten oder »romantischen Akzidentalisten« (Rudolf Burger). Niemand in Österreich bezeichnete Haider übrigens als Nazi oder Neonazi, außer Polemikern, die diese Behauptung für ihre Beweisführung brauchten, wie verblödet die Zeloten des selbsternannten Widerstands doch seien.

Der Vieldefinierte schwang sich bei dieser Gelegenheit zu europäischem, ja zu Weltruhm auf. Bisher habe man Österreich vor allem wegen seines Engagements für Demokratie, Menschenrechte und soziale Gerechtigkeit als wichtigen Partner geschätzt, sagte Madeleine Albright. Die Äußerungen Haiders zu diesen Fragen böten jedoch Anlaß zur Besorgnis. »Österreich auf der Watchlist!« titelte begeistert die *Kronenzeitung* am 3. Februar. Hillary Clinton zeigte sich in ihrem Senatswahlkampf beunruhigt, der Sicherheitsberater Bill Clintons vertraute der *New York Times* an, dieser selbst habe die österreichische Entwicklung verurteilt. Und erfreut über den Formatzuwachs seiner Gegner fragte darauf Haider kokett, wie denn ein so unbedeutender Provinzpolitiker dem Weißen Haus derart Furcht und Schrecken einjagen könne. Es herrschte symbolischer Hochbetrieb in Österreich, in Europa, ja in der ganzen westlichen Welt. Nicht nur Werte und Definitionen, auch die Motivforschung erlebten eine Konjunktur. Wie hatte es so weit kommen können?

Gewiß handelte es sich auf seiten der Europäer um eine politisch nicht besonders überlegte Handlung. Sie erfolgte aufgrund einer unsauberen Mischung aus verschiedenen Motiven. Zur Besorgnis über den massenhaften Zulauf und die Regierungsbeteiligung der Partei Haiders trat die persönliche Kränkung des französischen Präsidenten, die Haider zuwege gebracht hatte. (Die Person Jörg Haiders und die FPÖ sind übrigens vor und nach seinem Rücktritt vom Parteivorsitz ohne weiteres gleichzusetzen: »Die FPÖ ist die Partei Jörg Haiders«, sagte Susanne Riess-Passer, als sie von diesem die Parteiführung übernahm.) Hinzu kam französische Innenpolitik: Chirac mußte danach trachten, sich für die 2002 anstehenden Präsidentschaftswahlen zu profilieren, sowohl gegen die Sozialdemokratie als auch gegen seine Parteifreunde, und zog deshalb eine Grenze zu den Rechtsgaullisten. Schließlich waren die Maßnahmen auch als innenpolitische Prophylaxe vor den jeweils rechtspopulistischen, rechtsradikalen oder rechtsextremen Parteien in den diversen EU-Ländern zu verstehen. Man schlug den österreichischen Sack und meinte den heimischen Esel. Die Maßnahmen, gedacht als politische Geste, schlossen Österreich nicht von den Amtsgeschäften mit der EU aus, aber sie behinderten diese erheblich. Zudem wurde Österreich öffentlich abgestraft und symbolisch gemaßregelt, was hierzulande nach einer Schrecksekunde mit einem mürrischen »die Touristen kommen trotzdem« quittiert wurde. Die Maßnahmen juristisch zu betrachten ergab wenig Sinn, da sie nicht auf einen Straftatbestand in irgendeinem rechtlichen Sinn zielten, sondern auf ein politisches Vergehen. Das sollte wohl auch ihre bilaterale Gestalt signalisieren – sie bezogen sich nicht auf einen Paragraphen des EU-Vertrags, sondern auf ein politisches Faktum: die Aufnahme der FPÖ in die österreichische Regierung. Und es war auch nicht die europafeindliche Haltung der FPÖ, die als Kriterium diente. Es ging einzig und allein um das »Wesen« der FPÖ.

An Paradoxien herrschte kein Mangel: Das elektronische Kommunikationssystem, das die schnelle Koordination unter den Staatschefs ermöglichte, war unter der Präsidentschaft Österreichs auf dem Gipfel von Pörtschach eingerichtet und die von der Kommission in diesem Zusammenhang erwähnten Artikel sechs und sieben im Vertrag von Amsterdam, auf die sich die Sanktionen zwar nicht bezogen, auf die sie sich aber implizit wohl stützten, waren erst auf Betreiben Österreichs in diesen Vertrag aufgenommen worden; damals wollte Österreich für den Eintrittskandidaten Slowakei die Schwelle hoch ansetzen. Im doppelten Sinn war der Musterknabe Österreich somit ein Opfer seines eigenen Eifers geworden.

Jedenfalls waren die Maßnahmen Realität. »In einer Zeit, in der selbst das Geschlecht als soziales Konstrukt gilt, sollte man sich nicht wundern, wenn das auch für Politik gilt: Wenn die überwiegende Mehrheit der westlichen Demokratien Haider für einen gefährlichen Faschisten hält oder ihn dazu erklärt, dann ist er auch ein gefährlicher Faschist. Jedes andere Kriterium ist belanglos«, schrieb der Philosoph Rudolf Burger; nicht ohne selbst eine andere Definition Haiders beizusteuern.

Tatsächlich hatten sich sowohl die 14 als auch die EU mit Definitionen zurückgehalten. Also lautete die erste und drängendste maßnahmenphilosophische Frage, die es zu klären galt: Wofür wurde das Unschuldsland bestraft? Weder die FPÖ noch Haider hätten etwas getan, was sie von anderen Rechtsparteien in Europa unterscheide, lautete das Argument. Burger zum Beispiel behauptete, in Wirklichkeit könne man Haider »keine Taten vorwerfen, sondern nur blöde Sprüche«, was zugleich stimmte und auch wieder nicht. Denn die Protagonisten der FPÖ hatten nicht nur »blöd« geredet, sondern sie hatten explizit und systematisch mit nationalsozialistischer Terminologie kokettiert, wobei die zahlreichen Distanzierungen und Entschuldigungen gleich als Teil der provokativen Strategie eingesetzt wurden. Daß sie damit an den antinationalsozialistischen Grundkonsens der EU rührten, konnte nur in Österreich Verwunderung erregen, wo man sich im Vergleich zu Italien sowieso als demokratisch-stabiles Musterland fühlte. Die europäische Erregung erschien nur dann merkwürdig, wenn man den historischen Anlaß für die Versöhnung zwischen Deutschland und Frankreich nach 1945 beiseite ließ oder untertrieb.

Österreichs Bedeutung nahm zu, auch wenn Rudolf Burger sie herunterspielte. »Indem sie an einem vollkommen ungefährlichen und machtlosen Mitglied (...) ihren über die Jahrzehnte schon verblaßten antifaschistischen Gründungsmythos etwas auffrischt, schafft sich (die EU) ex negativo eine scharfe Definition als ›Wertegemeinschaft‹, die ja bislang eher im vagen blieb.« Das konnte man natürlich höhnisch geringschätzen, man konnte aber auch konstatieren, daß die EU nicht unbedingt Österreich gebraucht hat, um zu dieser Wertegemeinschaft zu kommen; war nicht der Nato-Einsatz auf dem Balkan ein weit schärferer Anlaß zur Definition einer Wertegemeinschaft gewesen als Österreich? Auf jeden Fall bildete das österreichische Beispiel zwar weder einen Eingriff in die Souveränität eines Landes noch den ersten Fall von europäischer Innenpolitik, aber es kam zumindest in die Nähe von beidem. Daß Österreich – wie jeder Mitgliedsstaat – seine Souveränität beim Beitritt teilweise aufgab, erwähnt man hierzulande ungern, daß zwischen sechzig und achtzig Prozent der für Österreich relevanten Rechtsvorschriften in Straßburg und Brüssel gemacht werden, darüber spricht man nicht.

Anders als hiesige Intellektuelle schätzte der deutsche Publizist Karl Heinz Bohrer Ende Februar 2000 die Frage der Wertegemeinschaft ein. Zur Diskussion stand Burgers Feststellung, die Maßnahmen seien eine »Demonstration realer Machtverhältnisse in Europa, andererseits aber auch gewaltförmiger Ausdruck moralischer Diskursstandards, die, ob substantiell gedeckt oder nicht, man heute nicht ungestraft verbal durchbrechen kann. Gerade ein kleines Land in der EU hat das zur Kenntnis zu nehmen und sich pragmatisch-linguistisch anzupassen.« Bohrer, der explizit nicht auf Burger einging (im Mai druckte er Burgers großen Essay gleicher Tendenz kommentarlos im *Merkur*), hielt »unabhängig von der Frage, ob man Haider und seine Partei als rechtsextrem einschätzt, wie es das politische und intellektuelle Frankreich von Beginn an tat und zunehmend verschärfend tut« zwar ebenfalls fest, daß der Tatbestand, daß Frankreich überhaupt reagiert habe, »in sich selbst schon zum Politikum geworden« sei, gab aber zu bedenken: »Es ist ja keineswegs bloß der neogaullistische französische Staatspräsident, sondern die gesamte politische Gesellschaft, die Front gegen eine mögliche Verhaiderung Wiens macht. Dem helfen auch nicht ironische Relativierungen deutscherseits bezüglich der Motive Chiracs im innenpolitischen Kampf mit der eigenen nationalen und populistischen Rechten (nur noch Pasqua, nicht mehr Le Pen) oder die Ridikülisierung des französischen Intellektuellen vom Typ Bernard-Henry Lévys, der narzißtisch seit jeher schon von Protesttexten lebe (eine solche Adresse an die Pariser Intelligenz ist insofern unglaubwürdig, als sie aus einem notorisch im politischen Halbschlaf befindlichen Lande kommt). Im Präsidenten und im Intellektuellen drückt sich vielmehr eine allgemeine französische Härte aus, die – im Unterschied zum deutschen Desinteresse an breiter Information – die umfangreiche Analyse der innenpolitischen österreichischen Verhältnisse betreibt. Daran nehmen die besten Publikationsorgane, allen voran *Le Monde*, täglich teil, aber auch einzelne bedeutende Persönlichkeiten aus intellektuellen und akademischen Institutionen des allerersten Ranges. Gegenüber dieser festen Position, die den Haider-Liberalismus als faschistoiden Korporationismus bezeichnet, ist deutsche Abwiegelung oder gar Polemik im eigenen Interesse objektiv deplaziert.«

Nun könnte man dagegen einwenden, selbst die vornehmsten Publikationsorgane hätten bisweilen zweifellos weit übers Ziel hinausgeschossen. Ein *Le-Monde*-Korrespondent war etwa gezwungen, sich von Karikaturen, die Haider als Hitler zeigten, zu distanzieren; nicht allerdings von der Berichterstattung. Die Haider-Dämonisierer hatten und haben Konjunktur – in Österreich, in Europa, weltweit. Es ist unbestreitbar, daß die Medien an dieser Dämonisierung ein ureigenes Interesse haben, denn der Teufel verkauft seine Großmutter, sich selbst und vor allem die Zeitung. Aber es greift allemal zu kurz, die Härte der Berichterstattung nur als Audruck schlecht informierter Medienhysterie abzutun. Die übernationale Aufmerksamkeit reagiert auf den Tabubruch, den Haider systematisch vollzieht, der aber in Österreich aus den verschiedensten Gründen nie als solcher empfunden wurde.

Burgers Diktum vom »gewaltförmigen Ausdruck moralischer Diskursstandards, die, ob substantiell gedeckt oder nicht, man heute nicht ungestraft verbal durchbrechen kann« ist einen Nachgedanken wert. Erstens waren die Maßnahmen der EU nicht gewaltförmig, sie beschränkten sich – auch wenn Staatengemeinschaftsgewalt sprach – auf den zivilen Bereich. Zweitens muß man fragen, ob es sich nur um einen moralischen »Diskursstandard« handelt, der durchgesetzt werden soll. Es wäre nicht von der Hand zu weisen, wenn im Rahmen einer hegemonialen Auseinandersetzung beispielsweise der Neomarxismus, der Neostrukturalismus oder der Neoliberalismus der tonangebenden Standards innerhalb einer Demokratie zur Debatte stünden. Etwas anderes ist es freilich, wenn es im Rahmen demokratischer Freiheiten gegen diese Demokratie selbst geht.

Abgesehen von der Frage, ob die Demokratie stark genug sein muß, solche Angriffe abzuwehren, kämen sie von Terroristen, Neonazis oder islamischen Fundamentalisten, läßt sich einwenden, Haider und seine Anhänger seien

Demokraten, weil sie sich bisher im System der Demokratie bewegt, weder paramilitärische Verbände gebildet noch Milizen aufgestellt haben. Darauf muß man entgegnen, daß ihr Sprachgebrauch die Ankündigung enthält, sich nicht an diese demokratischen Spielregeln zu halten. Bei islamischen Fundamentalisten hat die internationale Gemeinschaft in solchem Fall wenig Verständnis aufgebracht, auch wenn diese innerhalb der Demokratie operieren. Natürlich könnte man auch auf neomarxistische Revolutionsandrohungen verweisen, von denen die westliche Welt – Österreich weniger – vor dreißig Jahren widerhallte; die FPÖ versäumte das nicht, und Jörg Haider nannte Joschka Fischer in diesem Sinne einen »ehemaligen Linksterroristen«.

Die Parolen dieser studentischen Linken waren offen und zugleich theatralisch, im Grunde also harmlos gewesen. Die Redeweise der FPÖ hingegen ist lügnerisch. Sie ruht auf einer langen Tradition des Kryptoprotestantismus, die es gelernt hat, ihre wahre Anschauung zu verbergen; nach 1945 lebte sie beim nun unterdrückten »dritten Lager«, dem die FPÖ entstammt, wieder auf. Die Rhetorik der FPÖ spielt an das Verbotene – die NS-Zeit – an, zugleich ist sie auf Diskreditierung des demokratischen Staates und seiner demokratischen Repräsentanten angelegt. »Pragmatisch-linguistisch« sich anzupassen scheint also eher eine Beschreibung dessen zu sein, was die FPÖ ohnehin unter dem Druck der Verhältnisse tat und tut, als eine Beschreibung der neuesten Diskurssitten in Österreich.

Nicht von ungefähr frohlockte der rechtsextreme Publizist und Kulturberater von Haiders Gnaden, Andreas Mölzer, den vom ehemals Linken Burger auch dann noch Welten trennen, wenn dieser dreimal zum Konservativen wird. *Die Presse*, nach hiesigen Maßstäben ein Qualitätsblatt, stellt ihm ebenso wie die *Kronenzeitung* regelmäßig Raum für eine Kolumne zur Verfügung. Mölzer nutzte ihn für eine kräftige Denunziation des Dokumentationsarchivs des österreichischen Widerstandes, kurz DÖW genannt. Dieses versorge von der (konservativen) Präsidentin des Europaparlaments über »die Edelfedern in den Kolumnen der internationalen Presse von *New York Times* bis zum Hamburger *Spiegel*, von *Le Monde* bis zum Feuilleton der *Frankfurter Allgemeinen*« und »wißbegierige Korrespondenten« mit Dossiers über »einschlägige Aussprüche und Zitate Haiders und seiner Adepten«. Nutzloses Wissen, meint Mölzer, und vergleicht die Tätigkeit des Widerstandsarchivs mit »Tugendterror« nach Robespierreschem Muster. Was tun die Historiker aus der Wipplingerstraße im ersten Wiener Bezirk? »Prangern sie irgendwelche Untaten oder gar gewaltsames Handeln an? Nein, es sind bloß Worte. (...) Wie meinte der Wiener Philosoph Rudolf Burger: ›Wenn die überwiegende Mehrheit der westlichen Demokratien Haider für einen gefährlichen Faschisten hält, oder ihn dazu erklärt, dann ist er auch ein gefährlicher Faschist.‹ Ergänzt darf werden: ›Dann ist die Regierung eine Koalition mit dem Faschisten und Österreich insgesamt eine zumindest semi-faschistische Republik. Das Unterfutter für dieses Kainsmal, das wir so bald auch mit Imagekampagnen nicht loswerden dürften, kommt aus der Wipplingerstraße. Der Verein soll nach eigenen Angaben, vor allem durch dokumentarische Beweise der zeitgeschichtlichen Erziehung der Jugend dienen. Sie soll mit den schrecklichen Folgen des Verlusts der Unabhängigkeit und Freiheit Österreichs sowie mit dem heldenhaften Kampf der Widerstandskämpfer bekannt gemacht werden.‹ Die Jahre zwischen 1938 und 1945 betreffend ist dies gewiß ein lohnendes Ziel. Wer aber bedroht heute ›Unabhängigkeit und Freiheit Österreichs‹? Die demokratisch gewählte Mehrheit im Parlament, oder jene, die das Land weltweit als Hort des braunen Ungeists darstellen?«

Ein hübsches Beispiel von Schuldumkehr. Täter sind laut Mölzer nicht die Sprecher. Gewalt begehen jene, die das Gesprochene berichten. Selbstverständlich befindet sich Mölzers Agitation, wenn sie auch am gleichen Ort erschien, auf unvergleichlich tieferem Niveau als Burgers Polemik. Allerdings läuft Burgers Argument auf eine Idee hinaus, die Mölzer teilt. Seine Kritik mündet in eine Kritik der »französischen Hegemonie in Europa«, wie Anfang Juni die *Neue Zürcher Zeitung* von einem Philosophentreffen im Kanzleramt berichtete. Dies trifft machtpolitisch zwar zu; fraglich bleibt, ob es Österreich braucht, um nicht nur implizit die deutsche Zurückhaltung, sondern die Architektur der EU insgesamt zu kritisieren. Jenes Österreich, ökonomisch ein Appendix Deutschlands, das in der EU eine Chance hätte, diese Abhängigkeit zu mildern.

Die Rhetorik des »sie haben nichts getan, sie haben nur geredet« blendet auch die Personalpolitik der FPÖ aus, die sich seit 1986 systematisch nach rechts geöffnet hat. Damit nicht genug, handelt es sich um eine autoritäre Führerpartei, was im Statut der FPÖ abzulesen ist.

All das hat sich herumgesprochen. Von Vorurteilen und voreiligen Abqualifizierungen, wie man im Inland meinte, also keine Spur. Chirac wisse nicht, wovon er rede, sagte Haider. Ganz so forsch tönten zwar die Kritiker der Sanktionen nicht, aber genauso meinten sie es. In Anbetracht der Informationen, die in den meinungsführenden Blättern der von den Skeptikern gern zitierten »großen alten Demokratien des Westens« über Österreich erschienen, kann man davon ausgehen, daß deren Regierungen nicht unzureichend über Österreich informiert waren. Zudem unterhalten sie – anders als Israel – nach wie vor, wenn auch eingeschränkt, diplomatische Beziehungen zu Österreich. Sollten sie sich ein derart falsches Bild der Lage machen? Oder war auch auf seiten Österreichs ein gewisses Maß an Selbsttäuschung im Spiel?

Den Kritikern des »europäischen antifaschistischen Karnevals« (Burger) muß entgegnet werden, daß es ein Zeichen verteidigungsbereiter Demokratie ist, wenn sie verbalen Bedrohungen entgegentritt. Damit ist keineswegs ein EU-internes Kritikverbot gemeint, wohin FPÖ-Politiker und ihre Verteidiger die Angelegenheit drehen wollten. Nichts träfe weniger zu. Die EU braucht, gerade in einer Phase, in der sie ihre Institutionenreform in Angriff nimmt, dringend kritische Diskussionen innerhalb ihrer Mitgliedsstaaten. Auch für die Ablehnung der EU als solcher muß man argumentieren dürfen, denn sie ist wahrhaftig nicht die Demokratie selber – und auch die darf unter demokratischen Verhältnissen zumindest nach angelsächsischer Auffassung in Frage gestellt, aber nicht fundamental attackiert werden.

Der Nabel der Welt

Man muß nicht die zur Europhrase geschwollene »europäische Öffentlichkeit« bemühen, um festzustellen, daß der Fall Österreich exakt den öffentlichen Raum Europas einnahm. Freilich schaffte es Österreich nicht nur, die Aufmerksamkeit Europas und der Welt auf sich zu ziehen, es schaffte auch gleichzeitig, da es für kurze Zeit der Nabel der Welt war, die Welt aus diesem Nabel auszublenden.

Selbst die klügsten Köpfe erstaunt diese Selbstbesessenheit Österreichs. Weder der Horizont der weltweiten Verunsicherung der Demokratie wurde aufgezeigt noch die Aushöhlung des Politischen oder das, was man »die Krise der Repräsentativität« nennt, also die schwindende Bedeutung von Parteien und Parlamenten. Daß Populismus überall erfolgreich ist, wurde zwar erwähnt, daß aber der symbolische Kampf dagegen gerade in einem kleinen Land sozusagen exemplarisch aufgenommen wird, eher zugunsten des Sündenbock-Arguments unterschlagen. Daß Haider auch die Gefahr einer Renationalisierung verkörpert, während die Europäische Union, angeregt von Joschka Fischers Entwürfen, darüber nachdenkt, sich zu einer Kerngemeinschaft, also einem Bundesstaat samt mitreisenden Staaten auszubilden, spielt in der Debatte kaum eine Rolle, von der Problematik der europäischen Institutionenreform und der europäischen Verfassungsdebatte ganz zu schweigen. Davon mochte hier kaum einer reden, obgleich man, wie die Politologin Sonja Puntscher Riekmann das tat, durchaus Kritik am Vorgehen der 14 hätte formulieren können. Eine Demokratisierung der EU müßte nämlich auf eine Aufwertung des Parlaments und der Regierung, also der Kommission zielen. Das würde einen weiteren Machtverzicht des Rats, der Regierungschefs der Nationalstaaten, bedeuten; die Maßnahmen der 14 waren jedoch ein Musterbeispiel für das Gegenteil: ausgeheckt und durchgezogen von den Regierungschefs, teilweise, wie sich später herausstellte, sogar – wie in Finnland, wo der Ministerpräsident es unterließ, den Staatspräsidenten zu konsultieren – an den Parlamenten und Gesetzen vorbei.

Statt dieser möglichen wurden eher seltsame Argumente, wie das der Verhältnismäßigkeit, angeführt. Wladimir Putin werde von Tony Blair empfangen, Wolfgang Schüssel nicht. Rußland bleibe trotz Tschetschenien unsanktioniert, Österreich erhalte allein wegen blöden Redens Maßnahmen. Schlichte Antwort: Rußland ist nicht in der EU. Gegenrede: auch Jugoslawien nicht. Und wieder: Die Maßnahmen der 14 waren explizit bilateral, also auf der Ebene zwischen den Staaten angesetzt und nicht als Maßnahmen der EU. Ereignisse, die nicht aus den Sanktionen folgten, sondern aus deren medialer Aufbereitung, wurden in Österreich dargestellt, als wären sie direkt von Jacques Chirac angeordnet worden. Österreichische Maturanten wurden im Straßburger Parlament schlecht behandelt, Brüsseler Taxilenker weigerten sich, Österreicher zu transportieren, Schulklassenaustausch wurde von den Franzosen abgesagt undsoweiter. In den Worten des Politologen Anton Pelinka: »Die Debatte in Österreich ist gekennzeichnet durch eine Neigung, der Realität zu entfliehen. Österreich, speziell die ÖVP, weicht der Tatsache aus, daß Europa – aus gut nachvollziehbaren Gründen – den Partner der ÖVP prinzipiell anders einstuft, als dies Schüssel tut. Für diesen war und ist die FPÖ ein akzeptabler Partner zur Herstellung einer ›Normalität‹, die für ihn offenkundig nur in der Vertreibung der Sozialdemokratie aus der Regierung besteht. Für Europa ist aber Schüssels Partner das entscheidende Hindernis dafür, die Verhältnisse in Österreich als ›normal‹ zu akzeptieren.«

Im Auge des Sturms sah man den Sturm nicht. Trost kam aus Deutschland, von konservativer Seite. Die FAZ reklamierte das »Recht auf Selbstbestimmung« Österreichs als ein »überragendes Menschenrecht« und wies nicht zu Unrecht darauf hin, schon beim EU-Beitritt Österreichs habe Haiders Partei einen Stimmenanteil von 20 Prozent gehabt. Daß sich die EU innenpolitisch so weit entwickelte, daß Menschenrechte mittlerweile nicht mehr zu den inneren Angelegenheiten jedes Mitgliedsstaates gehören, war allerdings ebenfalls zu hören. Und dann gab es noch den bayerischen Ministerpräsidenten Edmund Stoiber, der Schüssel vorerst geraten hatte, mit der FPÖ zu koalieren. Nun kritisierte er die Maßnahmen der 14, aber auch Jörg Haider. Gemäß Stoiber wäre Haider nach einer seiner Nazi-Anspielungen in Deutschland »nicht einmal eine Stunde« mehr im Amt gewesen. Stoibers Motive schienen allerdings nicht besonders lauter. Zum einen duldet die CSU nichts rechts von sich, zum anderen, meinten Kritiker Stoibers, könnte da ein Rechtspopulist einem anderen sein Charisma neiden.

Der konservative Zuspruch wurde nicht nur von der österreichischen Regierung hochgespielt. Präsident Klestil beeilte sich, in Bayern vorzusprechen. Im Kanzleramt und in Klagenfurt hatte man Interesse am Lärm der Auseinandersetzung; sie hielt die Koalition zusammen und lenkte von den schmerzlichen Vorgängen der Tagespolitik ab. Einfachere und zugleich differenziertere Standpunkte, wie den eines Kommentators im Zürcher *Tagesanzeiger*, nahm man weniger begierig auf. Er schrieb: »Haider ist kein Fall für die politische Showbühne, sondern für das diplomatische Hinterzimmer. Mit unspektakulären, aber wirksamen Maßnahmen in den internationalen Gremien muß Österreich zur Räson gebracht werden, nicht mit pathetischen Appellen in den internationalen Massenmedien.« Das geringste Interesse an einer diskreten Behandlung der heiklen Materie zeigten, so schien es, vor allem jene, die sie provoziert hatten: Schüssel und Haider.

Schulterschluß & Dolchstoß

Das Hauptproblem mit den Sanktionen war die spezifische österreichische Blindheit diesem Phänomen gegenüber. Die Öffentlichkeit hatte Haider immer wie einen im Grunde braven Lausbuben behandelt, den man an den Ohren zieht, weil man weiß, er wird schon noch. Eine Ausgrenzungspolitik hat es außerdem nie gegeben; höchstens die Haltung einiger Personen wie Franz Vranitzky, die aber politisch nicht ausreichend artikuliert wurde.

Nun fragte die Welt: Wie konnte dieser Politiker mit seinen Sprüchen nach oben kommen? Sagt dieser Prozeß nicht ebensoviel über die Gesellschaft, die das zuließ, wie über den Aufsteiger? Haider ist bekanntermaßen eine ernstzunehmende Distanzierung von seinen Ausrutschern noch nie über die Lippen gekommen. Wie auch? Sie sind Teil seines Spiels. Das war nun nicht mehr Haiders Problem, es war das einer Öffentlichkeit, die offenbar versagt hatte. Niedrige Hemmschwellen, mangelnde Sensibilität, fehlende Tabus ließen sich mit einem Mehrheitswechsel im Parlament nicht beheben. Genausowenig wie das Mißverhältnis zwischen den unterschiedlichen Haltungen der Intellektuellen: der schrillen, aufgeregten Reaktion und ihrer Nachtseite, der pointierten, coolen Blindheit. Beides ist freilich harmlos in Anbetracht dessen, daß es an einer funktionierenden Ordnung von Wertschätzungen gänzlich gebricht. Etwas wie die *Kronenzeitung* würde andernorts gefürchtet, nicht aber ernst genommen – in Österreich ist sie regierungsmächtig. Die landesüblichen politischen Verhaltensnormen sind Achselzucken, Maulhalten, Händefalten. Typisch, daß die Protagonisten aus Medien und Politik sie gleich Haider empfahlen. Er möge schweigen, sagten sie ihm, statt zu fordern, er solle sagen, was er denkt, damit sie ihn danach beurteilen könnten!

Der unartikuliert aufgeregten Öffentlichkeit gelang es im Lande mühelos, das Problem zu vernebeln. Der Österreich-Kenner Jacques Le Rider bezeichnete die Regierungsbeteiligung der FPÖ als »fundamentale Attacke auf die symbolische Ordnung Europas«. In Österreich empfand man die Maßnahmen der 14 weniger als Attacke denn als fundamentales Unrecht. Österreich war wieder einmal Opfer, diesmal nicht Hitlers, sondern von Paris und Brüssel. Österreich war nicht selbst daran schuld. Schuld hatten »die EU« und Frankreich, weil sie mit ihren Problemen nicht fertig wurden und sie nach Österreich exportierten.

Österreich und Europa zelebrierten ihr gegenseitiges Wahrnehmungsproblem. Die 14 kauten an ihren rechtlich einwandfreien, politisch als Reflex verständlichen, aber strategisch nicht durchdachten Maßnahmen. Es ging ihnen nicht darum, das Wiederaufkommen des Nationalsozialismus in einem Land zu verhindern, auch wenn dies einige pointierte Denker in Europa, freiwillig oder unwillkürlich auf einer Linie mit der Regierung, so darstellten. In einer Übergangszeit, in der sich spürbar die Elemente von Staatlichkeit und repräsentativer Demokratie auflösen, in dieser prekären Zeit, in der Europa gezwungen ist, die Demokratie gleichsam neu zu erfinden, können plebiszitäre, autoritäre Tendenzen nur fatal wirken, also müssen sie bekämpft werden.

Österreich hingegen bellte den Mond an. Es verstand nicht, daß man es – ob das nun zutraf oder nicht – als Labor der Unterminierung der Demokratie betrachtete. Europa hatte symbolisch reagiert, Österreich antwortete theatralisch. Es spielte mit, und es spielte falsch. Österreich sei nicht eingebunden gewesen, behauptete man vom Kanzleramt abwärts, es sei nicht konsultiert worden. Als müßte man bei bilateralen Maßnahmen eingebunden sein! Die werden gesetzt. Nie war es um die Frage des Ausschlusses oder auch eines Einfrierens der EU-Mitgliedschaft gegangen; so etwas gibt es nicht. Und auch der Austritt aus der EU, naturgemäß von Haider ventiliert, wurde von keinem ernst zu nehmenden Menschen gefordert. Falls die Sanktionen kein Trauma darstellten, tat die österreichische Regierung alles, eines daraus zu machen. Und die Medien halfen im Verbund. Höhepunkt stellten Schlagzeilen dar wie »Tür zur EU ein Spalt offen«, »EU-Chef Prodi gegen Boykott« (*Kronenzeitung*) oder »Die EU lenkt ein« (*Kurier*). Die Hauptsache lautete aber: »Deutsche Touristen bleiben uns treu« (*Salzburger Nachrichten*).

Dazu gesellte sich spielerisch die Dolchstoßlegende, mit der vor allem die FPÖ glauben machen wollte, die heftigen Reaktionen des Auslands seien von Viktor Klima, Thomas Klestil sowie der vereinten europäischen Sozialdemokratie angestiftet worden. Auch in der ÖVP nahm man willig die Chance auf, Ex-Kanzler und Bundespräsident als »Nestbeschmutzer« zu outen. Die Maßnahmen der 14 wurden mit Uneinsichtigkeit vergolten. Auf seiten der Regierung, der Leitmedien und der Bevölkerung stellte man nicht die Frage: Haben wir möglicherweise etwas falsch gemacht, und zwar in den letzten 55 Jahren? Wenn ja, was könnte das sein? Stattdessen glitt das Land allmählich in einen Zustand der Selbstgerechtigkeit, begünstigt durch die Idiotie einzelner Vorfälle wie die Stornierung von Schülerprogrammen und die Erfindung des unmoralischen Schifahrens durch den belgischen Außenminister, die mit den Maßnahmen selbst nur mittelbar zusammenhingen.

Land der Listen

Glaubte man nach der Angelobung dieser Regierung, diese szenische Intensität, dieser staatstheatralische Zauber ließen sich nicht mehr steigern, hatte man sich getäuscht. Eine Steigerung brachte die Veranstaltung des Österreichischen Fernsehens zuwege. Stumm stand man noch wochenlang nach dem Unfaßbaren vor der Schöpfung des »Österreich-Gesprächs«. 1,4 Millionen sahen zu, obwohl im anderen Programm die Champions League lief. Ja, das Gespräch: der Anfang des Denkens, der Zivilisation, der Philosophie und der Demokratie. Ja, Österreich: das schöne, das geschichtsbeladene, das unschuldige Land. Und dann das. Österreich sprach mit sich. Hundert Leute, die Österreich repräsentierten, redeten stundenlang live im Studio miteinander. Ein Selbstgespräch zu hundert?

Zuerst einmal war es eine clevere Inszenierung, altfüchsisch eingefädelt vom Oberchampion der öffentlich-rechtlichen medialen Verhältnisse, vom ORF-Generalintendanten Gerhard Weis, der den General in seinem Titel durch strategische Raffinesse rechtfertigte: So viel Sand in der Kiste war noch nie! So viel Sand, den man einander in die Augen streute, bis sich die Spuren verloren, das Sandmännchen kam und alles am Sand war.

In konzentrischen Kreisen hatte man die Sprechenden angeordnet, die Wichtigsten im Inneren, die weniger wichtigen außen; manch gedrückte Miene war da sichtbar zum Zeichen, wie schwer ihr Träger am Bedenken leide, erst spät oder gar nie mehr dranzukommen in diesem Gespräch. Zuinnerst freilich befand sich, wie bei konzentrischen Kreisen üblich, nichts. Als müsse im Zentrum der Aufregung etwas frei sein, blieb die zentrale Stelle des Steins, der die Wellen geschlagen hatte, leer. Sorgenvoll und doch zufrieden, der Leerstelle einen Rahmen gegeben zu haben, meldete sich der Intendant, eröffnete und grüßte. Schlagartig, um nicht zu sagen, traumatisch erinnerte man sich daran, daß nur im Fremdenverkehrsland Österreich einst so eröffnet und gegrüßt wurde, als noch die Welt und wir selbst bei uns zu Gast waren. Ja, vor kurzem noch bestand im Eröffnen und Grüßen geradezu der Kern hiesiger Politik!

Es gehe nun darum, aufeinander zuzugehen, sagte der grüßende Generalintendant zu den Menschen, die um das Nichts herumsaßen und nicht vorhatten, sich auch nur einen Millimeter zu bewegen. Sie saßen gleichsam aufeinander zu. Nur die Moderatoren bewegten sich und standen einander und ab und zu auch der Kamera im Weg. Der Bundeskanzler, ein reines Lamperl, perplex über alles, was ihm widerfuhr, seit er Kanzler war, wunderte sich über alles das, nur nicht darüber, daß er Kanzler war. Ja, wenn er das geahnt hätte! Er hätte alles genauso gemacht. Die Vizekanzlerin, diese Prachtfigur, ein böser Weißclown mit einer großen Rüsche des unschuldigsten Unverständnisses um den Hals, nur der stechende Blick kullerte aus dem Herzerlgesicht: Wie kann man bloß so zu uns sein?

Ein entsprechendes Lamperl-Logo war geschaffen worden; es prangte hinter und über den aufeinander zusitzenden Menschen. Die Schrift war klar und sagte »Österreich-Gespräch«; ein krummer Doppelstrich schwang sich darunter hinweg, wie eine Brücke oder ein Regenbogen, eine Straße auch – ein Buckel gar, den »man«, Sie wissen schon, hinunterrutschen könnte? Nein! – ein schwungvolles Zeichen jedenfalls, etwas Liebes, Vertrautes, Hügelig-Süßes, etwas graphisch und ideell zwischen Tonis Freilandeiern und einem Schaffleisch-Biobauern Oszillierendes.

Ach, Generalintendant Gerhard Weis. Schon in seiner Begrüßung hatte sich der Abend erfüllt. Die Wunschliste der Eingeladenen sei lang gewesen, sagte er. Welch wunderbarer Doppelsinn! Nicht alle konnten kommen, sollte das heißen, aber auch: Viel mehr, als wir zulassen konnten, wollten kommen. Das war ja der Hauptsinn der Veranstaltung. Weis durfte zeigen, wer die Liste befehligt: noch immer der ORF. Im Augenblick der politischen Bedrohung, die diese Koalition für sein Haus darstellte, tat er noch einmal dar, wer im Land über die Aufmerksamkeit gebietet. Wer was sagte, war völlig Wurscht. Wichtig war, dabei zu sein. In der *Neuen Zürcher Zeitung* stand der trockene, aber genau treffende Satz: »Mangelt es am Kapitalmarkt Österreichs an institutionellen Anlegern, so gibt es in öffentlichen Diskussionen zu viele institutionelle Redner.«

Land der Listen. Außer den General- und sonstigen Intendanten nahmen teil: die Regierungsspitzen, der Kommissär, der Chef der SPÖ, Politiker aus Deutschland und Frankreich, Wirtschaftskapitäne, Unternehmer, Gewerkschafter, Chefredakteure, Theaterleiter, Kirchenmänner, Wissenschaftler, Exponenten von Kunst, Kultur, Volk und naturgemäß des Fremdenverkehrs, des eigentlichen Gesamtkunstwerks Österreich. Österreich ist Fremdenverkehr zugunsten der Eigenen. »Ernst zu nehmende Bedenken sind von uns ernst zu nehmen und in einem Dialog hier von uns auszuräumen.« An diese Logik des Verteidigungsministers Scheibner konnte man nur noch glauben. Da brauchte man keinen Bischof mehr, obwohl es auch an diesem nicht fehlte. Aber das war wie gesagt völlig egal. Die Leitung steht. Können Sie uns hören, Brüssel? Wundervoll!

Dann kann es ja nicht mehr lange dauern, bis die Sanktionen endlich weg sind. Der Schulterschluß war bei diesem Österreich-Gespräch gefordert worden, der nationale Schulterschluß. Die Sache war sozusagen in den Zustand gekommen, daß man vom Gespräch zur Kampfmetapher schritt. Schluß mit dem Schulterschluß!, wollte man rufen, aber keiner hörte. Die gefährlichste Waffe in diesem Kampf waren neben Phrasen und falschen Bildern die sogenannte Charmeoffensive der Außenministerin Benita Ferrero-Waldner, vom Präsidenten bei der Angelobung mittels Freudscher Fehlleistung als »Benito« tituliert.

Längst waren die Absurditäten nicht mehr auf seiten Europas, längst waren sie ins österreichische Lager gewechselt. Fotografiert vor einer europäischen Fahne, versicherte Kanzler Schüssel, die Sanktionen der EU seien doch nur Theater, die »Eiszeit nur gespielt«. Und immer wieder die Außenministerin in Ausübung ihres Dauerprogramms: lächeln, lächeln, lächeln. Selbst ich, von Natur aus höflich, war nahe daran, sie zum nationalen Mundschluß aufzufordern! Eine Mentadent-Kampagne, welche die Zuschauer in die Demenz treiben konnte. Vor allem, als bekannt wurde, daß ihre angeblich spontanen Image-Touren zu portugiesischen und französischen Intellektuellen von einer britischen Public-Relations-Agentur minutiös geplant worden waren. Zur Begleitung geladen: ein Journalist der *Kronenzeitung*, einer von *News* und ein Fotograf. Als *News* Abstand nahm, wurden der ORF und der *Kurier* nachnominiert. Das P. R.-Büro leistete ganze Arbeit. Die österreichischen Botschaften, berichtete der *Standard*, wurden »angewiesen, Listen österreichfreundlicher Journalisten einzurichten, damit wir diese instrumentalisieren können«. Vor Ort sei »jenes Medium auszusuchen, das für uns den größten Nutzen bringt – es soll Deine Message auch kommunizieren und nicht verreißen« –, demokratisches Medienverständnis eben.

Benita Ferrero-Waldners Tour galt aber ohnehin nicht dem Ausland, sondern »dem Hausgebrauch«, wie das ein Beamter ausdrückte. Selbst das Azorenhoch wurde der Wetterredaktion entwendet und zum politischen Kampfbegriff umfunktioniert. Beim Außenministertreffen auf den Azoren strahlte es wieder, dieses Lächeln der Ferrero, das an Konstanz und Ausdauer jedes Azorenhoch in den Schatten stellt. »Türspalt zur EU ist nun geöffnet«, verkündete, ganz im Einklang mit der vor kurzem noch heftig bekämpften Regierung, die Schlagzeile der *Kronenzeitung*. Darüber schwebte, als Wölkchen im Azur, die Zeile: »Außenministerin sieht ›kleines Azorenhoch‹.« Als wäre Österreich plötzlich nicht Mitglied der EU oder in seinen Beziehungen zur EU irgendwie eingeschränkt. Die Schlagzeile der *Krone* war nur die Krönung des allgemeinen Verdrehungswettbewerbs, dessen höchstes Ziel darin bestand, zu beweisen, daß 14 Schuldige einen Unschuldigen treffen, nämlich Österreich.

Auch Finanzminister Karl-Heinz Grasser drehte, was das Zeug hielt. So sagte er, die gegen Österreich verhängten

Sanktionen belasteten den Kurs des Euro. »Meine persönliche Meinung ist, daß ein Europa der 15 für den Euro besser ist als ein Europa der 14 plus eins.« Na, so was! Aber es kam noch logischer. Eine Normalisierung der Beziehungen würde den Euro unterstützen. Also: »Es wird immer klarer, daß die Sanktionen unhaltbar sind.« Nicht schlecht. Dabei hatten sogenannte Analysten verschiedener internationaler Banken klargestellt, daß die italienischen Regionalwahlen und das Verhalten der FPÖ und Jörg Haiders für die Schwäche des Euro gegenüber dem Dollar verantwortlich waren. Das konnte man schon mit Schmunzeln zur Kenntnis nehmen. Grasser ist viel besser: Man braucht nur Ursache und Wirkung zu vertauschen, schon quillt der feinste, dichteste Nebel hervor und hüllt Unschuldslamperln und Unschuldswolfis in ein gnädig alles verhüllendes weißes Kleid. Schuld am schwachen Euro sind die Sanktionen!

Apropos Lamperln: Was schert Wolfgang Schüssel die Verfassung, wenn eine neue Nebelwerferaktion winkt? Phantastisch diesbezüglich die Idee einer Volksbefragung! Juristisch zwar undurchführbar, sagten die Verfassungsrechtler, denn welche gesetzlichen Maßnahmen sollte Österreich gegen die Sanktionen beschließen? Aber das wußten Schüssel und sein Klubobmann Andreas Khol, ein Professor des Verfassungsrechts, sowieso. Ihr mit der FPÖ Anfang Mai ausgeheckter »Aktionsplan« empfahl als »letztes Mittel« trotzdem die Idee einer Volksbefragung. Mit dieser sollte sowohl ein Bekenntnis zur EU als auch zur Aufhebung der Sanktionen geleistet werden, sagte Schüssel.

Der Aktionsplan sah Meinungsumfragen zu Österreich vor, eine diplomatische Offensive (Benita in allen Gassen), Nachbarschaftsinitiativen der Landeshauptleute, Österreich-Aktionstage in den EU-Mitgliedsstaaten, eine »Austria Web site« und weitere gefährliche Drohungen.

Zum Beispiel Anfragen im EU-Rat und an die Europäische Kommission, einen Besuch Schüssels bei der Europäischen Kommission, eine nationale Regierungskonferenz zur Erarbeitung eines österreichischen Vorschlags zur Reform des Artikels sieben des EU-Vertrags, einen »EU-Rechtstag« sowie die Einsetzung einer »Arbeitsgruppe Rechtsschutz«. Ein internationaler Juristenkongreß sollte stattfinden, ein Bericht über Maßnahmen Österreichs gegen Rassismus, Antisemitismus, Diskriminierung und Fremdenfeindlichkeit vorgelegt werden.

Alles stand auf dem Programm der Regierung, nur nicht die Erkenntnis des Problems. Es störte sie auch nicht, daß sie mit ihrer Androhung einer Volksbefragung wieder ein Stück des Weges zur Verhaiderung voranschritt. Denn vor allem Haider hatte diese demagogisch vielversprechende, europapolitisch jedoch höchst kontraproduktive Idee ausgeheckt. Es wäre auch nicht weiter schlimm gewesen, hätte die Regierung bloß von ihren innenpolitischen Taten ablenken wollen. Hier hätte ein bißchen wohltätiger Nebel vermutlich gutgetan. Zudem verhielt sich die österreichische Regierung (unter internem Druck von Haider) wankelmütig. Im März schlug sie selbst ein »Monitoring« vor, um es dann im Mai, weil sie sich nun als stabil erwiesen habe, wieder abzulehnen.

Die »unerschütterliche Verbundenheit mit den geistigen und sittlichen Werten, die das gemeinsame Erbe der Völker Europas sind« (Präambel zum Koalitionsabkommen), war jedoch rasch vergessen, wenn die Schlagzeile der *Kronenzeitung* winkte: »Bevölkerung von Europa hält zu uns!« Gern bemühte Andreas Khol in diesen Tagen die Phrasen von Konfliktfreude und offen ausgetragenen Gegensätzen. Hätte er es doch nur ehrlich gemeint. Hätte nicht der populistische Trick der Volksbefragung eine andere Sprache gesprochen. Was, wenn Schüssel die Zähmung Haiders nicht gelingt? Was, wenn sein Poker mißglückt und die FPÖ zur treibenden Kraft der Regierung aufsteigen läßt, deren Erpressungen er ausgesetzt ist?

Österreich, Land des Lächelns. Land der geschlossenen Läden und Schultern, Land der offenen Münder. Wir lächeln sie einfach weg, die Sanktionen. Alles nur Theater. Erst schienen die Reaktionen gegen diese Sanktionen im Landesinneren an Heftigkeit mit den Jetzt-erst-recht-Reflexen der Waldheim-Zeit nicht vergleichbar. Dann wurde das Murren an den Stammtischen lauter. Der Kanzler der EU-Partei hatte das Volk gegen die europäische Gemeinschaft aufgebracht. Zugleich schien – Haider, der *Krone* und allen Umfragen zum Trotz – das europäische Bewußtsein in Österreich über das Schielen auf sinkende Milchpreise weit hinausgekommen zu sein. Die Vierzehn wiederum arbeiteten anfangs kräftig daran mit, eine Anti-EU-Stimmung anzuheizen. Die *Kronenzeitung* sah dem Treiben nicht müßig zu: »Österreich wehrt sich!« lautet die programmatische Schlagzeile, denn: »EU-Chef Prodi gegen Boykott!«

Über die Blödsinnigkeit einzelner Aktionen gegen Österreicher in europäischen Institutionen bräuchte man gar nichts zu sagen, hätten sie nicht hierzulande die fatale Umkehrlogik zum Opferlamperl bestärkt. Daß sich die EU (also die Fünfzehn minus Österreich) mit den Sanktionen in eine unmögliche Lage gebracht hat, steht auf einem anderen Blatt. Es ist ja tatsächlich nichts geschehen, das zu sanktionieren war. Die FPÖ war bereits im Parlament, auch im europäischen, nun ist sie in der Regierung. Sie ist seit 1986 dieselbe geblieben; die von 1983 bis 1986 an der Regierung beteiligte FPÖ war allerdings eine andere gewesen.

Schwerer für Österreich war und ist es anscheinend, zur Kenntnis zu nehmen, daß die EU sich ändert und Österreich bei diesem Prozeß die Nachhut bildet. Hierzulande steht der rechtsextreme, fremdenfeindliche Populismus, den Europa zu Recht fürchtet, nicht diskreditiert am Rand, sondern im Zentrum der politischen Macht und der gesellschaftlichen Anerkennung. Die europakritische Haltung der FPÖ fürchtet Europa weit weniger als den rechtsextremen Populismus, das Krebsgeschwür demokratischer Gesellschaften. Daß man in Europa weiß, daß die Mischung aus publizistischem und politischem Populismus demokratische Politik systematisch bedroht, empfinde ich persönlich als Beruhigung; wenn die EU die Konsequenzen daraus zöge, sich selbst zu demokratisieren, würde ich mich noch besser fühlen.

Gibt es überhaupt einen guten Populismus? Ist nicht jede erfolgreiche Politik in Demokratien notgedrungen populistisch? Einfache Antwort: Solange sie populär ist und kraft der Autorität der handelnden Personen den Rechtsextremismus nicht schürt, sondern für ihre Zwecke zähmt (wie das Bruno Kreisky tat), finde ich sie zwar nicht sympathisch, aber tolerabel. Nur regieren darf man das Ressentiment nicht lassen. Genau das aber findet derzeit statt – abgesehen davon, daß die *Kronenzeitung* seit 1966 das Land regiert.

Ein Ausweg ist nicht in Sicht; er wird sich nicht herbeireden lassen, und weder der Rücktritt Haiders als Parteivorsitzender noch seine fragwürdige Entschuldigungen haben das Ansehen seiner Partei in irgendeiner Weise geändert. Die Bildung einer neuen Regierung kommt nicht in Betracht. Die Fehlkalkulation der Europäer, wenn es sie denn so gab, eine andere Konstellation erzwingen zu können, unterschätzte den österreichischen Überdruß an Rotschwarz und die Heftigkeit des Austropatriotismus, der bereits durch den Anschein von einer Einmischung zu mobilisieren ist. Frankreich sieht andererseits keinen Grund, seine Einschätzung der Haider-Partei zu revidieren. Hierzulande meinen selbst kluge Kritiker wie der *Kurier*-Kommentator Christoph Kotanko, die Vierzehn hätten alle Ziele verfehlt, die sie mit ihren Maßnahmen erreichen hätten wollen: »Weder wurde die Regierungsbeteiligung der FPÖ verhindert noch kann diese Regierung von außen gestürzt werden.« Das übersieht nur, daß die Vierzehn ihr erstes Ziel erreichten, nämlich ihrer Sorge Ausdruck zu geben und Österreich wenigstens für ein paar Monate in jene Schmuddelecke zu stellen, in die die FPÖ und die sie tragenden Kräfte im Inland längst gehört hätten. Wären sie rechtzeitig dorthin gestellt worden, hätte es niemals Maßnahmen gegen Österreich gegeben.

VI

Wende ins neue Österreich

Aus dem Krummen in das Grade,
Führ uns ins gelobte Land
Herr, Gott, Zebaoth.
Hermann Broch,
»Die Schlafwandler«

Österreich war seit jeher das Land des Doppelzustands, das Land zweier Realitäten oder, besser gesagt, zweier Bewußtseinszustände. Nur hier konnten das Unbewußte und der Möglichkeitssinn entdeckt werden, nur hier die Phrase als Verzerrung und Gestaltung der Wirklichkeit. Nur hier konnte der Kult des »Nur hier« gedeihen, die Verzweiflung von Intellektuellen darüber, daß das Gefühl des Volkes, alles sei normal, seine abnormale Doppelbödigkeit hauptsächlich daraus bezieht, daß auch die Intellektuellen alles für umso normaler halten, je weniger normal es wird. Da muß mehr dahinter stecken! Sie wissen es nicht, aber sie tun es. Oder: Sie wissen es besser, aber sie tun es trotzdem. Oder deswegen. Oder alles zusammen. Wo soviel blendende Unschuld waltet, muß tiefe Dunkelheit herrschen!

Das biedere Österreich hat einen bösen Schatten, über den es zwar nicht zu springen vermag, den es aber gern abschütteln möchte. Weil das bekanntlich zu den schwierigeren Operationen gehört, zieht Österreich es vor, die Schuld der Lampe zu geben und jenen, die auf die Existenz des Schattens hinweisen. Diese, erbost darüber, daß der Schatten geleugnet wird, beginnen, die Figur als Ganze schattenhaft zu sehen. Und die anderen sehen nur mehr Licht ...

Eine schwer aufzulösende Kette von Paradoxa, entstanden aus dem Mischmasch von Kontinuität und Diskontinuität nach 1918, 1938, 1945. In diesem Unterholz, wo Unschuld nicht gleich Unschuld und Schuld nicht gleich Schuld ist, wo die als Verfolger Verfolgten ihre Verfolgungen damit legitimieren, eben selber Verfolgte zu sein, in diesem Labyrinth, wo die Öffentlichkeit aussieht wie Öffentlichkeit, aber keine ist, wo alle wesentlichen Merkmale einer entwickelten Demokratie vorhanden waren und dennoch das Lebensgefühl einer Art Paradiktatur vorherrschte, in diesem Dickicht von Zerrbildern mußte ein politischer Wechsel die Gemüter aufs Äußerste beunruhigen.

Noch mehr mußte das Land verwirren, daß es, das sich als Geschenk an Europa empfunden und seinen Beitritt nicht als erhaltenes Privileg, sondern als selbstgewährte Gnade aufgefaßt hatte, nunmehr als geächteter Pariastaat, beinahe als Schurkenstaat dastand. Halb erstickt unter der Decke des ewigen Konsenses und der immerwährenden Koalition der Mehrheit, hatte man die Fähigkeit nicht kultiviert, Gegnerschaften offen, aber zivilisiert auszutragen. Umso schwerer fiel es, in der nervösen Stimmung des Wechsels nüchtern zu unterscheiden, was geschehen war. »Widerstand!« deklamierten die einen und forderten sofortige Neuwahlen. Alles schlimm genug, meinten die anderen, aber so ist nun einmal Demokratie. Und die Dritten verstanden es, die ihnen unversehens entzogene Unschuldsvermutung zu instrumentalisieren, um ihre Unschuld in allem zu beweisen und endgültig regierungsfähig zu werden.

So schwer es in diesem Klima der Bezichtigung, der Delegitimation, der Rechtfertigung, der gezielt eingesetzten Unwahrheit und der hilflos vorgetragenen Notlüge fallen mag: Hier soll der Versuch der Analyse der politischen Lage und der politischen Akteure unternommen werden.

Was wird anders im neuen Österreich, wie wandeln sich die Rollen der politischen Akteure, welche politischen Perspektiven hat das Land?

Was war die Wende wirklich?

Soviel ist sicher, sie war ein Paradigmenwechsel für Österreich. Wenngleich es Wahlen, da sie den Nachteil der Eindeutigkeit haben, an Doppelbödigkeit fehlt, konnte dieses Manko sofort durch Umfragen behoben werden, die belegten, das bei weitem am höchsten favorisierte Regierungsmodell der Österreicher heiße Rotschwarz. Die selbstbeauftragte Koalitionsregierung aus FPÖ und ÖVP, nach bewährtem Kärntner Modell mit dem Obmann der drittstärksten Partei als Bundeskanzler, stellte in der Tat einen Systembruch dar. Nachkriegsösterreich ging endgültig zu Ende. Es war keineswegs übertrieben, wenn nun viele aufatmeten. Andererseits, eschatologische Euphorie war schon deshalb nicht am Platz, weil erstens der Messias äußerst fragwürdig schien, zweitens – wenn auch in stark reduzierter Form – knapp die Hälfte der ewigen Koalition auch in der neuen Regierung vertreten war und drittens der Beweis für das tatsächliche Ende der Sozialpartnerschaft, zumindest ihrer zünftischen, retardierenden Elemente noch ausstand.

Die These, bisher habe es sich in Österreich um eine Form von Diktatur in demokratischem Gewand gehandelt, die nun erst durch diesen Wechsel zur Demokratie würde, las sich zwar spektakulär, fetischisierte allerdings bloß diesen Wechsel. Zudem saß sie einem Mißverständnis auf: Sie verwechselte das Versagen der Politiker mit einem Versagen des Systems. Österreichs Verfassung ist teilweise ein durch realpolitische Erfordernisse verhunztes Durcheinander, in dem die Bedürfnisse der Taxifahrer, die Ansprüche der Habsburger und die Menschenrechtskonvention nebeneinander vorkommen. Die Verfassung leidet zudem unter unreparierten autoritären Einsprengseln, vor allem die Rolle des Bundespräsidenten betreffend, und sie erlebte nie einen öffentlichen breiten Diskussionsprozeß wie die bundesdeutsche Verfassung nach 1945, weswegen hierzulande der Begriff und die Sache des Verfassungspatriotismus fehlen. Sie bildete aber eine durchaus akzeptable Grundlage eines demokratischen Staatswesens.

Die auf ihr errichtete Realpolitik nach 1945 verfolgte allerdings andere Interessen. Nur durch Zurückdrängen, ja Verleugnen des dritten Lagers, der Deutschnationalen und der Nationalsozialisten, konnte diese Zweite Republik entstehen. Daß es sich um ein Wegschieben und ein Verleugnen handelte, durfte aber des Gründungsmythos wegen nicht zugegeben werden. Es war Neubeginn – blütenweiß. Später stärkte die SPÖ das erst verdrängte, dann dahinsiechende dritte Lager, um die Christdemokraten zu schwächen. Der Aufstieg der Haider-Partei, die Auferstehung des dritten Lagers in modernisierter Gestalt, hatte also nicht nur den Charakter eines Systembruchs, sondern auch den eines Tabubruchs nach innen. Einen Teil seiner Kraft bezog er aus jenem Verdrängungsakt, den er frivol immer wieder umspielte, Wiederkehr und eben doch nicht Wiederkehr des Verdrängten in einem.

Der Preis für den Systembruch war der Einbeziehung dieser Partei wegen zu hoch; das sahen nicht nur die Oppositionsparteien und zahlreiche Besorgte im Lande, sondern beinahe das ganze demokratische Europa, ja die ganze demokratische Welt. Das Argument, bereits 1983 sei die FPÖ in der Regierung gewesen, sticht nicht. Sie war damals eine andere Partei, lange geführt zwar von einem ehemaligen SS-Offizier, jetzt aber besserungswillig, läuterungsbereit.

Die heutige FPÖ ist seit dem Innsbrucker Parteitag von 1986, der Haider an die Macht brachte, eine verstockte Führerpartei, die sich systematisch dem rechten Rand geöffnet hat. Ohne Haider ist sie nichts, und deswegen sind ihre Figuren nichts als Haider. Haider ist nicht der Übertreiber der beiden großen Parteien, wie hin und wieder behauptet wird, er ist das personifizierte Versprechen, mit dem System zu brechen, das die beiden altgedienten Regierungsparteien verkörpert haben. Allenfalls haben diese unter dem Druck der populistisch infizierten Öffentlichkeit Teile seiner Forderungen vorauseilend umgesetzt. Sie haben so getan, als gäbe es seinesgleichen nicht, als habe es derlei nie gegeben. Nun ist das Verdrängte als der verleugnete Dritte wieder da und tut auf dem Boden ihrer staatsdienlichen Lüge so, als habe es die Vergangenheit seiner Partei nie gegeben. Auf den Beweis, daß es eine »andere, bessere FPÖ« gebe, wartet Österreich seit 14 Jahren. Wolfgang Schüssel will ihn erbringen; Gott schütze Schüssel.

Im übrigen geht es mir nicht darum, die Rolle Österreichs als Hitlers erstes Opfer zu leugnen. Das bedeutete nur, den Fehler der Österreich-Apologeten umgekehrt zu begehen. Es geht weder darum, die hitlerdeutsche Aggression von 1938 abzustreiten, noch darum, Österreich als Land je schon begeisterter Nazis hinzustellen: Es gab viele überzeugte Nazis, und es gab auch ein wenig Widerstand. Die Mehrheit stand wie immer irgendwo. Das ist nicht das Thema. Viel mehr als um die Jahre 1938 bis 1945 geht es darum, wie diese Zeit später behandelt wurde; daß Fragen der Restitution noch auf der Tagesordnung stehen, daß in den Finanzämtern erst jetzt einschlägige Dokumente auftauchen. Daß die Frage der Entschädigung von Zwangsarbeitern gerade erst gelöst, die des arisierten Eigentums noch nicht behandelt ist, sagt alles.

Die Krönung aller Paradoxa brächte schließlich eine Weißwaschung der FPÖ durch den sogenannten Weisenrat der EU-Vierzehn; Europa hätte dann in einem dreiviertel Jahr vollbracht, was zu verhindern es angetreten war. Über das »Wesen« der FPÖ wäre damit noch immer nichts gesagt, denn die ist vor allem eines: wechselhaft.

Es stellt sich eine Reihe von Fragen: Kann Schüssel die Kontrolle über Haider behalten, diesen gar zähmen? Wieso traut er sich das zu? Wird sich die FPÖ läutern, gar zähmen lassen?

Endlich an der Macht – die ÖVP

Scheinbar ungerührt nahm Wolfgang Schüssel, der kleine Mann, der damals noch die Fliege um den Hals trug, seine allerletzte Chance wahr, Kanzler zu werden. Scheinbar ungerührt zog er den Verhandlungspoker mit der SPÖ durch, bis diese die Nerven verlor und paßte. Scheinbar ungerührt, geradezu befreit akzeptierte er als neuen Partner jene Haider-Partei, die sein Klubobmann Andreas Khol noch vor kurzer Zeit als »außerhalb des Verfassungsbogens stehend« beschrieben hatte. Die Zeit ändert viel, heißt es bei Nestroy. Bei Wolfgang Schüssel reichte schon eine ganz kurze Zeit. Blitzartig fand er den einst unberührbaren Haider und dessen Paladine nicht nur akzeptabel, er umarmte sie mit geradezu demonstrativer Herzlichkeit. Haider, seiner Sache sicher, auf lange Sicht nur gewinnen zu können, verzichtete zugunsten Schüssels auf das Kanzleramt, um es über die Akzeptanz, die er für seine Partei von der Regierungsbeteiligung erhoffte, dennoch zu erringen. Anschließend legte er, den Druck der Sanktionen zum Anlaß nehmend, den Vorsitz der FPÖ zurück.

Zwei Doppelstrategien standen einander nun gegenüber: Haiders fingierter Rückzug verfolgte das Ziel, sich selbst nicht mit den Härten der Regierungsarbeit in Verbindung zu bringen. Der Heros der kleinen Leute sollte mit der Sanierung des Budgets, mit der Umverteilung nach oben nichts zu tun haben; den Schaden mußten seine Paladine auf sich nehmen. Unbeschädigt würde der Phönix aus Kärnten dann aufsteigen und eine gloriose Mehrheit erringen, weil eben nur er so zu regieren in der Lage ist, wie regiert werden muß. Gegen Haiders fingierten Rückzug stand Schüssels ostentative Umarmung.

Schüssel war sicher, trotz vorerst desaströser Umfragedaten seiner Person bei der nächsten Wahl für sich und seine Partei den Kanzlerbonus lukrieren zu können. Mit Hilfe der europäischen Reaktion auf Schwarzblau und ihrer Darstellung in der österreichischen Öffentlichkeit scheint ihm dies zumindest in Umfragen zu gelingen; die FPÖ ließ er kurz nach der Regierungsbildung bereits weit hinter sich. Unwahrscheinlich, daß er – bei all den Warnungen, die er als Außenminister erhielt – nicht mit der Reaktion der europäischen Öffentlichkeit gerechnet hatte. Er kümmerte sich einfach nicht darum. Und tatsächlich ist der meßbare Schaden für das Land vorläufig scheinbar gering; der politische Nutzen der Sanktionen liegt für Schüssel im Inland weit höher als die ihm bisher versagt gebliebenen bilateralen Kontakte. Und ein Schaden in europapolitischer Hinsicht gilt in provinzieller Innensicht als unbeträchtlich.

Monate nach Schüssels Amtsantritt wurde über die Wende allerlei Bedenkenträgerisches kolportiert, vor allem über Schüssel selbst: Er habe andere gefragt, ob sie nicht in einer rotschwarzen Regierung Kanzler werden möchten; auch habe er insgeheim gezaudert und sei unsicher gewesen, ob er den Ringkampf mit Haider wirklich gewinnen könne, aber aus Staatsräson sei ihm nichts anderes übriggeblieben. Sollte das tatsächlich so gewesen sein, hat sich Schüssel davon nichts anmerken lassen. Jedenfalls gehört es zur Legendenbildung der Wende. Das Unausweichliche dieser Wende zählt mittlerweile ebenfalls bereits zur innerösterreichischen Mythologie. Eine SPÖ-Minderheitsregierung schien unmöglich, denn sie hätte von der FPÖ geduldet werden müssen (eine ÖVP-Duldung im Interesse des Staates kam anscheinend nicht in Frage). Auch Neuwahlen oder eine andere Art der Übergangsregierung meinte man nicht riskieren zu dürfen, »denn dann hätte Haider noch mehr dazugewonnen«. Das konnte, mußte aber nicht so sein.

Schüssel ging – zaudernd oder nicht – immer davon aus, Jörg Haider zähmen zu können. Der richtet es sich indessen bequem in der Position eines durchtrainierten Franz Josef Strauß im südlichen Kärnten ein. Der Haider-Zähmungswunsch hat sich schon bei vielen Politikern und Publizisten als fatal erwiesen, aber niemand vermochte Schüssel zu bremsen. Weder der Bundespräsident, mahnende Stimmen aus Europa noch seine eigene Partei brachten ihn von seinem Weg ab, nicht einmal die *Kronenzeitung* konnte ihn aufhalten. Viele ÖVP-Politiker zögerten, vor allem jene Minister, die feierlich erklärt hatten, niemals eine Regierung mit der FPÖ zu bilden. Die Augen jener Frauen und Männer leuchteten vor demokratischem Eifer, als sie solches gelobten. Die meisten ließen sich schnell überzeugen, denn Schüssel brachte der ÖVP den Kanzler zurück. So brachen die Eiferer ihr Wort und blieben weiter an der Macht. Während Schüssel die Öffentlichkeit damit tröstete, Haider gehe nicht in die Regierung, handelte er mit Haider den Koalitionspakt aus und unterschrieb die vom Präsidenten verlangte Präambel gemeinsam mit jenem Mann, der nicht mitregierte.

Schüssel behauptete, die FPÖ sei von allen rechtsradikalen Elementen gesäubert, und zudem betrachte er als irrelevant, was Haider bisher gesagt habe. Man müsse dessen Entschuldigung akzeptieren. Auf die Zukunft komme es an.

Als am Vorabend der Angelobung Jörg Haider Chirac und ganz Belgien beleidigte, ließ Schüssel sich ausnahmsweise hinreißen, das »einen schweren Fehler« zu nennen. Sogleich fügte er hinzu: »Es ist nicht mein Job, so etwas zu rechtfertigen.« Seine Partei war bereit, ihm dabei zu folgen, denn ihre Lage schien aussichtslos geworden. Wann immer sie auch begann, Europafähigkeit oder Wirtschaftstüchtigkeit zu demonstrieren, die Sozialdemokraten liefen ihr den Rang ab, sie waren moderner und hatten die präsentableren Leute zu bieten. Die ÖVP blieb immer zweite. Die Interessen ihrer Bünde und die Egoismen ihrer Landeshauptleute liefen in ganz verschiedene Richtungen, sie verlor von Wahl zu Wahl Stimmen. Schüssel bot dieser desolaten Partei in letzter Sekunde den rettenden Strohhalm.

Bruno Kreisky hatte einst die Strategie der Spaltung des sogenannten bürgerlichen Lagers ersonnen, um die Herrschaft der SPÖ zu sichern und die Dominanz der bürgerlichen ÖVP zu brechen. Bis zum Ende der sechziger Jahre war die Österreichische Volkspartei übermächtig gewesen; sie erreichte bei sämtlichen Nationalratswahlen seit 1945 die Mehrheit, wenn schon nicht die der Stimmen, so doch die der Mandate. 1966 gewann sie zum ersten Mal die absolute Mehrheit im Parlament und regierte allein. Bis dahin hatten – stets unter schwarzen Bundeskanzlern – die beiden Großparteien miteinander die Regierung gebildet (sie waren groß, und sie waren beinahe gleich stark). Sie ließen für dritte Parteien, anfangs die Kommunisten, später die Freiheitlichen, kaum mehr als ein paar Prozent Spielraum. 1970 brach Bruno Kreisky mit Hilfe der FPÖ, an deren Spitze damals der geläuterte SS-Offizier Friedrich Peter stand, die Serie der schwarzen Kanzler und begründete die nun beendete dreißigjährige Folge sozialdemokratisch geführter Regierungen.

Die schwarzen Bundeskanzler gehören zum symbolischen Festbestand der Zweiten Republik. Leopold Figl und Julius Raab waren Figuren, die aus der Ersten Republik in die Zweite herübergekommen waren; im Konzentrationslager Dachau hatten sich Figl und andere mit den eben noch bekämpften Sozialisten gefunden. Das Trauma des christlichsozialen Austrofaschismus und des Bürgerkriegs wirkt bis ins gegenwärtige Österreich nach. Noch immer reiben sich die Roten daran, daß in den Parlamentsräumen der ÖVP ein Porträt des von Nationalsozialisten ermordeten christlichsozialen Diktators Dollfuß hängt; war er es doch gewesen, der dieses Parlament 1933 aufgelöst hatte; ein Jahr später fiel er einem Attentat illegaler Nazis zum Opfer. Ein Feind der Demokratie den einen, ein Held Österreichs den anderen.

Die Legende jedenfalls will es, daß die Männer der Ersten Republik in den Lagern des »Dritten Reichs« übereingekommen seien, die Zweite Republik in Frieden und Einheit zu gestalten; zudem galt es, in Verhandlungen mit den Alliierten die Selbständigkeit und Unabhängigkeit Österreichs zu sichern. Österreich war 1945 ein besetztes und geteiltes Land. Die Zwietracht der durch Konflikte zerrissenen Ersten Republik schlug in der Zweiten ins andere Extrem um: in die institutionalisierte Einigkeit, die prästabilierte Harmonie der Sozialpartnerschaft zwischen Unternehmern und Gewerkschaften, die unter Ausschluß der Öffentlichkeit und teilweise vorbei an Parlament und Regierung die wesentlichen Voraussetzungen für das österreichische Wirtschaftswunder schuf und schließlich dafür sorgte, daß Österreich Aufnahme in die Europäische Union fand. Erst Kreisky öffnete die Fenster nach Westen;

erst Waldheim sorgte unfreiwillig für eine Auseinandersetzung Österreichs mit seiner Nazi-Vergangenheit.

Paradoxerweise hatte die Sozialpartnerschaft selber mit ihrem Druck auf den Beitritt zur EU die Vorbedingungen zum Systembruch geschaffen. Zusammen mit den Umwälzungen von 1989, die alle verfestigten politischen Kräfteverhältnisse in Bewegung brachten, begann das politische Nachkriegssystem Österreichs seine allumfassende Kraft zu verlieren. Der scheinbar unerklärliche Aufstieg des rechten Rebellen Haider erklärt sich nicht zuletzt aus der nachlassenden Kraft der rotschwarzen Koalition und der Sozialpartnerschaft; jetzt, da das alte korporatistische und in gewisser Weise neofeudale System Macht einbüßte, jetzt, da dieses System seiner Klientel nicht mehr per Parteibuch das ganze Leben samt Job und Wohnung gewähren und sichern konnte, griff Haiders Protest. Der Paternalismus verlor seine väterliche Macht. Erst die Ohnmacht des Vormunds verleitet das Mündel zum Aufstand.

Die direktere Linie zu den feudalen Traditionen Österreichs verläuft in der ÖVP, ironischerweise also gerade in einer Partei, die sich als bürgerlich und christlich empfindet. Das Christliche setzt die Achse Habsburg–Rom fort; ungebrochen erschien es zuletzt in den fürchterlichen Kanzlern der Ersten Republik, in Ignaz Seipel, dem »Prälaten ohne Milde«, in den austrofaschistischen Diktatoren Dollfuß und Schuschnigg. Ein Bürgertum hat aber – abgesehen vom jüdischen Großbürgertum – in Österreich kaum existiert, die ÖVP war zuerst die Partei der Kleinbürger und der Bauern, der Arbeiter und Angestellten, dann erst die Partei der Wirtschaft. Das liberale Element fand in dieser Partei keinen Platz; was sich in der Zweiten Republik liberal nannte, diente zu kaum mehr als zur Sammelorganisation für alte Nazis.

Bis 1970 hatte die ÖVP Kanzlerschaft wie auch den Segen der Kirche in Erbpacht. Die Erbpacht der Kanzlerschaft erklärt die Selbstverständlichkeit, mit der Schüssel seinen Anspruch auf den Bundeskanzler stellte und die Frustration darüber, sie so lange verloren zu haben. Nichts könnte österreichischer sein als diese ÖVP, die auf ihre Weise der in sich zerrissenen Monarchie gleicht. In ihren Bünden findet sich, was nicht wirklich zusammengehört: Arbeiter und Angestellte, Bauern, Wirtschaft. »Vielfalt autonomer Subsysteme innerhalb der ÖVP« nennt das vornehm der Politologe. Diese Bünde machen die ÖVP mit etwa einer halben Million eingeschriebener Mitglieder (fast die Hälfte der Zahl ihrer Wähler) auch zur mitgliederstärksten Partei Österreichs; ein nicht unwesentliches Faktum, da sich Parteien in Österreich nicht nur über Subventionen und Spenden, sondern über Mitgliedsbeiträge finanzieren.

In den neun Bundesländern herrschen, Duodezfürsten gleich, sechs schwarze Landeshauptleute (gegenüber zwei roten und einem blauen). Im föderalen Österreich stellten sie bisher einen Machtausgleich zum sozialdemokratisch gefärbten Bund dar, und für jeden schwarzen Parteiobmann eine stete Bedrohung. Die Landesfürsten, auch in der Presse so tituliert, denken nicht daran, ihre Fürstentümer zu verlassen, sind aber jederzeit bereit, sich zum Königsmord zusammenzuschließen.

Die Basis der Partei ist gänzlich inhomogen: Zu ihr gehört ein großer Teil jener mehr als 500 000 kritischen Katholiken, die das Kirchenvolksbegehren unterzeichneten. Andererseits waren konservative ÖVP-Mitglieder immer schon bereit, beinahe alles zu akzeptieren, wenn es nur die »Herrschaft der Sozialisten beendet«. Die Reste katholischen Mittelstands, die sich in dieser Partei sammeln, waren unter Hitler naziresistent wie sonst in Österreich nur die Kommunisten. Wegen dieser bewiesenen Standhaftigkeit können sie auch nicht verstehen, daß man ihnen nicht zutraut, mit einem rechtsextremen Demagogen wie Haider fertigzuwerden. Noch weniger verstehen sie, daß sie nicht nur dieses antitotalitäre Erbe repräsentieren, sondern in weit stärkerem Maß auch das des katholischen Austrofaschismus. So steht das Parteivolk der Partei des Österreich-Patriotismus der österreichkritischen Haltung Europas völlig verdutzt gegenüber.

Mit ihrer Rolle als ewiger Zweiter hinter der SPÖ ist die Partei besser fertiggeworden als Wolfgang Schüssel. Schon einmal, als 1995 die SPÖ fördernd zuließ, daß die zum bürgerlichen Kernbestand gehörende staatliche Creditanstalt an die sozialdemokratische Bank Austria privatisiert wurde, hätte Schüssel die Koalition fast platzen lassen. Der bereits paktierte Wechsel zu Haider scheiterte in letzter Minute. Der für den Bankendeal verantwortliche Sozialdemokrat war übrigens ein Finanzminister namens Viktor Klima. Die offene Rechnung hat Schüssel nun beglichen. Schüssel hatte im Augenblick, als er zum Vorsitzenden der ÖVP gewählt wurde, zur Erheiterung vieler Beobachter erklärte, er wolle Kanzler werden. Jetzt lacht keiner mehr.

Der vife und artikulierte Wolfgang Schüssel war schon in der Regierung Klima der erfahrenste und ausgepichteste aller Regierungspolitiker gewesen. Als frustrierter Zweiter neigte er, leicht kränkbar, zur Unberechenbarkeit. Europaweit wurde er mit seiner Äußerung berüchtigt, der damalige Bundesbankpräsident Tietmeyer sei »eine richtige Sau«. Schüssel dementierte die Aussagen mehrerer Zeugen und saß den Eklat aus. Der Stil Vranitzkys »kotze ihn an«, sagte er 1995. Bedenkenlos schwenkte er 1999 zur unösterreichischen Methode des koalitionsinternen Konflikts mit den harmoniesüchtigen Roten, als er merkte, daß seiner Partei die Auflösung mangels Wählern drohte. Ebenso schnell wechselte Schüssel unter dem Eindruck des sogenannten »Mascherlboykotts« von seiner emblematischen Fliege zur Krawatte. Nicht ohne dadurch an Statur zu gewinnen.

Die Selbsteinschätzung der ÖVP als Staatspartei, die Ruhe, Demokratie und Ordnung auch in einer Koalition mit der Haider-Partei garantiert, wird von außen nicht geteilt und auch von innen mit Skepsis betrachtet. Das Inland hat eine kontinuierliche kritische Auseinandersetzung mit dem rechten Demagogen Haider nicht geschafft; es ist vielmehr in zunehmendem Maß dessen Verführungen erlegen. Warum glaubt Wolfgang Schüssel, den Unberechenbaren berechnen oder gar beherrschen zu können?

Drachentöter oder Drachenküsser?

In einer auf Images fixierten Politik ist nicht nur der Autor dieser Zeilen der Fehleinschätzung erlegen, Schüssel könne mit seiner leicht unernst anmutenden oder gar – was die Österreicher am wenigsten mögen – intellektuell überheblich wirkenden Erscheinung niemals Kanzler werden. »Daß er seit Jahrzehnten Mascherl trägt, gut Klavier und Fußball spielt, ordentlich Schi fährt und flott zeichnet, mag alles sehr sympathisch sein, es qualifiziert ihn aber in Österreich eher zum Jungscharführer als zum Kanzler«, schrieb ich noch vor Jahresfrist. In Österreich wurden in der Regel Männer Kanzler, denen man einen Hof anvertrauen würde oder die man gern als Schwiegersohn hätte. Menschen mit schwerem Körperbau, die langsam sprechen und die nachts gut schlafen. »Bau massiv« lautet der Slogan einer österreichischen Baumarkt-Kette, und nur massiven Menschen wollte man das Haus Österreich anvertrauen. Weder der verstockte Rotzbub Haider, der immer wieder Fenster einschlägt, noch Schüssel, der leichtgewichtige, arrogante Streber mit dem überlegenen Lächeln, bereit, den Erbhof aufs Spiel zu setzen, schienen aufgrund der psychophysischen Präferenzen der Bevölkerung geeignet, im Haus Österreich eine tragende Rolle zu spielen.

So kann man sich täuschen. Der mittlerweile 55jährige Schüssel gibt zwar Antoine de Saint-Exupérys »Kleinen Prinzen« als Lieblingsbuch an, und als Hobby-Karikaturist hat er sich für ein Cover des Magazins *Profil* sogar selbst als solchen gezeichnet. Aber Schüssel ist ein mit allen Wassern gewaschener Berufspolitiker. In der christlich-sozialen ÖVP gibt es zwei Karrierelinien: Die direkt auf Erfolg und Beziehungen ausgerichtete führt durch die meist muffig-reaktionäre Honoratiorenwelt der Studentenverbindungen, durch den Kartellverband. Die zweite Linie, die Katholische Mittelschul- und Hochschulbewegung, beruht auf christlichen Werten, auf kirchennaher Weltanschauung. Der aus kleinen Verhältnissen stammende Schüssel ging den zweiten Weg, gehörte zur kritischen Fraktion, schrieb Bücher und galt lange Zeit als intellektuelle Hoffnung seiner Partei.

Nach dem Jusstudium begann er 1968 als Sekretär im Parlamentsklub der ÖVP; sein ganzes berufliches und politisches Leben verbrachte er fortan in ihrem Dienst, als Generalsekretär des Wirtschaftsbundes, seit 1979 als Nationalratsabgeordneter. Ab 1989 leitete Schüssel das Wirtschaftsministerium, ein Ressort mit wenig Kompetenz, wo er sich den Ruf eines nicht besonders dynamischen Zynikers erwarb und Modernisierungsgerede mit eisenärschiger realpolitischer Systemerhaltung verband. Eloquent propagierte er einen schlankeren Staat und Privatisierungen; allein er beließ es bei der Propaganda.

Von einem geradlinigen Zug zur Macht war nichts zu sehen. An den Intrigen der ÖVP-Landesfürsten, die sich gerade wieder einmal zu einem Königsmord am Parteiobmann und Vizekanzler Erhard Busek zusammenrotteten, beteiligte sich Schüssel nicht. Er reiste nach China, als sie Busek abmontierten. Der hatte bei der Nationalratswahl 1994 schlecht abgeschnitten, weil er von vornherein eine Zusammenarbeit mit der FPÖ ablehnte; zudem war Busek unter Druck der *Kronenzeitung* geraten. Als sein Kopf gerollt war, verblüffte der frischgebackene Vizekanzler und Außenminister Schüssel jene, welche ihn noch nicht kannten, nicht nur mit einer glänzenden kämpferischen Stegreifrede, er brach sofort Neuwahlen vom Zaun, nicht ohne seinen Vorgänger und bisherigen Weggefährten und Freund Busek ebenso kühl aus dem Kabinett zu entfernen wie die Parteiikone Alois Mock.

Schüssel ließ die Budgetverhandlungen mit der SPÖ platzen und ging in einen Sparpaket-Wahlkampf, den Bundeskanzler Vranitzky in eine Haider-oder-ich-Entscheidung umwandelte. Schüssel, der gehofft hatte, die ÖVP zur stärksten Partei zu machen, sah sich mit 28,3 gegenüber 38,1 Prozent für die SPÖ schwer geschlagen, wenngleich er den Abwärtstrend der ÖVP aufhalten konnte. Er war jedoch persönlich von dieser Niederlage getroffen. Wenn er den Österreichern Sparpakete auferlegte und freudig die Austeritätsbotschaft verkündete oder wenn er ihnen mit einem Nato-Beitritt kam, den das in seine Neutralität verliebte Völkchen noch immer scheut, verstand er sich nicht als Überbringer schlechter Botschaften, sondern als eine Art strenger, aber gerechter Vater. Er wollte nur das Beste, verstand aber nicht, daß die Regierten unter dem Besten ihren eigenen Vorteil verstehen; abgesehen davon, daß Schüssel nicht dem Bild des strengen Vaters entsprach.

Die persönliche Kränkung, diese Nachtseite seiner leichten Überheblichkeit, vertiefte sich, als Viktor Klima Regierungschef wurde. Klimas anfängliche Popularität grämte Schüssel, als Impulsgeber und Sanierer fand er seinen Part in der Regierung zu wenig gewürdigt. Seinen Partnern fühlte sich Schüssel stets intellektuell überlegen. Zu spät hatte Klima diese Empfindlichkeit bemerkt, zuviel Salz war schon in Schüssels Wunden. Der Verwundbare markierte nun den Eiskalten, Unverwundbaren. Er spielt gern hoch. Zu hoch? Immerhin ist er mit denkbar schlechten Karten Kanzler geworden. Nun möchte er zeigen, daß er es ist, der nicht nur Bewegung in die österreichische Politik brachte (das größere Verdienst daran gebührt Haider), sondern auch der, der letztlich den erhofften Beitrag zur Modernisierung und Demokratisierung Österreichs leistet.

Tatsächlich ist Schüssel jedoch Kanzler von Haiders Gnaden. Sprengt Haider die Koalition, kann Schüssel kaum zur SPÖ zurückkehren. Ihm bleibt nur die Hoffnung, die nächsten Wahlen zu gewinnen und gemeinsam mit der FPÖ die Mehrheit zu erhalten. Alles andere wäre vermutlich das Ende seiner Karriere als Spitzenpolitiker.

Warum läßt sich Schüssel darauf ein? Im Verein mit dem konservativen Klubobmann Andreas Khol hat er es geschafft, die zerstrittene ÖVP zusammenzuhalten. Wahrlich keine geringe Leistung. Wer das schafft, denkt er, wird auch mit einem Haider fertig. Die Regierungsbeteiligung entzweit zwar die Partei; die Masse kritischer Katholiken akzeptiert Haider keineswegs. Zu diesen Katholiken rechnet sich Schüssel außerdem selber. Und er möchte, daß man gerade ihm die Resistenz gegen den rechten Sumpf, die in dieser Schicht ausgeprägt ist, zubilligt. Zu Recht ist Schüssel stolz darauf, daß er Haider in einigen TV-Duellen rhetorisch gewachsen, wenn nicht überlegen war; als leidenschaftlicher Fußballer, Läufer und Schifahrer liegt er im sportlichen Mainstream und fühlt sich physisch mindestens ebenso fit wie der Feschist Haider. Der kann nicht Fußball spielen und weicht in Extremsportarten aus. Zudem hat Schüssel als erfahrener Regierungspolitiker den Apparat vollständig im Griff, während die FPÖ-Minister erst einmal das kleine ABC des Regierens lernen müssen.

Ob und wie der neue Kanzler mit der Bildgeschicklichkeit Haiders zurechtkommt, bleibt abzuwarten. Bei der Antrittspressekonferenz überließ er Haider die Show. Bei einem Kärnten-Besuch setzte er sich auf den Beifahrersitz von Haiders Porsche und blickte lachend dorthin, wohin der Jörgl mit weitausladender Geste zeigte, gleich ob ihm der »meine Slowenen« oder »meine Karawanken« oder »meine EU« zeigte. Konservative Kommentatoren waren entsetzt und glossierten die Szene als böses Bildmalheur; Schüssel focht es nicht weiter an.

Er hat das Spiel angenommen, und das Spiel erfordert seine scheinbare Nichtanteilnahme. Es ist nicht einmal gänzlich ausgeschlossen, daß er die FPÖ und ihren Führer zähmen wird. Es ist nur einigermaßen unwahrscheinlich. Die Zähmung der ÖVP war ebenfalls ein unwahrscheinliches Kunststück, es ist aber zu befürchten, daß die historische Rolle des Bundeskanzlers Wolfgang Schüssel darin besteht, in Österreich eine Art von Neofaschisten salonfähig gemacht zu haben, die bisher überall in Europa den Status von Parias genossen; daß seine Nichtanteilnahme als Billigung ausgelegt wird und deswegen auch so funktioniert; daß die Parias in Österreich akzeptiert werden, Österreich dafür aber den Status eines Pariastaates erhält. Und es ist zu befürchten, daß er zwar Österreich aufgeweckt, aber dessen Ansehen in der Welt erneut beschädigt hat. Der kleine Prinz wird nicht zum guten König; er küßt bloß den Drachen wach.

Wird dem Drachen vielleicht schlecht vom Kuß? Schüssel überläßt Haider die Show. Mit offensichtlicher Gutmütigkeit tut er dessen alte Wortmeldungen ab und überhört die neuen. Die sogenannten Ausrutscher der FPÖ darf er gar nicht hören, sonst müßte ihm sogleich deren Wesen alarmierend aufleuchten.

Gewiß, Haider ist am 1. Mai als Parteiobmann der FPÖ zurückgetreten. Aber als »einfaches Parteimitglied« zieht er die Fäden nach wie vor, er trifft sich regelmäßig mit der Parteispitze, ist in dauerndem Telefonkontakt mit ihr und nimmt am sogenannten Koalitionsausschuß teil. Am politischen Aschermittwoch im oberösterreichischen Ried bezeichnete er den Parlamentspräsidenten als »Salonmarxisten, der in die Duma nach Moskau fährt, um sich Anweisungen zu holen«; beim Wiener Bürgermeister könne mit der »rapiden Zunahme seines Köpergewichts die geistige Reife nicht mithalten«, und der neue SPÖ-Chef esse mit Hammer und Sichel, weil er »so begeistert vom Sowjetkommunismus« sei. Außerdem verhöhnte er seine Nachfolger: Wenn ihm als »einfachem Mitglied« schon jetzt so viel Publikum zuströme, wie viele Menschen wären es erst, wenn die freiheitlichen Minister und die Vizekanzlerin kämen, rief er in den tobenden Saal.

Seine loyale Stellvertreterin Susanne Riess-Passer redet seine Ausrutscher schön, wo sie nur kann, ohne sich von ihnen zu distanzieren. Wenn er »parasitäre Elemente« bei den Lehrern entdeckt, meint sie, in der Sache sei das richtig, man könne ja auch von »Ausnützung« sprechen. Wo eine Susi, da sei auch ein Strolchi, sagte Haider auf dem Parteitag, auf dem sie zu seiner Nachfolgerin bestellt wurde. Interpretiert wurde das als Verunglimpfung Schüssels; nur die *Süddeutsche Zeitung* deutete es als eine Selbstverklärung Haiders zum süßen Hunderl, also eine verhüllte Comeback-Ansage. Geklärt wurde das nie, die Variante der Verunglimpfung des Kanzlers wurde weithin als die gültige angesehen. Der Angesprochene ignorierte sie gutgelaunt.

Haider habe sich für seine verbalen Ausrutscher entschuldigt, wird Schüssel nicht müde zu versichern, und diese Entschuldigung müsse man ernst nehmen. Im übrigen gelte es nicht Worte, sondern Taten ernst zu nehmen. Nicht anzunehmen, daß Schüssel das selber glaubt. Am 12. November 1999, am Tag der ersten großen Kundgebung in Wien, entschuldigte sich Haider mit teilweise versagender Stimme für »Äußerungen, die mir zugeordnet werden«, nicht also für solche, die er gemacht hat. Immer weisen seine Entschuldigungen Zusätze auf, nach dem Muster: sollte ich jemanden beleidigt haben, stehe ich nicht an, mich »meinetwegen« zu entschuldigen. Der Tonfall entwertet jedes Eingeständnis und macht es zugleich zum Teil der Aggression, etwa in der Art jenes Satzes aus einem frühen *Profil*-Interview: »Für mich hat es eine Ära gegeben, in der es zu kriegerischen Auseinandersetzungen gekommen ist, in die unsere Väter verwickelt waren. Und gleichzeitig hat es im Rahmen des NS-Regimes Vorgänge gegeben, die nicht zu akzeptieren sind ... Na ja, es waren Aktivitäten und Maßnahmen gegen Bevölkerungsgruppen, die eklatante Verstöße gegen die Menschenrechte waren. Wenn Sie so wollen, dann war es halt Massenmord.«

Naiv zu meinen, Schüssel wüßte nicht, mit wem er es zu tun hat: Die ÖVP verfügt über die genaueste Dokumentation von Haiders Sprüchen landauf, landab. Aber es paßt nicht in sein Konzept, Haider einen Vorwand zur Auseinandersetzung zu liefern. Den Streit wünscht er ihm wohl an den Hals, aber nicht mit ihm soll er streiten, sondern mit seinen eigenen Paladinen. So bleibt er ruhig, wenn Haider ihn belehrt, man dürfe sich von der EU nichts gefallen lassen, oder wenn er vorschlägt, österreichkritische Mandatare sollten aufgrund ihres Amtseids von Gerichts wegen zur Rechenschaft gezogen werden (und wenige wiesen, wie der Satiriker Günter Traxler im *Standard*, darauf hin, daß Haider selbst das erste Klagsopfer sein müßte). Daß sein Schweigen gleichzeitig die Akzeptanz der Haider-Provokationen steigert, scheint Schüssel gleichgültig zu sein.

Schüssels Konzept ist gewagt und einfach zu durchschauen: Er begünstigt jene Kräfte in der FPÖ, von denen er auf längere Sicht erwarten kann, daß sie Haiders Führerrolle antasten. Eine enthaiderisierte FPÖ bekäme in Österreich – wenn überhaupt – höchstens zehn bis 15 Prozent der Stimmen; ihre Mitglieder erhielten im Tausch für den Mengenverlust einen Gewinn an Ansehen und zahlreiche Regierungsämter. Umgekehrt kann Haider unter europäischen Verhältnissen wohl kaum mehr Kanzler werden, und die permanente Oppositionsrolle wird jene FPÖ-Mitglieder nicht mehr interessieren, die bereits Regierungsämter innehatten. Das liefe auf eine Spaltung der FPÖ hinaus, denn die Regierungsmitglieder müssen Amtsfähigkeit an den Tag legen und somit auf die Protestwählerstimmen verzichten. Haider hingegen kann nur mit jenen Kadern gewinnen, die – überspitzt ausgedrückt – amtsunfähig sind und um ihre Abhängigkeit von Haiders Provokationen wissen. Daß Haider zurückkommen und Kanzler werden will, hat er selbst gesagt.

Brächte Schüssel die Spaltung, das heißt die Absage an Haiders populistischen Provokationskurs und somit die Läuterung eines Teils der FPÖ zustande, könnte man vor ihm nur den Hut ziehen. Dagegen spricht, daß das Verhalten auch des wirtschaftsliberalen Flügels der FPÖ um Karl-Heinz Grasser, Thomas Prinzhorn und Hubert Gorbach noch nicht auf große Differenzen zum Führer in Reserve hindeutet; an Loyalitätsbezeugungen der anderen fehlt es ohnehin nicht. Nach außen setzt Schüssel auf Haiders Unterschrift unter die Koalitionsvereinbarung und unter die von Klestil erzwungene Präambel. »Wandlungen sind nicht neu«, sagt er, »Politiker machen Lernprozesse durch – Chirac, Schröder, Joschka Fischer.«

Nach innen versucht Schüssel, Interessengegensätze in der FPÖ zu modellieren und Loyalitätskonflikte zu schaffen. Stoff für Konflikte gibt es genug: von der EU-Erweiterung, bei der die Basis der FPÖ bremst, an der die Wirtschafts-FPÖ jedoch Interesse haben muß, bis zu Belastungen für die sogenannten kleinen Leute. Angeblich war es Schüssels Idee, den slicken jungen FPÖ-Mann Karl-Heinz Grasser zum Finanzminister zu machen und ihm einen unauffälligen, aber kompetenten Budgetfachmann der ÖVP beizugesellen. Haider, dem zuvor zwei andere Kandidaten abgesagt hatten, willigte erst nach Bedenkzeit ein – schließlich galt Grasser als sein »politischer Ziehsohn«, hatte aber bereits den Konflikt mit dem Ziehvater nicht gescheut. Grasser hatte tatsächlich zu sagen gewagt, Haider wirke »nicht besonders motiviert«. Erschrocken ob seines eigenen Mutes verließ er daraufhin freiwillig seine Funktion und ging zu Frank Stronach in die Wirtschaft. Jetzt ist er – nach Haiders Denkpause – wieder da, als Minister. Nationalsozialistische Anspielungen sind von ihm nicht überliefert; zu mehr als der Anweisung, Kärntner Baufirmen bekämen keine Aufträge vom Land, wenn sie ausländische Arbeiter beschäftigen, hatte er es als Landeshauptmann-Stellvertreter nicht gebracht. Rassismus auf Samtpfoten, sozusagen.

Haider-Partei oder Nicht-Haider-Partei, das ist die Frage, die Schüssel still und beharrlich der FPÖ stellt. Susanne Riess-Passer, die neue Obfrau, hat eilfertig erklärt, die Partei *sei* Jörg Haider. Das stimmt womöglich nicht ganz. Andererseits: Seit Haider 1986 die Macht in dieser

FPÖ übernahm, hat sie bei fast jeder Nationalratswahl (Ausnahme: 1995) und bei den allermeisten Landtags- und Gemeinderatswahlen dazugewonnen, so daß aus einer Minipartei, die stets nur knapp die Vier-Prozent-Hürde ins Parlament geschafft hatte, mit 26,9 Prozent die zweitgrößte der drei Drittelparteien SPÖ, ÖVP und FPÖ wurde. Das war zweifellos der charismatischen Figur an der Spitze geschuldet. »Sie sind gegen ihn, weil er für euch ist« hatte einer seiner Slogans gelautet. Als die Vierzehn nun den Weisenrat ausheckten, der unter anderem »die Natur der FPÖ« prüfen soll, war Haider erneut schnell mit einem messianisch-blasphemisch inspirierten Spruch zur Hand. Auch das Jesuskind habe die Kreuzigung durch den Besuch der drei Weisen nicht verhindern können, sagte er. Und fügte hinzu, man müsse der EU Kontra geben, »sonst werden sie uns irgendwann auch ans Kreuz schlagen, weil wir uns eingelassen haben auf dieses Spiel«. Am gleichen Wochenende traf eine Delegation von Umberto Bossis Lega Nord in Klagenfurt mit einer FPÖ-Delegation zusammen und wurde von Landeshauptmann Haider freundlich begrüßt; derselben Lega Nord, deren Wahlveranstaltungen Haider angeblich nie besucht haben wollte, bis ihm das Gegenteil nachgewiesen wurde.

Aber lassen wir uns nicht von der Frage ablenken, von der Schüssels Plan, Europas Besorgnis und Österreichs Zukunft abhängen: Was ist das Wesen, was ist die Natur der FPÖ?

VII

Die Politik der Lüge

Der Lügner ist phantastisch, schöpferisch, beweglich, beeinflußbar. Und wo es auf Tiefe und Festigkeit und Gesinnung nicht ankommt wie im zeitgenössischen Geist ist er eben der ideale Repräsentant.
Robert Musil, »Tagebücher«

Haiders Machtübernahme in der Partei markierte den Zeitpunkt, da die FPÖ ihre Regierungsbeteiligung verlor. Haiders Rücktritt folgte der Regierungsbeteiligung seiner Partei. Franz Vranitzky war 1986 kein anderer Ausweg als die damals noch große Koalition geblieben; vor allem auch, weil sein ÖVP-Kontrahent Alois Mock einer Koalition mit der FPÖ zuneigte. Mock betrachtet es heute noch als historischen Fehler, daß er sich von seiner Partei davon abbringen ließ. Er hatte den Abstand zu den Sozialdemokraten so knapp gehalten wie kein ÖVP-Führer seit den sechziger Jahren; ein Juniorpartner Haider mit einer Zehn-Prozent-Partei in der Regierung, meinte er, hätte sich kontrollieren lassen und nicht diesen kometenhaften Aufstieg genommen. Was-wäre-wenn-Fragen, an denen das Interessanteste ist, daß sie sich heute unter veränderten Kräfteverhältnissen neu stellen.

Kreiskys Absicht, das sogenannte bürgerliche Lager in zwei Teile zu spalten, hatte mit historischer und unvorhergesehener Logik die Wiederherstellung der berühmten drei Lager in Gang gesetzt, in die Österreich traditionellerweise zerfallen war: das christlich-soziale, das sozialdemokratische und das nationalliberale. Dieses sogenannte dritte Lager, stolz auf seine Abkunft aus der liberalen Bewegung des 19. Jahrhunderts, bestand in der Ersten Republik vor allem aus Deutschnationalen, die sich durch ausgeprägten Antiklerikalismus und durch antisozialistische Gesinnung auszeichneten. Später ging es als erstes mehr oder weniger spurlos in der NSDAP auf.

SPÖ und ÖVP hatten nach 1945 keine Mühe, sich neu zu gründen. Beide nahmen größere und kleinere Mitläufer der Nazis auf. Dennoch entstand im Zuge der Entnazifizierung und des NSDAP-Verbots naturgemäß ein Vakuum, das erst mit der Gründung des auch für Liberale offenen, doch allgemein als Partei für alte Nazis betrachteten VdU (Verband der Unabhängigen) geschlossen wurde. Beim ersten Antreten 1949 erhielt der VdU immerhin 11,6 Prozent der Stimmen. Sein liberaler Flügel unterlag jedoch bald dem nationalen; schließlich wurde die Partei 1955 als FPÖ neu und noch stärker national orientiert gegründet. National – um Mißverständnissen vorzubeugen– bedeutete in Österreich bis in die achtziger Jahre stets deutschnational. Erst mit Waldheim hatte sich ein österreichisches Nationsbewußtsein nicht nur herausgebildet, sondern zugleich als Austrochauvinismus verfestigt, so daß Jörg Haider die Deutschtümelei in seiner Partei offiziell aufgab und zur Österreichhuberei überging.

Die deutschnationale FPÖ war politisch bedeutungslos. In den sechziger Jahren hielt die SPÖ diese Partei mit

Zahlungen in Millionenhöhe am Leben. ÖVP wie SPÖ kokettierten, die SPÖ koalierte schließlich mit ihr. Norbert Steger, der erste freiheitliche Vizekanzler (1983 bis 1986), führte die FPÖ in Richtung Liberalismus, die Wähler und die Basis der traditionell organisatorisch schwach ausgebildeten Partei folgten ihm dabei jedoch nicht. Der Boden für Haiders parteiinternen Putsch war bereitet. Der einst im Spektrum der FPÖ als linksliberal geltende Haider machte 1986 am Innsbrucker Parteitag auf den Schultern der Rechten Schluß mit Stegers Schmusekurs. Unter beschämenden Umständen und Nazi-Exzessen wurde die liberal geführte FPÖ zur Führerpartei. Hatten in den Jahren zuvor die sogenannten Honoratioren-Akademiker, also alte Ewiggestrige aus freien Berufen, aus Universität und Militär, die Führungsschicht der FPÖ gebildet, kam nun die sogenannte Buberlpartie ans Ruder. Erfahrungslose junge Leute, frustiert von der Praxis der traditionellen Parteien, fasziniert vom Feschisten-Führer und dessen modischem Appeal, aufgelesen in Diskotheken oder bei Veranstaltungen, rückten in die Schaltstellen der Parteimacht ein.

Zugleich verlor die Haider-Partei ihre besten Köpfe. Die Liberalen um Steger traten teils aus oder resignierten. Der Obmann des Parlamentsklubs, Norbert Gugerbauer, zog sich zurück, 1993 verließen die ehemalige FPÖ-Präsidentschaftskandidatin Heide Schmidt und Friedhelm Frischenschlager die FPÖ und gründeten das »Liberale Forum«. Dutzende andere gingen, wurden gefeuert und durch die Buberlpartie ersetzt, zu der sich medienkompatible Figuren gesellten, mit unerhörtem Zynismus ausgewählt, wie der ehemalige Schirennfahrer Patrick Ortlieb, der in einer Parlamentsperiode gerade zwei Sportreden vom Blatt las; oder die dirndlgerechte Fernsehsprecherin Theresia Zierler, ein der Sendung »Willkommen Österreich« entstiegenes Abziehbild des Feschismus; oder der Journalist Peter

Sichrovsky, als Jude der einzige lebende Beweis für den real existierenden Philosemitismus der Haider-Partei. Hinter diesen Schaufiguren aber sickerten »Rechtsextremisten und Neonazis in solchem Ausmaß in die FPÖ ein, daß man fast schon von einer Integration des traditionellen Rechtsextremismus in die FPÖ sprechen muß; nur mehr der militante Flügel steht außerhalb der FPÖ, und selbst hier werden die Trennlinien unscharf«, wie das die Historiker Brigitte Bailer und Wolfgang Neugebauer formulieren.

Haider gewann Wahlen, brachte der Partei Stimmen und Mandate, somit Jobs und – auf dem Weg der Parteienfinanzierung – viel Geld. Deshalb ließen sich auch Haiderdissidente Funktionäre alles gefallen. Aber nicht einmal von diesen gab es genug. Aufgrund der Wahlerfolge reichte die Schicht wurzellos rekrutierter Berufsfunktionäre aller Provenienz nicht mehr; in der Steiermark suchte die FPÖ bei Landtagswahlen Mandatare per Zeitungsinserat. Es gab auch Austritte – einigen Nationalen wurde es zu bunt, als das »wehrhafte Christentum« im Parteiprogramm die Phrase »Freiheit gilt uns als höchster Wert« verdrängt hatte; andere rieben sich daran, daß Haider, um den millionenschweren Finanzskandal des FPÖ-Funktionärs Rosenstingl zu verdecken, von allen Funktionären die Unterschrift unter einen »Vertrag mit dem Bürger« forderte. Im großen und ganzen aber wuchs und wuchs die Bewegung.

Der »Vertrag mit dem Bürger«, auch »Demokratievertrag« genannt, zwingt jeden, der in der FPÖ ein politisches Mandat ausübt, zur Offenlegung sämtlicher Vermögensverhältnisse und zur Einhaltung eines Ehrenkodex. Bei Nichteinhaltung erfolgt Rauswurf. Obmann Haider ließ sich unter dem Vorwand, den Rosenstingl-Finanzskandal öffentlich glaubhaft zu sanieren, ein »Durchgriffsrecht« einräumen. Die Handlungen des Obmanns mußten fortan erst im nachhinein durch Beschlüsse gedeckt sein. Blankovollmacht für den Führer. Peter Rosenstingl, damals FP-Abgeordneter und Obmann des Rings Freiheitlicher Wirtschaftstreibender, hatte einen Schaden von 51,5 Millionen Schilling angerichtet und wurde zu sieben Jahren Gefängnis verurteilt; der niederösterreichische FPÖ-Klubobmann Gratzer zu drei. Hatte es noch im Vorfeld des Prozesses geheißen, die gesamte Parteispitze sei über die Vorgänge informiert gewesen, herrschte während des Verfahrens darüber Schweigen. Weder Verteidigung noch Staatsanwaltschaft insistierten auf der erwarteten Frage. Die politischen Konkurrenten der FPÖ schwiegen mit. Diese vornehme Zurückhaltung kann nur als Unfähigkeit oder gar Erpreßbarkeit von SPÖ und ÖVP interpretiert werden; in Fällen, da Skandale andere Parteien betreffen, vermag niemand die FPÖ an Höllenlärm zu übertreffen. Die anderen rühren nicht einmal die kleine Trommel.

Aufgrund des »Vertrags mit dem Bürger« können Bürger Funktionäre klagen und ihren Parteiausschluß erzwingen, wenn diese Wahlversprechen nicht einhalten. Wenigstens diesen Versuch unternahmen zwei Salzburger Funktionäre der SPÖ im Sommer 2000. Ein »Bürgervertrauensmann« der FPÖ entscheidet über »Ernsthaftigkeit und Plausibilität« solcher Anträge. Er wird wohl mit dem »einfachen Parteimitglied« Haider Rücksprache halten. Nicht schwer zu erraten, wie sich Haider, der versprach, keine Steuererhöhungen durchzuführen und nun von »Anpassungen« spricht, dieser und allfälligen anderen Klagen empörter Österreicher und Österreicherinnen gegenüber verhalten wird.

A propos Finanzierung: Die Mitglieder der FPÖ dürfen gerade 66 000 Schilling netto von ihrem Einkommen behalten; den Rest entrichten sie als Parteisteuer und an einen »Sozialfonds«. Wie sich Feschistenführer Haider, dem von seinen 106 924 Schilling netto angeblich nur zwei Drittel bleiben, seine Porsches, seinen üppigen Kleiderschrank und seine zahlreichen Reisen leistet, bleibt unklar. Möglicherweise setzt ihm seine Frau, die den familieneigenen Forstbetrieb Bärental führt, ein Taschengeld aus? Andererseits ist der »Fruchtgenuß« dieses Tals dem Erbonkel vorbehalten. Man kann über die Finanzierung der FPÖ wie bei allen Parteien nur Ungefähres sagen: Etwa ein Viertel stammt aus Parteisteuern und Mitgliedsbeiträgen, die Hälfte aus staatlicher Parteienförderung und ein weiteres Viertel aus Spenden. Bekannt ist, daß österreichische Industrielle die Kampagnen Haiders mit mehr als bloß mit Leihgaben von Helikoptern unterstützen.

Die Versuche, den Namen FPÖ abzuschaffen und die Partei zur »Bewegung« zu erklären, hat Haider bald wieder aufgegeben. Allzu aggressive Typen in der Partei hat er in unauffällige Positionen entsorgt und durch junge, zurückhaltende Technokraten wie den Verteidigungsminister Herbert Scheibner und den Finanzminister Karl-Heinz Grasser ersetzt. Ihre fremdenfeindlichen Ausrutscher verschwinden hinter ihrer polierten, sachlich schimmernden und konsensual polierten Oberfläche. Die jungen Feschisten sind aber nicht bloß haltlose Karrieristen, die sich hinter »ihren Jörg« scharen. Manche, wie Peter Westenthaler, der Klubobmann, kommen aus SPÖ-Familien. Motiviert hat sie wie viele Wähler die Machtversessenheit und Reformunfähigkeit der beiden ewigen Regierungsparteien. Für sie wie für seine Wähler war Haider der Messias, der ihnen Erlösung vom System Österreich versprach.

Demokratische und historische Sensibilitäten sind bei ihnen wie auch in weiten Teilen der österreichischen Gesellschaft ohnehin nicht besonders hoch entwickelt.

Was sich auch am Fall des Bärentals beobachten läßt. Zur Machtübernahme 1986 stattete Haiders Wahlonkel ihn mit dem Geschenk des 1600 Hektar großen Kärntner Bärentals aus. Es machte Haider zum fünftgrößten Grundbesitzer Kärntens und zum materiell unabhängigen Politiker. Das Tal hatte einer italienischen Jüdin gehört, die 1939 »abwanderte« und »dem Verkauf zustimmte«. Über den Kaufpreis konnte sie damals nicht verfügen; 1954 einigte sie sich aber in einem höchstgerichtlichen Vergleich mit Haiders Erbonkel. Es wurden nochmals drei Jahreserträge (insgesamt 120 000 US-Dollar) bezahlt. Die Alternativen, vor denen eine zur Emigration gezwungene Dame Anfang der fünfziger Jahre vor einem österreichischen Gericht stand, kann man sich vorstellen.

Es herrscht in Österreich eine merkwürdige Scheu, Haider vorzuhalten, daß es sich bei seinem Besitz um arisiertes Gut handelt. Vornehme Zurückhaltung gegenüber dem Aggressor? Bei italienischen Staatsbürgern lautet der Terminus »Entjudung«. Haider jedenfalls überläßt seinem Onkel lebenslang den Fruchtgenuß dieses Tals (1,8 Millionen Schilling im Jahr), er selbst aber wird Multimillionär (geschätzter Wert des Tals 1986: zwischen 150 und 300 Millionen Schilling).

Frau Roifer, die enteignete Besitzerin des Bärentals, mochte danach von der Sache nichts mehr wissen. Im Zuge des Aufsehens um die Regierungsbeteiligung der FPÖ wurde bekannt, das ihre über 70 Jahre alte Tochter, die in Israel lebt, Haider auf Herausgabe des Bärentals klagen will. »Haider ist an der Macht mittels meines Geldes. Das ist ein sehr schlechtes Gefühl«, sagte sie. Im Koalitionsabkommen sprechen sich übrigens ÖVP und FPÖ für rasche Restitutionsmaßnahmen aus. Mittlerweile hat die Bundesregierung die Entschädigung der Zwangsarbeiter geregelt und wendet sich dem Thema geraubten und »arisierten« Eigentums zu. Noch ein Fall für den »Vertrag mit dem Bürger«? Haider blieb ruhig und sagte, alles sei rechtens gewesen. Im Gegenzug hatte 1988 ein österreichisches Gericht festgestellt, das Tal sei Frau Roifer mit »erpresserischen Methoden« weggenommen worden. Selbstverständlich wäre dieses geschenkte Tal anderswo längst zum Danaergeschenk geworden, weil es nicht aus der Debatte geriete. In Österreich vergelten seine Gegner Haider anscheinend jeden Untergriff mit einer Überdosis an Dezenz.

Europa kann kommen!

Die FPÖ dankt der Öffentlichkeit und den politischen Gegnern deren Beißhemmung mit einer Mischung aus heroischer Gekränktheit, wehleidiger Aggressivität und lügnerischem Wahrheitspathos. Das hat sich seit dem Aufstieg der FPÖ zur Regierungspartei nicht geändert, es ist nur etwas absurder geworden, da das Genre der Drohung in die Ferne (»die dort in Wien«, »die dort oben«) nicht aufgegeben wurde, bloß weil die Drohenden nun selber an die Stelle der Bedrohten getreten sind. Selbst wenn sie schwierige Positionen zu verteidigen haben, beispielsweise wenn sie ein Gesetz beschließen, das ihrer eigenen Klientel, den sprichwörtlichen kleinen Leuten, wehtut, fallen Exponenten dieser Partei über ihre Kritiker her, als wären diese an der Regierung und nicht sie selbst. Im Parlament verweigern sie die sachliche Auseinandersetzung und reiten Attacke um Attacke. Geht es um die Rentenfrage, bringen sie geschwind eine unschöne Gesinnungsschnüffelei der SPÖ aus der Steiermark ins Spiel, die mit der Sache gar nichts zu tun hat. Wer auf die Ablenkung hinwiese, wäre natürlich ein Feind der Demokratie! Das war schon bei der FPÖ in Opposition unerträglich, aber durchaus stilbildend. Vor allem fand es in der nicht unähnlich strukturierten österreichischen Öffentlichkeit prächtige Resonanz.

In Abwandlung des zitierten Wortes von Karl Kraus – »die verfolgende Unschuld« – sollte man vielleicht von der »verfolgenden Unschuldsvermutung« sprechen, denn um Unschuld handelt es sich tatsächlich nicht, wohl aber um politische, propagandistische und juristische Finesse bei der Bezichtigung anderer. Die ÖVP, in der Selbstlähmung ihrer taktischen Gespinste verfangen, kann diesem Spiel nur zusehen. Die Oppositionsparteien sind schwach, die Medien hilflos und die Objekte der FPÖ-Aggressionen innerhalb Österreichs auf sich selbst gestellt. Immerhin bleibt ihnen Europa; aber auch Europa ist eine Bühne, auf der die FPÖ das Spiel spielt, das sie in Österreich zur Perfektion erprobt hat – mit vielfach erhöhter Aufmerksamkeit.

Die Maßnahmen der Vierzehn zielten darauf, die Regierungsbeteiligung der FPÖ zu verhindern. Das war einerseits nach demokratischen Wahlen keine gute Idee, denn internationale Beobachtung hätte sich diese Partei bereits früher verdient. Und zwar – um es noch einmal zu sagen – nicht wegen ihrer europakritischen Haltung (gerade das muß ein demokratisches Europa aushalten), sondern ihres dicken rechtsextremen Randes und ihrer direkten Attacke auf das Zentrum der Demokratie wegen. Andererseits, besser spät als nie. Es ist zwar bitter für Österreich, daß ausgerechnet dieses schöne und gern besuchte Land Sanktionen aller anderen Mitgliedsländer unterliegt. Die FPÖ tut aber alles, auch diesen von ihr selbst verursachten Tatbestand zu ihren Gunsten auszunutzen, und fährt den Karren immer tiefer in den Dreck, während sie gleichzeitig vorgibt, ihn herausziehen zu wollen. Denn ihre Haltung des »dafür, weil dagegen, das aber konsequent« braucht einen Feind. Je größer und ungreifbarer, desto besser.

In ihrem »Klagenfurter Manifest« redet die Haider-Partei von »vertrags- und völkerrechtswidrigen sowie willkürlichen Unrechtsmaßnahmen der EU 14«, als hätten bilaterale Maßnahmen irgend etwas mit Vertrag und Völkerrecht zu tun. Sie holt gegen den hinhaltenden, aber am Ende erfolglosen Widerstand der ÖVP das bisher noch nie benützte Instrument der Volksbefragung aus dem Keller, um die EU unter Druck zu setzen, als ließe diese sich davon beeindrucken. Eine Maßnahme, die im Ausland nicht nur zwecklos, sondern schädlich ist, aber im Inland Erfolg verspricht: Die FPÖ hat die ÖVP in Geiselhaft genommen, und diese muß so tun, als spiele sie gern bei etwas mit, von dessen Frivolität und Sinnlosigkeit ihre Spitzenpolitiker im Inneren allesamt überzeugt sind. So haben die Freiheitlichen die ÖVP von der Europapartei zur Aktionspartei gemacht, die nun die EU mitprovoziert, um nur ja den fragilen Koalitionsfrieden nicht zu gefährden. Haider, zumindest ist das der Augenschein, setzt sich durch. Haider gibt den Ton an. Haider regiert.

Gemeinsam bezichtigen die Regierungsparteien ihre Kritiker der »unverständlichen Angst«, ein hehres Mittel direkter Demokratie wie eine Volksbefragung einzusetzen, setzen dieses Mittel selbst aber nicht ein, um das Volk zu befragen, sondern um die Vierzehn zu erpressen. Denn, so sagte Andreas Khol, der einst die FPÖ »außerhalb des Verfassungsbogens« angesiedelt hatte, sich nun aber als Oberjesuit der ÖVP und Oberkomplize der FPÖ hervortut, die Volksbefragung diene zwar nur dazu, die Meinung des Volks zu Fragen europäischer Politik zu erforschen, sollten die Vierzehn jedoch die Sanktionen einstellen, würde die Volksbefragung nicht stattfinden. Die dringend erwünschte Auskunft des Volkes wird dann offenbar nicht mehr benötigt.

Wesen ist Erscheinung

Die Politik der FPÖ, die Politik gezielter Aggression, hat in Österreich derartige Verwirrungen gestiftet, daß das europäische Inland als Metaebene dringend benötigt wird, auf die man sich zurückziehen kann, um die gröbsten Irrungen aufzuklären. Das »Wesen der FPÖ« wurde deshalb Gegenstand von Untersuchungen des von den Vierzehn eingesetzten »Weisenrats«.

Was also ist das Wesen dieser Partei? Sie ist eine rechtsextreme, populistische Führerpartei, deren Wesen vor allem darin besteht, Verwirrung über dieses Wesen zu stiften. Was das heißt? »Die Erscheinung zeigt nichts, was nicht im Wesen ist, und im Wesen ist nichts, was nicht manifestiert ist«, sagt Hegel. Versuchen wir also, uns dem Wesen über die Erscheinungen zu nähern.

Was ist von einer Partei zu halten, die just jene zwei Leute als Minister nominiert, die im Wahlkampf für die ärgsten sanktionsreifen Provokationen gesorgt haben? Der Wiener Stadtrat Hilmar Kabas war durch seine berüchtigten Plakate aufgefallen, die nicht nur auf NS-Terminologie anspielten (»Stop der Überfremdung«, »Keine Gnade für Dealer«), sondern die jüdische Gemeinde und die sensibleren Teile des Publikums auch durch die graphische Gestaltung von schwarzer Schrift auf gelbem Grund erfreuten – im Klartext: durch naziartige Ästhetik.

Kabas sollte Verteidigungsminister werden, als Finanzminister war Thomas Prinzhorn vorgesehen. Der Industrielle hatte nicht nur behauptet, Ausländerinnen erhielten gratis Hormontabletten, um Österreicherinnen an Fruchtbarkeit zu übertreffen, was sich in eine Reihe zum berühmten Wort des Haider-Beraters Mölzer vom »Umvolken«, von dem das reinrassige Österreich bedroht sei, fügte; Prinzhorn hatte auch dem amtierenden Bundespräsidenten eine »blutige Nase« und einen »blutigen Kopf« versprochen, falls der sich weiter gegen Schwarzblau querlegte. Selbstverständlich meinte er das metaphorisch, er sagte es nur nicht dazu. So war das Erstaunen groß, als der Präsident ihn samt Kabas von der Ministerliste strich.

Die Zeit nach dem Regierungsantritt verging wie im Flug, sie wurde verkürzt durch wundersame Episoden. Etwa, als im Büro des Justizministers sogleich ein ehemaliger Neonazi auftauchte, der sich zwar zuerst telefonisch als Pressesprecher ausgab, nach entsprechenden Presseberichten zusehends zum Teilzeitmitarbeiter schrumpfte und schließlich dort nur zufällig und aushilfsweise anwesend gewesen war. Kurz darauf trat der Justizminister, ein gewisser Michael Krüger, selbst zurück. Natürlich nicht wegen des Mitarbeiters – wo denken Sie hin? –, sondern wegen psychischer Erschöpfung nach einer halb freiwilligen erotischen Enthüllung eines Nachrichtenmagazins. Mittlerweile wirkt Krüger stillvergnügt wieder als einfacher Parlamentsabgeordneter.

Nicht nur mit Gustostückerln der Oral History verblüfften Spitzenmandatare die Partei, sondern auch mit zeitgeschichtlichem Bildungswillen. Als man der Sozialministerin Sickl während einer EU-Konferenz davon erzählte, auf Rhodos habe es vor dem Einmarsch der Mussolini-Truppen 4000 Juden gegeben, danach nur mehr sechs, fragte sie interessiert: »Wo sind die hingegangen?« Ein gewisser Ernest Windholz wurde zum niederösterreichischen Parteiobmann der FPÖ gewählt und hatte in diesem Zusammenhang die Ehrung einiger älterer Herrschaften, Mitglieder der sogenannten Kriegsgeneration, vorzunehmen, die – wie wir seit Haiders Rede am Ulrichsberg 1990 wissen – unter Hitler »Opfer … für dieses Europa gebracht« hatten. Fröhlich krähte Windholz in den Saal: »Unsere Ehre heißt Treue!« Ehe der Morgen graute, war ihm von anwesenden Journalisten klargemacht worden, daß es sich dabei um das Motto der Waffen-SS gehandelt hatte. Ein schrecklicher Zufall.

Windholz erbleichte, sein Führer jedoch half ihm aus der Patsche. Aus der Position des mittlerweile »einfachen Mitglieds« erregte Jörg Haider sich über all jene, die wunderbare Sekundärtugenden wie Ehre und Treue in den Dreck zögen, nur weil auch ein Himmler diese Worte verwendet habe. Hitler habe vermutlich auch einmal »Guten Morgen« gesagt, warf ein anderer dieser Verwirrmeister ein.

Rücktritt? Wo denken Sie hin! Zurücktreten sollten vielmehr jene, die nichts Besseres zu tun haben, als unschuldige Parteiobleute mit ihrem ewiggestrigen Verdacht zu verfolgen! Überhaupt die »Österreichbeschmutzer« und »Vernaderer«, wie die Termini lauteten. Man ist sich in der FPÖ ja ganz sicher, daß die Sanktionen von den Verrätern in der SPÖ (typischerweise auf einer Holocaust-Konferenz) und in der Hofburg angestiftet worden waren. Die Vizekanzlerin versicherte in ihrem üblichen besserwisserisch-beleidigten Ton, dem einer Streberin, der leider – bitte, Herr Lehrer – so viel Unrecht geschehen ist, daß sie nun doch ihre beste Freundin verpetzen muß, sie habe das Zitat auch nicht gekannt. Kanzler Schüssel räumte die Notwendigkeit verstärkten Zeitgeschichteunterrichts ein; die Außenministerin gab bekannt, sie glaube »dem jungen Mann«. Der junge Mann ist vierzig Jahre alt.

Lumpen und andere Ehrenmänner

Anfang Mai 2000 fand in Wien ein Landesparteitag der FPÖ statt. Kurz zuvor war der Leider-nein-Minister Hilmar Kabas Opfer eines Tortenattentats geworden. Auf einem Wiener Markt hatte ihm ein junger Mann ansatzlos und ohne ein linderndes Wort eine Schokoladecremetorte ins Gesicht gedrückt, während Kabas gerade ein Fernsehinterview gab. Der süße Anschlag war also im Bild festgehalten, wurde wieder und wieder gespielt und von einer hämischen Öffentlichkeit lustvoll diskutiert.

Zum Trost überreichten Parteimitglieder Kabas nun ihrerseits eine Torte. Für diese Schmach, erklärten sie, und auch zum Trost dafür, daß Thomas Klestil ihm die Ernennung zum Minister verweigert hatte. Klar und deutlich sagte Kabas in seiner Antwort: »Er hat sich wie ein Lump benommen, und es ist eine Schande, daß wir so einen Präsidenten haben.« Vier anwesende Journalisten glaubten ihren Ohren nicht zu trauen, sahen sich verdutzt an, versicherten einander, doch richtig gehört zu haben, und eilten zu Kabas, um Näheres zu erfragen.

Der erschrak. »Geh, müssen Sie das schreiben«, fragte er sie. Als die Reporter bejahten, antwortete er: »Ich kann mich nicht mehr genau erinnern. Das war eher ein Geblödel. Lump habe ich aber im Zusammenhang mit Klestil nicht gesagt. Es war so etwas wie Hump oder Dump, aber so genau weiß ich das nicht mehr.« In einer zwei Tage später folgenden Pressekonferenz bot der Stadtrat folgende Interpretation an: »Sinngemäß habe ich in meinem Beitrag gemeint, daß jeder sich wie ein Lump verhält, der Österreich anpatzt – und das auch im Ausland.«

Inzwischen hatte sich die Angelegenheit zur Affäre erweitert. Die Staatsanwaltschaft nahm Ermittlungen auf, wartete aber noch auf die Ermächtigung des Staatsoberhaupts. Der berief derweil die FPÖ-Obfrau »wegen diverser Äußerungen der FPÖ« zu sich und appellierte an alle, sich zu mäßigen. Diese gab nach dem Gespräch der Nachrichtenagentur Apa die Auskunft, sie habe den Bundespräsidenten darüber informiert, daß Kabas ihn nicht beleidigt habe. Dies habe Klestil auch zur Kenntnis genommen. Politische Konsequenzen für Kabas gebe es nicht, da dieser die ihm vorgeworfene Äußerung nicht getätigt habe, sagte Riess-Passer.

Zugleich meldete sich Klubobmann Peter Westenthaler, ein bewährter Scharfmacher, stolz auf »seine geschliffene Polemik aus dem Bauch heraus«, wie er das ausdrückt. Keinesfalls sei Klestil von Kabas ein Lump genannt worden. Er sei mit anderen Worten kritisiert worden, und das »zu Recht«. Westenthaler bezog dieses Wissen aus einem Telefonat mit Kabas. Immerhin nannte er Kabas' Wortwahl »übertrieben polemisch«. Wie bitte? Beobachter, die bereits an seinem Wesen zu zweifeln begannen, beruhigte er jedoch mit der Feststellung, schuld an der Eskalation der Worte seien vor allem SPÖ und Grüne.

Als nächster betrat Michael Kreißl, der Landessekretär der FPÖ Wien, die Bühne. Er nannte die vier Reporter »selbsternannte ›Ohrenzeugen‹«, die nach der »vermeintlichen ›Lumpenpassage‹« an allen möglichen Orten nachgefragt hätten, »ob das wirklich so gesagt wurde oder nicht«. Kabas sei dabei von seinem Präsidiumssitz heruntergewinkt worden, um die Aussage zu bestätigen, »eine mehr als ungewohnte Vorgangsweise«. Trotz dessen »unmißverständlichem und sofortigem Dementi« seien die Reporter bei ihrer Version geblieben. Selbst die, wie Kreißl es nannte, »unverkennbar scherzhafte ›Hump-Dump‹-Passage« sei als politische Aussage verwendet worden.

Tonband- und Videomitschnitte der Veranstaltung, auf deren Existenz die Zeugen hinwiesen, hätten zweifelsfrei bei der Aufklärung geholfen. Kabas jedoch wußte bereits am nächsten Tag: »Meines Wissens ist kein Band mehr mitgelaufen. Die Wortmeldung ist im Zuge der Diskussion gefallen und nicht während einer Rede.« Außerdem sei es schon später Nachmittag gewesen. Zwar erklärte ein mit der Aufzeichnung beschäftigter Techniker einem Radioreporter, das betroffene Band sei bereits von einem FP-Funktionär »abgeholt worden«. Aber auch das wußte Sekretär Kreißl besser: »Darüber hinaus verwehren wir uns in aller Deutlichkeit gegen die subtile Unterstellung, wonach die Audio-Mitschnitte vom Parteitag ›von einem FP-Funktionär abgeholt‹ wurden. Die Übernahme dieses Bandes ist ein mehr als üblicher Vorgang, wobei noch zu erwähnen ist, daß Aufnahmen bei uns stets nur im Reden-Teil vorgenommen werden.« Selbstverständlich.

Mittlerweile hatte eine Illustrierte den für die Aufzeichnungen zuständigen Techniker ausfindig gemacht. Dieser bekannte, er sei von der FPÖ »gebeten« worden, nicht über die Vorfälle zu sprechen. Die Bänder habe er der FPÖ übergeben. Der Staatsanwaltschaft gegenüber würde er aussagen. Diese bedurfte jedoch der Einwilligung des Präsidenten.

Alles wartete gespannt auf Klestils Reaktion auf die »unverkennbar scherzhafte« Aussage, die nie, oder so nie gefallen war. Sie fiel in jeder Hinsicht denkwürdig aus. Obwohl ihn die halboffizielle Nachrichtenagentur Apa, die an der Aufdeckung des Falles führend beteiligt war, mehrmals um eine Stellungnahme ersuchte, wählte der erste Mann im Staat ein anderes Medium zur Verlautbarung: die *Kronenzeitung*.

Ausgerechnet dort, im Herzen der populistischen Hetze, sagte Klestil exklusiv: »Diese Wortwahl bestätigt die Richtigkeit meiner Entscheidung, diesen Politiker nicht für würdig und geeignet zu halten, in die Regierung aufgenommen zu werden … Politiker, die eine solche Sprache führen, zerstören letztlich, was im Nachkriegsösterreich in mühevoller Kleinarbeit aufgebaut wurde. Diese Sprache gefährdet den sozialen und politischen Frieden in Österreich, einen ordentlichen und zwischenmenschlichen Umgang, wie er in einem demokratischen Rechtsstaat auch gegenüber politisch Andersdenkenden sein muß.« Klestil sah den »Untergang der politischen Kultur in unserem Land« heraufziehen und sprach von Auseinandersetzungen und Ereignissen, zu denen eine solche Sprache führen könne, »von denen wir uns geschworen haben, daß sie nie wieder vorkommen dürfen«.

Jeder konnte anhand dieser Affäre seine Wandlungsfähigkeit beweisen. Auch der Bundeskanzler wurde zur Causa des vergeßlichen Kabas befragt. Die Wortwahl von FPÖ-Funktionären sei ein Problem, aber keineswegs ein einseitiges, sagte er. Bei scharfen Äußerungen der Opposition habe er, Schüssel, bisher keinen Aufschrei gehört. »Lump oder was immer es war« sollte aus dem Vokabular gestrichen werden, und überhaupt sollte jeder bei sich selbst beginnen. Man konnte Schüssel höchstens zugute halten, daß er mit dem Spruch von der »richtigen Sau«, der ihm bekanntlich ebenfalls nur zugeschrieben worden war, tatsächlich bei sich selbst begonnen hatte.

Nun war wieder Kabas an der Reihe. In einem Illustrierteninterview hatte er auf die kriecherische Frage »Fiele es Ihnen schwer, sich vielleicht doch zu entschuldigen? Lösungsvorschlag: Mißverständnis« folgende Antwort parat: »Ich habe damit keine Schwierigkeiten. Sollte der Bundespräsident auf Grund eines Mißverständnisses zur Auffassung gelangt sein, ich hätte ihn beleidigen wollen, stehe ich nicht an, ihm zu erklären, daß ich das auf keinen Fall beabsichtigt habe. Ich nehme, nachdem er erklärt hat, daß die gegen ihn erhobenen Vorwürfe zu Unrecht bestehen, auch den Vorwurf zurück, er sei ein Schwindler.« Ja, das hätten wir fast vergessen zu erzählen: Einige Wochen zuvor hatte er Klestil im Zusammenhang mit den EU-Sanktionen gegen Österreich als »Schwindler« tituliert, danach aber behauptet, er habe dies »anders gemeint«.

Daß Kabas wenig später in einem Nachrichtenmagazin

dementierte, er habe sich entschuldigt, überraschte niemanden mehr. »Ich habe mich nicht entschuldigt. Ich habe nur gesagt, daß es mir leid tut, wenn durch Mißverständnisse, in die ich verwickelt bin, sich jemand beleidigt fühlt. Das war nicht meine Absicht.« Auch für den Schwindler wollte sich der hintersinnige Hilmar nicht entschuldigt haben. »Ich habe mich auch dafür nicht entschuldigt. Ich habe gesagt, daß ich den Vorwurf zurücknehme, weil der Bundespräsident vor zwei Wochen klar und unmißverständlich richtig gestellt hat, daß er mit den Sanktionen nichts zu tun hat.« Weil er schon beim Thema war, fordert Kabas eine Untersuchung, »wie es zu dieser Legendenbildung über den Bundespräsidenten gekommen ist und welche Rolle dabei ausländische Medien und Ministerpräsidenten spielen«. Tatsächlich, er war schon wieder zur Attacke übergegangen. Und als Entschuldigung hatte er nur die FPÖ-Standardfloskel verwendet, die sozusagen eines Double- und Crosscheck beim Beleidigten bedarf. Habe ich Sie beleidigt? Ja? Nun, falls ich das haben sollte, was ich jedoch keineswegs zugebe, würde ich mich meinetwegen entschuldigen. Ein guter Vorwand, um in der angeblichen Entschuldigung die Beschuldigung zu wiederholen.

Als der verfolgte Kabas die Fassung so weit wiedergefunden hatte, daß er seinerseits Klestil zu verfolgen begann, hatte der Präsident bereits bekanntgegeben, er werde der Staatsanwaltschaft nicht die Ermächtigung zur Strafverfolgung von Kabas erteilen. »Die Wortwahl der Kritik des Wiener FPÖ-Chefs richtet sich von selbst«, sagte er. Dieser hatte zuvor erklärt, er wolle auf seine Immunität verzichten, aber hinzugefügt, er sei nicht sicher, ob seine Abgeordneten ihm dabei folgen würden. Die Geschäftsführerin der FPÖ rundete die Sache mit dem Satz ab: »Mittlerweile ist eindeutig geklärt worden, was der Hilmar Kabas gesagt hat. Ich würde wirklich auch einmal einfordern, daß der Vertrauensgrundsatz auch für freiheitliche Politiker gilt.« Und Führer Haider setzte als krönenden Abschlußsatz ein abgewandeltes Zitat von Ingeborg Bachmann drauf: »Die Wahrheit ist der Bevölkerung zumutbar.«

Kein Blitz fuhr hernieder, die Erde blieb geschlossen, alles ging weiter seinen gewohnten Gang. Die FPÖ sicherte sich die Internet-Domains »www.lump.at«, »www. humpidumpi« und dergleichen (nur »www. hump.at« war schon vergeben). Bald erblickte man unter »www.lump.at« den charmanten Hilmar Kabas, der unter Trommelwirbel die zwei neuen Wappentiere der Wiener FPÖ vorstellt: zwei süße kleine blaue Elefanten namens »Humpi« und »Dumpi«. Motto: »Stark, aber herzlich.« Ein Lump, wer Böses dabei denkt.

Am Apparat: der Justizminister

Die Lumpen-Episode verdiente diese ausführliche Darstellung, weil sie alle Elemente enthält, die für die Politik der FPÖ als typisch angesehen werden können: den gesuchten Konflikt, die Aggression, die vorgetäuschte Entschuldigung verbunden mit erneuter Aggression, die Umkehrung von Täter und Opfer, das Ausnützen von Bedenken und Beißhemmung auf der anderen Seite, das Verwischen der Spuren, die Unverschämtheit der Nachbearbeitung und bei all dem ein langer Atem. Man könnte es auch einfacher sagen: Die FPÖ betreibt lügnerische Politik. All die Entschuldigungen oder Nichtentschuldigungen für das, was man gesagt oder getan hat oder nicht, alle Beteuerungen dessen, was man ist oder nicht ist, werden damit wertlos. Die Weisen der EU werden eines langen Atems oder eines sehr kindlich-durchdringenden Blicks bedürfen.

Nun versteht es sich von selbst, daß wir nicht im Zeitalter der Wahrhaftigkeit leben, und ausgerechnet die Politik ist, von höchsten internationalen Beispielen wie Clinton oder Kohl bis hinunter zum Bezirksfunktionär, nicht gerade eine Sphäre der Wahrhaftigkeit. Internationale Konflikte waren ebenfalls nie – und sind es heute weniger denn je – Beispiele, wie mit offenen Karten gespielt wird. Aber bei keiner »Strategie der Täuschung« darf ein gewisser Mindeststandard unterschritten werden. Meistens sorgen für dessen Einhaltung eine wachsame Öffentlichkeit und ausdauernde politische Gegner. In Österreich kann von beidem keine Rede sein. Die FPÖ agiert ihrem Wesen nach unwesentlich – sie ist anders, als sie ist. Und sie zwingt ihren Regierungspartner in diese Verhaltensweise mit hinein. Kann es sein, daß die geschlossene österreichische Vorstellung diese giftige Mischung dadurch so giftig gemacht hat, daß so lange der zwangskonsensuale Deckel drauf gehalten wurde? Wir wissen es nicht. Wir betrachten die Erscheinungen und ringen um Fassung.

Die FPÖ ist rechtsextrem, aber nicht darauf festgelegt. Selbstverständlich steht sie fest auf dem Boden der Demokratie und der Verfassung. Selbstverständlich ist sie ganz anders als die anderen Parteien. Wie das Lumpen-Beispiel zeigt, richtet sie ihrer Aggressivität gegen das Zentrum des politischen Systems. Aber in welcher Absicht? Der Philosoph Norbert Bolz hat darauf hingewiesen, daß nicht der Konsens, sondern gerade der Konflikt die Gesellschaft zusammenhält. In Österreich kann man die Destruktivität, die erstickende Wirkung des ewigen, nichtöffentlich zustande gekommenen Konsenses bestens studieren. Der Konflikt, der die Gesellschaft zusammenhält, vermittelt »die gemeinsame Erfahrung des sich Durchwurstelns« (Bolz). Die FPÖ dagegen benennt nicht Gegensätze, sie macht nur Schuldige sichtbar. Sie funktioniert weniger wie eine traditionelle Partei eher wie ein Boulevardmedium. Sie beschwört den Konflikt, nicht um Interessengegensätze zu lösen, sondern um die aggressive Erregung zu steigern. Sie veranstaltet Tribunale, wenn nötig auch gegen sich selbst. Sie will – wie ein Formatmedium – nur maximale Aufmerksamkeit akkumulieren, egal wofür (natürlich hat sie trotzdem ihre politischen Ziele). Sie will nicht Einstellungen verändern, sie will vor allem akklamiert werden. Wie hilflos all die Zurufe, man möge ihr und ihrem Führer doch nicht so viel Aufmerksamkeit schenken! Sie zu erzeugen ist sein Hauptziel, dazu braucht er keine formalen Bündnisse mit den Medien zu schließen. Es genügt die strukturelle Verwandtschaft. Hie brutale Akklamation, dort hilflose Argumente. Schon der Prozeß der Gewinnung von Aufmerksamkeit verläßt (bei Politik wie bei Medien) den Raum des zivilen Konsenses in dem Augenblick, in dem er alle Ziele diesem einen unterordnet. Tut sie das, befindet sich Politik nicht mehr auf der Ebene demokratischer Verfaßtheit, sie hat die Seiten gewechselt. Sie gehört einer Sphäre von Öffentlichkeit an, die anderen Gesetzen folgt als denen von Argument und Repräsentativität, Ausgleich und rationaler Verhandlung.

Daß sich die FPÖ rechtsextremer Elemente bedient, um dieses radikalpopulistische Spiel zu spielen, macht die Sache nicht besser, erklärt sich aber vielleicht aus den peinlichen österreichischen Zusammenhängen und aus dem prekären Prozeß der Identitätsbildung dieses steinalten Staats- und zugleich blutjungen Nationswesens. Ehe wir uns jedoch dieser Frage und weiter der zuwenden, welche Art der Politik nach der Wende in Österreich tatsächlich gemacht wird und welche politischen Aspekte diese Wende mit sich bringt, bleiben wir noch kurz bei den Erscheinungen.

Als Kurzzeitminister Michael Krüger aus dem künstlichen Tiefschlaf erwachte, in den man ihn in einer Privatklinik versetzt hatte, war er nicht mehr Justizminister. Haider hatte seinen langjährigen Rechtsanwalt Dieter Böhmdorfer vorgeschlagen; Schüssel und Klestil akzeptierten. Damit war jener Mann im Amt, der seit Jahren Haiders politische Gegner mit teilweise schikanösen Prozessen eindeckte. Den Höhepunkt stellten jene Verfahren dar, in denen er gegen Haider-Gegner mit Hilfe des NS-Verbotsgesetzes vorging. Freudig rief er in Zeitungsredaktionen an: »Grüssi, Böhmdorfer! Ich will Ihnen nur mitteilen, daß gegen Schlingensief wegen Verdachts eines Deliktes nach dem Verbotsgesetz ermittelt wird.« Der Realsatiriker Christoph Schlingensief hatte in seiner Container-Aktion (siehe S. 214 ff.) mit einem Transparent auf den Satz »Meine Ehre heißt Treue« des erwähnten Ernest Windholz angespielt. Bei Parteifreund Windholz hatte Böhmdorfer keinen Anlaß gesehen, zum Telefon zu greifen; die Staatsanwaltschaft sah übrigens vorerst auch keinen, zu ermitteln. Der Kritiker hingegen wurde des Delikts wegen verfolgt, das er dem unverfolgten Täter zur Last legte. Und der Justizminister war stolz, dies den Zeitungen präsentieren zu dürfen.

Ein Verkehrungsmeister fürwahr! Seine größte Tat als Rechtsanwalt Haiders hatte vermutlich darin bestanden, einen Prozeß mit dem Innsbrucker Professor Doralt über fast ein Jahrzehnt auszudehnen, um diesem sein gutes Recht zu verweigern. Doralt war als Präsident des Rechnungshofs vorgeschlagen, Haider zwang ihn durch die im Fernsehen erhobene Behauptung, Doralt stünde »im Dunstkreis von Skandalen und kriminellen Brüdern«, seine Kandidatur zurückzuziehen. Die Behauptung stellte sich später als haltlos heraus, Haider wurde zum Widerruf verurteilt, verweigerte diesen aber über Jahre hinweg. Beim ORF lieferte er schließlich ein Widerruf-Videoband mit folgendem, von Böhmdorfer verfaßten Text ab: »Der OGH hat entschieden, daß ich berechtigt war, über Herrn Dr. Doralt nachstehende Äußerungen zu tätigen: Dr. Werner Doralt ist jemand, der innerhalb weniger Stunden wiederholt die Unwahrheit in der Öffentlichkeit gesagt hat und ist strafbarer Handlungen verdächtigt worden und ist nicht von der Staatsanwaltschaft voll rehabilitiert worden.« Der sprachlich unzulängliche, aber juristisch für weitere Verfahren hinreichende Trick stellte eine Verhöhnung des Obersten Gerichtshofs dar und führte zu einer Verurteilung der beiden Kumpane Böhmdorfer und Haider wegen versuchter (zur Ausstrahlung war es nicht gekommen) übler Nachrede. Mit Hilfe weiterer juristischer Finessen ist es Böhmdorfer gelungen, das Verfahren in Gang zu halten und den angeordneten Widerruf bis heute, acht Jahre nach dem Vorfall, zu verhindern. Immerhin hat Österreich nun einen wegen des Versuchs der üblen Nachrede verurteilten Justizminister. Das Urteil ist aber wegen einer Berufung Böhmdorfers nicht rechtskräftig.

An dessen Amtsführung gibt es im übrigen bisher wenig auszusetzen. Im Justizministerium wissen die Beamten nur Gutes über ihn zu berichten, in Interviews spricht er wie ein sachpolitisch orientierter Liberaler, politische Aussagen möchte er am liebsten verweigern, und als der Autor mit dem Kollegen Florian Klenk vom *Falter* wenige Wochen nach Böhmdorfers Amtsantritt zu einem Interview vorgelassen wurde, mußten sie zuvor eine Frageliste vorlegen. Das Interview geriet mehrmals an den Rand des Abbruchs, weil wir den Punkt »Allfälliges« etwas ausweiteten und doch über die politische Person Böhmdorfer zu sprechen versuchten.

Wenige Tage zuvor war Böhmdorfer in Klagenfurt bei einer Pressekonferenz neben Jörg Haider gesessen, als dieser gesetzliche Maßnahmen gegen Volksvertreter verlangte, die sich kritisch über die Rolle Österreichs äußerten und gleichsam ihren Diensteid verletzten. Haider wollte § 248

(Herabwürdigung des Staates und seiner Symbole) auf den SPÖ-Vorsitzenden Gusenbauer und § 283 (Verhetzung) auf den Grünen EU-Abgeordneten Johannes Voggenhuber angewendet wissen.

Böhmdorfer fand Haiders Idee »verfolgenswert«, ja, wie ein in den Abendnachrichten wiedergegebener Tonbandmitschnitt überlieferte, geradezu »akzeptabel«. Einen Tag später sagte Böhmdorfer, er habe die Idee von Haider »nicht zu seiner eigenen gemacht und sie nicht konterkariert«, er sei also zwar daneben gesessen, habe sich aber gleichsam neutral verhalten und würde das auch für jeden anderen Politiker tun, denn es sei »geradezu die Pflicht des Politikers nach dem Parteiengesetz, neue Ideen einzubringen«. Einen Tag später erschien die *Neue Freie Zeitung* (Medieninhaber und Herausgeber: die FPÖ) mit folgendem Bericht: »Haider erneuerte seine Kritik an der Sanktionspolitik der EU gegen Österreich. Vor diesem Hintergrund schlug Haider vor, auch Sanktionen bis hin zu einem möglichen Funktionsverlust für Volksvertreter zu überlegen, wenn diese gegen ihren Amtseid und das geleistete Treuegelöbnis, und damit gegen die Interessen des eigenen Staates verstoßen. Dies, so Haider, solle für alle staatlichen Funktionsträger gelten. Justizminister Böhmdorfer unterstützte den Vorschlag: Über strafrechtliche Konsequenzen bei einer Verletzung der Gelöbnisformel sei nachzudenken. Gegenwärtig gebe es in diesem Fall ›praktisch keinerlei Konsequenzen‹.«

Im *Falter*-Interview damit konfrontiert, ergab sich folgende Passage:

»Herr Justizminister, was sagen Sie dazu, daß erstmals Haft für Oppositionelle gefordert wird?

Böhmdorfer: Also, ich kenn so einen Spruch nicht. Ich

weiß nur, daß Haider öffentlich kritisch nachdenkt in dieser Frage, und das werd ich ihm nicht nehmen können und wollen. Ich hab nicht vor, mich ins Tagesgeschehen einzumengen.

Aber er hat seine Forderung nach Haft für Gusenbauer ja direkt an Sie als Chef der Staatsanwaltschaft adressiert!

Jeder, der glaubt, daß jemand anderer sich eines Deliktes schuldig gemacht hat, kann die Staatsanwaltschaft beschäftigen. Im Justizministerium ist in dieser Frage noch kein Wort darüber gesprochen worden.

Was halten Sie persönlich davon, Oppositionelle mit dem Strafrecht zu bedrohen?

Ich menge mich hier bestimmt nicht ein. Von wo auch immer diese Äußerungen über erhoffte Strafverfahren kommen – da werden Sie von mir keine Äußerung hören.

Sie haben sich aber in der FPÖ-Parteizeitung geäußert. Wir zitieren Ihre Worte: ›Über strafrechtliche Konsequenzen bei einer Verletzung der Gelöbnisformel sei nachzudenken.‹

Nein, das stimmt nicht. Das habe ich in dieser Form nicht gesagt. Ich habe ausdrücklich gesagt, ich unterstütze und fördere das nicht.

Nein, Sie haben wörtlich gesagt, Sie finden Haiders Idee ›akzeptabel‹.

Ich finde es akzeptabel, daß man so etwas diskutiert. Ich finde, wenn man das Gegenteil diskutiert, ist es auch akzeptabel. Ich finde jede Diskussion akzeptabel, weil es dabei um die Ausübung der Grundrechte der Meinungsfreiheit der Europäischen Menschenrechtskonvention geht. Ich bin jemand, der für die Enttabuisierung von Themen eintritt.

Sie widersprechen also der FPÖ-Parteizeitung. Werden Sie nun klagen?

Dieses Zitat ist zu verkürzt und beruht auf Medienberichten, die eigentlich die Quelle für dieses im Ergebnis nicht richtige Zitat sind. Die Strafbarkeit von Politikern habe ich nicht gefordert. Auch wenn es Sie überrascht, weil Sie ein anderes Denkmuster von mir erwarten. Da haben Sie sich eben getäuscht.«

Haider und die Wahrheit

Man täuscht sich oft. Böhmdorfer hat sich nach wochenlanger Nachdenkzeit tatsächlich von Haiders skandalösem Vorschlag distanziert. Eine Richtigstellung oder Entgegnung Böhmdorfers ist allerdings bisher in der *Neuen Freien Zeitung* nicht erschienen. Das verwundert, denn Böhmdorfer und seine Nachfolger überziehen für Haider und die FPÖ deren Gegner systematisch mit Klagen. Die Kosten der Prozesse zahlt offenbar (im Fall Doralt ist das belegt) die Parteikasse. Prozesse werden als politische Waffe bis ins Absurde getrieben. Der Politologe Anton Pelinka wurde auf Betreiben Böhmdorfers verurteilt, weil er im italienischen Fernsehen gesagt hatte: »Haider hat in seiner Karriere immer wieder Aussagen gemacht, die als Verharmlosung des Nationalsozialismus zu werten sind. Er hat einmal die Vernichtungslager Straflager genannt. Insgesamt ist Haider verantwortlich für eine neue Salonfähigkeit bestimmter nationalsozialistischer Positionen und bestimmter nationalsozialistischer Äußerungen.«

Was die Helsinki Föderation, bisher eher bei Überwachung der Einhaltung von Menschenrechten auf dem Balkan aktiv, zum Kommentar veranlaßte, Pelinka sei verurteilt worden, weil er die Wahrheit gesagt habe. Ihr Leiter, Aaron Rhodes, bezeichnete das Urteil als Skandal. Serienweise werden Journalisten wie Peter Michael Lingens oder Hans Rauscher, Politiker wie der Wiener ÖVP-Chef Bernhard Görg und Ariel Muzicant, der Präsident der Israelitischen Kultusgemeinde, kritische Zeitungen, Magazine und Illustrierte von österreichischen Gerichten nach Klagen Haiders verurteilt; nicht zuletzt deswegen, weil die Menschenrechtskonvention hierzulande zu eng ausgelegt wird. Erst der Weg zum Europäischen Gerichtshof nach Straßburg kann die hiesige Rechtsprechung korrigieren. Pelinka wird dort zweifellos freigesprochen werden. Der juristische Druck auf die Rechtsprechung geht von der FPÖ aus; Böhmdorfer war dabei die treibende Kraft. Auch als Justizminister zierte sein Name das Briefpapier seiner ehemaligen Kanzlei; seine Lizenz als Rechtsanwalt hat er zurückgelegt. Schon die schiere Menge der Klagen schüchtert die Gegner ein; nur die wenigsten zahlen mit gleicher juristischer Münze zurück. Nicht nur Geld, auch die Beißhemmung halten sie davon ab.

Im übrigen hat sich Böhmdorfer zwar von Haiders Vorschlag distanziert, aber auf die übliche Weise, Haiders Vorschlag sei »nicht sehr glücklich in dieser Form geäußert worden«. Er selbst bereue, die Diskussion nicht in andere Bahnen gelenkt zu haben, finde jedoch Haiders Gedanken, das Gelöbnis ernst zu nehmen, legitim undsoweiter.

Hält man ihm ein Zitat aus einer Verteidigungsschrift vor, die er für Haider verfaßte: »Kritische Äußerungen zum Thema des Nationalsozialismus, auch aus Blickwinkeln, die nicht ausschließlich im Sinne einer pauschalen Ablehnung argumentieren, müssen zulässig sein«, verweist Böhmdorfer darauf, das sei eine verkürzte Wiedergabe (man wird ja nicht den ganzen Schriftsatz zitieren), denn gleich eingangs habe er gesagt: »Der Nationalsozialismus ist als verbrecherisches Regime abzulehnen.« Überhaupt habe er damit nur »zum Ausdruck gebracht, daß man vor Gericht alles argumentieren darf, was im Interesse des Klienten ist«.

Haider habe er als Rechtsanwalt bis zum 28. Februar 2000 »mit Eifer, Treue und Gewissenhaftigkeit vertreten, so wie dies die Rechtsanwaltsordnung vorsieht. Nun bin ich nicht mehr Anwalt, sondern mit Eifer und Treue und Gewissenhaftigkeit Justizminister.« Keinesfalls wolle er sich in die Tagespolitik hineinziehen lassen. Sein Anruf in Sachen Schlingensief bewies freilich das genaue Gegenteil. Daß er sich sachpolitisch als Liberaler gibt, obwohl die FPÖ, bei der er nicht Mitglied ist, Law & Order gefordert hat, spielt keine Rolle. Es geht der FPÖ nicht um Sachpolitik. Bisher hat Böhmdorfer, der mittlerweile den Pressesprecher des Hauses durch einen Verwandten ersetzt hat, das Amt des Justizministers nach Art der FPÖ bereits zweimal in der aggressiven Art dieser Partei in die Tagespolitik hineingezogen. Weitere Doppelspiele mit der Partei sind programmiert.

Der Mann, den er zur Irritation seiner Gegner auch als seinen Klienten meist »den Chef« nannte, Jörg Haider, steht nicht nur juristisch, sondern auch politisch auf exakt die beschriebene Art stets im Dienst der Wahrheitsfindung. Gleich nach dem Amtsantritt der neuen Regierung schmiedete er die Dolchstoßlegende, Klima und Klestil hätten Österreich an die EU verraten. In den Ministerien würden Akten über Subventionsfälle kistenweise vernichtet, und Klima lüge über ein Vieraugengespräch, das er mit ihm, dem treuherzigen Jörgl, geführt habe. »Er hat euch nicht belogen!«, ließ Haider einst plakatieren. Deswegen ist es immer günstig, ein Tonband laufen zu lassen, wenn man mit ihm ein Gespräch führt.

Viktor Klima hatte Pech. Der *Falter* hatte Glück. Kurz vor den Wahlen im Herbst 1999 führten *Falter*-Reporter ein Interview mit ihm, dessen Autorisierung Haider später verweigerte; also wurde es vorerst nicht gedruckt. Über Anfragen von englischen Journalisten wurden einzelne Passagen publik. Haider hatte einmal Churchill und Stalin als die schrecklichsten historischen Figuren bezeichnet. Auf die Frage, warum er damals Hitler nicht genannt habe, sprach Haider ins Tonband der *Falter*-Journalisten Florian Klenk und Nina Weissensteiner: »Den hab ich auch einmal genannt. Was wollen Sie denn. Wenn ich mir die drei anschau, fällt mir die Auswahl wirklich schwer.« In der ORF-Sendung *Zeit im Bild 2* darauf angesprochen, sagte Haider: »Dieses Interview gibt es überhaupt nicht, es ist eine reine Erfindung.« Der *Falter* verlangte einen Widerruf, druckte das Interview zum Beweis ab und klagte Haider. Seitdem hat die Zahl der FPÖ-Klagen gegen die Zeitschrift sprunghaft zugenommen; jedes Verfahren begleitet das Angebot, es ruhen zu lassen, wenn der *Falter* nur die Klage gegen Haider zurückzöge.

Das Interview begann übrigens mit der Frage der Kollegen nach einer Episode, die sie gerade beobachtet hatten. Eine ältere Frau hatte Haider darauf angesprochen: Ausländer bekämen zu viele Kinder, das sei eine Sauerei. Haider nickte. Zwei Minuten später konnte er sich an nichts mehr erinnern. »Welche Frau?« fragte er.

Spränge statt jeder Haider-Lüge eine Kröte aus seinem Mund, der Mann wäre nur begrenzt politiktauglich. Und in den Fernsehstudios wäre es ziemlich glitschig. Der aufgeblasene Erich Böhme, dem leider bald die Luft ausging, bot Haider Mitte Februar dieses Jahres im Fernsehsender n-tv ein fettes Forum. Haider hatte Sex mit dem Saal, die Wahrheit wurde zur Matratze. Wohlorganisiert übrigens – Haider hatte zahlreiche Gefolgschaft im Saal, berichteten Berliner Zeitungen. Wo er in Deutschland und neuerdings auch in Italien auftritt, kennt er seine Reps, spricht er seine Rechten mit Namen an. 150 Lega Nord-Leute besuchten ihn im Juni im Klagenfurter Landhaus. Er gibt ihnen Wahlunterstützung in Italien, was er natürlich darf; aber er streitet es so lange ab, bis man ihm das Gegenteil bewiesen hat.

Im Fall Böhme wäre dies leicht gefallen, hätten die Anwesenden über die notwendige Sachkompetenz verfügt. Selbst dann muß man mit der Verblüffung fertig werden, wenn man einem FPÖ-Spitzenpolitiker gegenübersitzt, ihm ein Zitat vorliest und zur Antwort bekommt, das stimme so nicht, die Quelle sei falsch, unvollständig, was immer. Erich Böhme rechnete nicht mit Haiders Frechheit. Als er ihm das Zitat »Die österreichische Nation ist eine Mißgeburt« vorhielt, behauptete der, er habe bloß den »Begriff der österreichischen Nation« als Mißgeburt bezeichnet. Tatsächlich sagte Haider 1988 in einem Interview: »Das wissen Sie so gut wie ich, daß die österreichische Nation eine Mißgeburt gewesen ist, eine ideologische Mißgeburt, denn die Volkszugehörigkeit ist die eine Sache, und die Staatszugehörigkeit ist die andere Sache, und wenn man es jemandem freistellt, sich als slowenischer Österreicher zu bekennen, als ungarischer, als kroatischer, dann muß es auch möglich sein, sich als deutscher Österreicher zu bekennen. Und das ist auch das, was in unserem Programm formuliert ist.«

Den Vorwurf, er habe ehemalige SS-Angehörige als »anständige Leute, die Charakter haben« bezeichnet, konterte Haider mit der Bemerkung, er habe sich »bei all jenen dafür entschuldigt, deren Gefühle ich verletzt habe«. In Krumpendorf, 1995, hatte Haider auch noch gesagt, er sei sicher, »daß sich die Anständigkeit durchsetzt, auch wenn wir momentan nicht mehrheitsfähig sind. Aber wir sind geistig den anderen überlegen ...« Ein paar Tage später erklärte Haider dem ORF, im Grunde sei »alles, was dort von mir gesagt wurde, absolut in Ordnung«.

Weiters stritt er das Zitat »Maastricht ist die Fortsetzung von Versailles mit anderen Mitteln« ab; es stamme aus der französischen Zeitung *Le Figaro*, er habe es nie verwendet. Leider doch: Im *Standard*. Als die Rede von einem freiheitlichen Mandatar namens Walter Rauter war, der die Absetzung des Spielberg-Films »Schindlers Liste« für Schüler gefordert habe, lächelte Haider süffisant und bemerkte, er glaube das nicht, Rauter, den kenne er nicht, er werde sich den Namen aber notieren. Er kennt ihn sehr gut, Rauter ist Landesrat und war FPÖ-Vorsitzender im Burgenland, heißt nur Wolfgang, nicht Walter, und hat genau das getan, was man ihm vorwarf.

Hätte Prinzhorn das Hormonstatement geäußert, behauptete Haider, wäre er bereits aus der FPÖ ausgeschlossen. Wörtlich: »Ich würde diesen Politiker ausschließen, wenn er es gesagt hätte, aber er hat es nicht gesagt, es ist ihm im Wahlkampf angehängt worden. Es gibt Fernsehaufzeichnungen, Mitschnitte, die zeigen, daß Prinzhorn das nicht gesagt hat.« Moderator Robert Hochner stellte am nächsten Tag in der ORF-Nachrichtensendung *Zeit im Bild 2* die Dokumente gegenüber. Einerseits Haider, der behauptet, Prinzhorn wäre schon ausgeschlossen, hätte er es gesagt; andererseits Prinzhorn, der selbst bestätigt, es doch gesagt zu haben. Natürlich wurde Prinzhorn nie ausgeschlossen. Natürlich endete die Sache wie immer: Er habe nur Ungleichheiten zwischen In- und Ausländern kritisiert. Wenn sich aber »irgend jemand von mir angesprochen fühlt in negativer Art und Weise, nehme ich das mit Bedauern zurück« .

Ein halbes Dutzend dicker Lügen in einer knappen Stunde im Lichte der gesamten deutschsprachigen Öffentlichkeit – das Attribut Chuzpe verbietet sich zwar in diesem Zusammenhang, aber leicht wird man dieses Maß an Frechheit nicht übertreffen. Was kann und soll man diesem Mann und seinen Genossen glauben? Wie soll man die von ihnen unterschriebene Präambel bewerten? Wieviel an Weisheit bedarf es, um hier zur Wahrheit vorzudringen?

Haider ist immer für Überraschungen gut. Eben noch sahen wir ihn beim Versuch, in Israel und an der amerikanischen Ostküste Fuß zu fassen, schon erblicken wir ihn in der Libyschen Wüste, bei Muammar al Gaddafi. Sein Vorbild Kreisky hatte einst ebenfalls den libyschen Oberst empfangen und besucht. Haider als Kreiskys selbsternannter Erbe, wieder einmal? Er bezeichnet den großen Sozialdemokraten ja gern als sein Vorbild, und tatsächlich hat er ihm jedes brauchbare populistische Element abgeschaut. In diesem Fall aber erweist sich der Unterschied als lehrreich. Kreisky suchte offen den politischen Dialog mit dem als Terroristenpaten verfemten Oberst; nicht weil er ihm politisch nahestand, sondern weil er hoffte, Bewegung in sein Lebensprojekt des Nahostfriedens zu bringen, weil er mithelfen wollte, den arabisch-israelischen Dialog in Gang zu setzen.

Haider hingegen hatte den Kontakt über Gaddafis in Wien studierenden Sohn hergestellt. Er versuchte, seine Libyenreise geheimzuhalten, ließ abstreiten, sie habe je stattgefunden. Dann gab sie der Pressesprecher zu, beharrte aber auf deren rein privatem Charakter. Selbstverständlich kam heraus, daß es um Wirtschaftskontakte gegangen war, Bankdirektoren an Bord gewesen waren undsoweiter. Verdutzt war da schon niemand mehr, außer vielleicht Jürgen Siegerist, der wegen »Aufstachelung zum Rassenhaß« und »Volksverhetzung« verurteilte Vorsitzende der rechtsextremen Deutschen Konservativen e.h. Diese Deutschen Konservativen hatten zur gleichen Zeit ganzseitige Anzeigen in der *Presse* und in der *Jungen Freiheit* bezahlt, in denen sie unter dem Titel »Schmutzkübelkampagne gegen Haider aber ›Liebesschwüre‹ für Castro« (Beistrich fehlt im Original) zur Fairneß für Haider aufforderten. Das

Siegerist-Inserat wollte Österreich gegen Vorwürfe, es sei antisemitisch, fremdenfeindlich, hitlerfreundlich und rassistisch in Schutz nehmen und die FPÖ gegen Vorwürfe verteidigen, sie sei »faschistisch«. Es endete mit folgendem PS: »Castro ist natürlich nur eines unter vielen Beispielen, mit denen die doppelbödige Moral der rotgrünen Schröder-Regierung zu beweisen ist. Putin – der Schlächter der Tschetschenen – wird weiter mit Milliarden gepäppelt. Selbst um die Gunst von Gaddafi und der iranischen Mullahs wird gebuhlt.«

Peinlich, peinlich. Aber nicht für Gaddafi-Buhler Haider. Moralische Bedenken, mit Gaddafi Geschäfte zu machen, habe er keine, sagte er. Im Gegenteil, er lief zu metaphorischer Hochform auf: »Wir wollen nicht warten, bis andere den Christbaum abgeräumt haben und wir nur für die Entsorgung zuständig sind.« Der Christbaum wiederum, von Glaubensbekenntnis Mohammedaner, sprach über Haider: »Das österreichische Volk kann sich nicht den fremden Willen von außen aufzwingen lassen (...) Die Regierungen im Westen schauen nicht auf ihren eigenen Nutzen. Stattdessen geben sie zionistischen Launen nach (...) Wenn es der Wille der Österreicher war, Haider mehrheitlich zu wählen, ist das zu akzeptieren. Da darf niemand dreinreden. War Haider denn während des Zweiten Weltkrieges aktiv? War er Mitglied der Nazis? Europa sollte diesen Komplex überwinden. Es sollte die Interessen seiner Völker und nicht die des zionistischen Systems im Auge haben. Es darf nicht sein, daß die Interessen der europäischen Völker dem Vorteil einer bestimmten Clique von Personen geopfert werden.«

Die Entsorgung »zionistischer Launen« wäre Haider trotz seiner bekannten philosemitischen Exzesse an der Ostküste ein Anliegen. Gaddafis Sohn will jedenfalls in Kärntens Tourismus investieren. Und Haider hat allen, die glaubten, die FPÖ sei eine Partei von Neoliberalen, gezeigt, daß sie es ist: Sie räumen jeden Christbaum ab! Solange sie Geld bringt, ist ihnen die Globalisierung willkommen. Kaum hat man dieses Bild verdaut, mutiert Haider augenblicklich zum Neokorporatisten im Interesse der Volksgemeinschaft. In der Hand einen Tankstutzen, verspricht er den Kärntner Autofahrern billiges Benzin. Er ließ das Land Kärnten Benzin kaufen (allerdings nicht bei Gaddafi) und verkaufen, um den Preis der Multis zu drücken. Es ist tatsächlich nicht leicht festzustellen, welche Politik seit dem 4. Februar in Österreich gemacht wird.

Bleiben wir noch einen Augenblick bei der Lüge. Auch ÖVP-Politiker schworen, solange sie etwas zu sagen hätten, würde es niemals eine Koalition mit der FPÖ geben. Die FPÖ-Politiker wiederum lügen in Imitation und Verteidigung ihres Führers auf eine absichtsvoll-selbstbewußte und verstockt-freche, geradezu offensichtliche Art, die ihresgleichen sucht. Die strategische Selbstfesselung des Koalitionspartners begünstigt sie, eine knieweiche und schlecht informierte Öffentlichkeit macht es ihnen leicht, die Komplizenschaft der größten Boulevardmedien noch leichter. Unsanktioniert ziehen sie ihre Unverschämtheiten durch.

Politik der Lüge? Es ist wohl eine contradictio in adjecto, von lügenfreier Politik zu reden. Offenbar kann man der Lüge in der Politik nicht mit dem erhobenen Zeigefinger abhelfen; irgendwie scheint sie ja zum Handwerk zu gehören. Man braucht keinen Machiavelli zu zitieren. Hatte nicht der alte Voltaire, des rechtsextremen Populismus unverdächtig, gesagt, man müsse »wie der Teufel lügen, nicht zaghaft, nicht zu Zeiten, sondern mutig und immer«? Er nannte die Lüge sogar eine »hohe Tugend«, vorausgesetzt, sie führe zu Gutem. Zweifellos liegt etwas Provozierendes in der Art, wie Haider und die Seinen ihre Lügen einsetzen.

Möglicherweise sind sie davon überzeugt, Gutes zu tun. Möglicherweise aber lügen sie nicht, um die Welt zu verbessern, und auch nicht, um ihre Freiheit zu demonstrieren, sich über die Wahrheit hinweg- und ihre eigene Version der Wahrheit durchzusetzen. Möglicherweise lügen sie nur, um das zu destabilisieren, was wir an politischer Realität vorfinden.

Die Lügenhaftigkeit Hitlers mag einem in den Sinn kommen. Nicht nur, weil viele der Anspielungen von FPÖ-Politikern samt ihren lügenhaften Dementis mit dieser Zeit zu tun haben; in »Mein Kampf« rechtfertigt er – darin Voltaire nicht unähnlich – den Gebrauch von Lügen zur Durchsetzung übergeordneter Zwecke. Aber es bleibt ein äußerlicher Vergleich. Der Philosoph Rüdiger Safranski hat darauf hingewiesen, daß Hitlers Lügen nicht mehr »Lüge im Sinn von Negation der Wahrhaftigkeit« waren, sondern daß Hitlers »Wahn die Wirklichkeit zerstörte«, daß mehr als eine »absichtliche Irreführung« der Massen stattfand, nämlich »die Katastrophe der Freiheit«. Um die Menschheit hineinzuführen, bedurfte es eines Dämons.

Hitler war ein Dämon der Freiheit; auch der Freiheitliche Haider hat dämonische Züge, ohne deswegen ein Hitler zu sein. Hitler hob die grundsätzliche Übereinkunft auf, daß Menschenwürde allen Menschen gleich ist. Haider rüttelt ebenfalls systematisch an grundsätzlichen Übereinkünften, zum Beispiel an denen, daß Fremde und Hiesige gleichgestellt seien, daß man nicht körperliche Eigenschaften politischer Gegner attackiert, daß man gewisse repräsentative Ämter respektiert, daß man ein Gespräch benützt, um zu verhandeln, nicht um Erregung und Verwirrung herzustellen, daß man sich an gewisse Mindeststandards des Fairneß hält ... Allein sein lügnerisches Verhalten und die sektenhafte Anmutung von Teilen seiner Kader machen verständlich, daß bei manchen das Nervenkostüm dünn wird, wenn sie seinem scheinbar unaufhaltsamen Aufstieg zusehen müssen. Zumindest darf man festhalten, daß kaum ein Politiker so frech und ostentativ lügt wie Haider, der am meisten den Gestus vor sich herträgt, stellvertretend für »die da unten« endlich einmal die Wahrheit über »die da oben« zu sagen. Daß der Feschist Haider nicht nur als Medienbild ebenfalls einer derer da oben ist, spielt dabei keine Rolle. Vielleicht glaubt er es sogar selber nicht. Schließlich muß man, um glaubhaft lügen zu können, sich einreden, daß man die Wahrheit sagt.

Für Haider ist die Herstellung eines permanenten Erregungszustandes um sich herum wichtig. Er braucht Aufregung, damit er die doppelte Reaktion bekommt, in der er sein provokatives Wesen entfalten kann: die Doppelreaktion aus Beschwichtigung und Hysterie, aus Abkühlung und Aufregung. Es sind zwei Reaktionen, die sich nicht gegen Haider wenden, sondern jenes Klima schaffen, das ihn nach oben bringt und oben hält. Die Reaktionen sind beide falsch: Zynische aufgeklärte Distanz und hilflos aufgeregte Hysterie sind nur zwei Seiten derselben Münze.

Die Beschwichtiger, die so tun, als wäre nichts, übersehen die sogenannte Stimmung in der Bevölkerung. Auch wer Schwarzweißmalerei ablehnt, muß erkennen: Zwischen dem Thomas Bernhardschen »lauter katholische Nazis« und dem coolen »es gibt kein Nazi-Gen in Österreich, alles ist normal«, zwischen Zynikern und Hysterikern liegt die gewöhnliche österreichische Mentalität. Und die ist eindeutig nicht festzulegen. Vor allem ist sie geprägt durch die vorgehaltene Hand. Ein Kunsthistoriker, befaßt mit der Affäre der in New York wegen unklarer Herkunft festgehaltenen Schiele-Bilder, erzählte mir hinter vorgehaltener Hand, es sei unvorstellbar, welche Unmenge an Anrufen in klarer Nazi-Diktion er erhalten habe. Darüber könne er keinesfalls öffentlich berichten. Schon zu Waldheims Zeiten wurden Übergriffe gegen fromme Ostjuden verheimlicht; nur unter der Hand erzählte man von ihnen. Machte man sie publik, hieß es, würde man nur zur Nachahmung anregen. Erst um die Oktoberwahl 1999 hat der Präsident der jüdischen Gemeinde öffentlich von einem signifikanten Ansteigen rechtsextremer Provokationen berichtet.

In letzter Zeit wird die Hand nicht mehr immer vorgehalten. Die Leserbriefseite der *Kronenzeitung*, »Das freie Wort«, und deren Internetausgabe strotzen vor offenem Revisionismus. Die Haltung Deutschlands gilt dort beispielsweise am 3. März 2000 als »politischer Masochismus, der bis heute anhält. So wurden nach allen Seiten riesige Zahlungen geleistet, unter anderem auch an die ehemaligen Zwangsarbeiter, die Hitler in vielen Ländern Europas eingefangen hatte. Diese, soweit sie in der Industrie schuften mußten, erhielten Geld. Zwangsarbeiter, die in der Landwirtschaft untergebracht waren, bekamen nichts. Man ging davon aus, daß es diesen zum größten Teil bei den Bauern besser ging als in ihrer Heimat.« Dieser Ausdruck der Volksmeinung wird auch durch den Verdacht nicht gemildert, nicht »Prof. Hans Helmer, derzeit Badgastein« sei der Verfasser, sondern der Herausgeber persönlich. Eine stilkritische Untersuchung können wir uns sparen, denn »Hans Helmer« schließt: »So setzen Millionen Österreicher ihre Hoffnung in die *Kronenzeitung*. Vertreten Sie österreichische Interessen in einer Phase katastrophaler Schwäche des Staates!« Authentischer wirkt auf der gleichen Seite »Johann Kravaric«, Perchtoldsdorf, der berichtet, als Kriegsgefangener in Frankreich zum Minenräumen eingesetzt worden zu sein und mit der bekannten Forderung schließt: »Und es gibt weder in Deutschland noch in Österreich eine Institution oder einen Anwalt – von Politikern ganz zu schweigen –, an die oder an den ich mich mit meinen sicherlich berechtigten Ansprüchen auf Grund dieser Zwangsarbeit wenden könnte. Oder ist jemand anderer Meinung?« In diesem Sinne stellte ein Salzburger FPÖ-Funktionär mit dem schönen Namen Naderer in seiner Gemeinde Seekirchen den Antrag, statt Reparationszahlungen an Zwangsarbeiter zu leisten, sollten die Nachfolgestaaten der Alliierten und Deutschland auf Schadenersatz für verschleppte oder gefallene Gemeindebürger klagen. Der Antrag wurde in Seekirchen abgelehnt und auch von FPÖ-Chefin Riess-Passser kritisiert. Aber eine Woche später wurde der 38jährige Naderer mit 73 Prozent der Stimmen als FPÖ-Obmann des stärksten Salzburger Bezirks, des Flachgaus, wiedergewählt.

Haider-Berater Mölzer war schon des öfteren mit Schadenersatzforderungen für die Opfer von Dresden hervorgetreten, wenn es um Wiedergutmachung für Zwangsarbeiter und Opfer von Arisierungen gegangen war; nun sagte er, eine Volksbefragung über die Entschädigung von Zwangsarbeitern sei eine »interessante Idee«, nur »realpolitisch« gehe das halt nicht. Etwas volkstümlicher drückte es der oberösterreichische Schotterbaron Hans Asamer aus: »Die Entschädigungen sind eine absolute Ungerechtigkeit. Hitler hat 20 Millionen Leute umgebracht, Stalin 100 Millionen. Von Rußland verlangt aber keiner was. Außerdem: Die, die wirklich Zwangsarbeit gemacht haben, die leben eh nicht mehr.« Und der der ÖVP nahestehende Asamer fügte hinzu: »Die Juden treiben's noch soweit, bis sie wieder eine am Deckel kriegen.« Um die Stimmungslage im Land abzurunden, kann man auch jenen Kärntner SPÖ-Funktionär anführen, der zustimmend Goebbels zitierte und dennoch nur abgemahnt, nicht aus der Partei ausgeschlossen wurde.

»In Frankreich wird die Rhetorik genauer beobachtet als bei uns«, sagte die Außenministerin Benita Ferrero-Waldner. Soll heißen, in Österreich bedeutet das, was gesagt wird, längst nicht das, was gesagt wird. Man soll aber auch nicht fragen, wie es gemeint ist, sonst wird alles nur noch schlimmer. Am besten, man hält die Hand vor. Wäre alles nicht so eindeutig zweideutig, so unentschieden, so offen wie diese Aussagen, denen bald Rückzieher oder halbherzige Entschuldigungen folgen, wäre die Situation in Österreich also so eindeutig, wie sie scheint, müßten die Sanktionen für die uneindeutigen Eindeutigen aus dem eigenen Land kommen. Da dies aber nicht der Fall ist, schritt Europa ein.

Man darf nicht übersehen, daß Haider in jeder Hinsicht an die ungelösten Probleme Nachkriegsösterreichs anknüpft. Die Karawankensphinx ist nicht das Ende, sondern die Totalumkehrung dessen, was in der Nachkriegspolitik galt. Der SPÖ-Obmann und Kanzler Sinowatz sagte einst: »Ohne die Partei bin ich nichts.« Für Haider gilt: Ohne ihn ist die Partei nichts! Haider führt auch das erfolgreiche österreichische Amnesieprogramm nach 1945 fort. Die FPÖ sei hundertprozentig geläutert, sagt mittlerweile der ÖVP-Klubchef Khol, weil sie sich von der Deutschtümelei abgewandt habe. Im Zeitalter der Mölzer und Naderer ist das nur begrenzt richtig. Was aber zutrifft, ist umso peinlicher: ein Austro-Chauvinismus, der über das Ziel hinausgeschossen ist, einer kleinen Nation ihr Selbstbewußtsein zu vermitteln. Ein Chauvinismus, der sich an sportlichen Niederlagen begeistert und an allerlei Unrecht, das ihm große Mächte zufügen, gegen die er aber trotzdem nur hinter vorgehaltener Hand aufbegehrt.

Das hat die Opposition unterschätzt, damit konnte auch Europa nicht rechnen. Hier wirken auch die Sanktionen problematisch, denn der verletzte Nationalstolz spielt Schüssel in die Hand und hilft Haider, die Erregung hochzuhalten. Österreichs Programm der Nationsbildung hatte Erfolg: Haider macht es sich zunutze und errichtet seine Körperpolitik des Feschismus in einem Milieu von Zweideutigkeit, Verdrängung und des aufbegehrenden Trotzes hinter vorgehaltener Hand. Zum Feschismus paßt das neue Körperbewußtsein, der umfassende Fitneßtrend, braungebrannt in Kenzo und neoliberal im Trachtenjanker. Fesch sein heißt, die Frechheit eines k.k. Leutnants mit dem Aussehen eines Schilehrers zu kombinieren; sich ein bisserl über Normen hinwegsetzen, aber immer noch mit der gezeigten Unschuld dessen, der nie etwas getan hat und nie dabei war, höchstens als Opfer. Und wenn, dann braucht man nicht darüber zu reden – höchstens hinter vorgehaltener Hand. Andernfalls wird man Stärke zeigen. Dann wird man sehen. Alles braucht man sich nicht gefallen zu lassen.

Daß im Zuge dieser Nationsbildung keine Öffentlichkeit konstruiert wurde, rächt sich jetzt. Das Zusammensetzen hat sich mittlerweile diskreditiert, Auseinandersetzungen können nicht geführt werden. Die Feschisten zielen darauf, demokratisch verfaßte Politik nicht auf mühsam institutionellem Weg zu erneuern, sondern sie durch eine akklamative Politik des augenscheinlich Besseren, Tüchtigeren, Fitteren zu ersetzen. Schnell muß es gehen. Reform, Pussycat, faster, faster!

Die Kombination aus vorgehaltener Hand und demonstrativer Fitneß führt zu einer geradezu sektenhaften Anmutung der FPÖ. Diese Anmutung bewog sogar die konservative Tageszeitung *Die Presse*, einen Artikel zu publizieren, der einiges zusammenfaßte, was in Journalistenkreisen als Gerücht längst bekannt war. Demzufolge arbeiten FPÖ-Mandatare mit Techniken des Neuro-Linguistischen Programmierens (NLP), einer psychologischen Technik, mit der Menschen leicht manipuliert werden können, vor allem, wenn sie darauf nicht vorbereitet sind. Auch bei FPÖ-Plakaten und Slogans lasse sich nachweisen, daß die Gesetze des NLP beobachtet würden. Der befragte NLP-Fachmann bezeichnete den Umgang der FPÖ mit diesen

Techniken als »besonders verwerflich«, weil besonders manipulativ. Auch Scientology wende diese Technik an; wie Scientology sei auch die FPÖ darauf angewiesen, immer neue Mitglieder anzuwerben.

Ob NLP oder fortgesetzter Kryptoprotestantismus, ob Kontinuität des rechten Autoritarismus oder modern gemanagter Medienpopulismus, ob aufrechter Fitneßgang oder buckelnder Schwindel oder – am wahrscheinlichsten – alles zusammen: Für Erregung ist gesorgt. Nur wenn die Erregung sinkt, sinken auch die Chancen Haiders. Insofern bedeutet die Regierungsbeteiligung der FPÖ eine gute Chance für diese Partei, sich selbst zu stoppen. Nicht zuletzt deswegen ließ sich Haider nicht in die Pflicht nehmen und hat sich nach Kärnten zurückgezogen. Manchmal scheitert er daran, mit allen Mitteln Erregung zu erzeugen. Obwohl sie mittels Plakaten und Inseraten ihr Bestes getan hatte, verlor die FPÖ bei den Arbeiterkammerwahlen im Frühsommer 2000 deutlich. In modischer Zusammenschreibung gurgelte ihre Botschaft: »Sozialistische ÖsterreichBeschmutzer RoteArbeiterkammer PrivilegienBonzen«. Leicht schräggestellt ragte in die unterste Zeile ein Stempel hinein, der den FPÖ-Slogan schlechthin formulierte: »Schluß damit!« Was aber, wenn sich herausstellt, daß auch die FPÖ nicht Schluß macht, zumindest nicht mit dem, was sie versprochen hat?

Differenzierte Öffentlichkeit ist Österreichs Stärke nicht; so setzt es statt politischer Auseinandersetzung eine Erregung nach der anderen, was wieder Haider stärkt. Zudem fehlt nicht nur Selbstvergewisserung, sondern auch Selbstkontrolle, und die bekommt das Land nun in Form von Maßnahmen von außen nachgereicht. Weil es damit nicht umzugehen versteht, werden ihm Beobachter geschickt, die sogenannten Weisen, die – mit seiner Zustimmung – ihm ein Urteil sprechen sollen.

VIII

Da fahren wir jetzt drüber

Es kommen härtere Tage.
Ingeborg Bachmann

Auch wir halten uns gern an ausländische Beobachter, um festzustellen, was nun wirklich vorgegangen ist in Österreich. Liberale werden nicht müde, auf die nötige Modernisierung Österreichs hinzuweisen, die nun endlich in Angriff genommen werde. Freudig referierte die *Neue Zürcher Zeitung* die Behauptung Schüssels, er nehme Reformen in Angriff »wie niemand sonst nach 1945«. Skeptischer blieb die Hamburger *Zeit*, in der Werner Perger auf »Schüssels Politikstil des kurzen Gedächtnisses und der zwei Zungen« hinwies und darauf, daß »Haiders Kanzler« im »legitimen Konflikt um das Wesentliche der europäischen Wertegemeinschaft – die liberale Demokratie« im Dienst Haiders auf eine »Demütigung Europas« hinziele. Die Glaubensliberalen vom britischen *Economist* wiederum ernannten Schüssel in Anlehnung an die »Iron Lady« zum »Steely Chancellor«.

Aber auch sie müssen zur Kenntnis nehmen, daß vieles in so großer Hast passiert, als wollte die Regierung vor allem zeigen, das Tempo sei der wichtigste Gradmesser ihrer Reformlust. Nach der langen Nachkriegsblockade soll signalisiert werden, alles bewege sich, alles gehe geschwind. Speed matters, wollte der bilanzierende Klubobmann Khol sagen, der sehr gut französisch spricht, aber er sagte: Speed kills. Es geht dieser Regierung wie jeder Regierung vor allem um eines: den Neuaufbruch zu symbolisieren. Vor lauter Aufbruch soll man nicht genau merken, worum es geht. Schüssel agiert, und keiner schaut hin. Alle achten auf Sanktionenwirbel und Haider-Erregung. Der Kanzler hat es im Interview mit der *Neuen Zürcher Zeitung* selbst formuliert: »Es fehlt aber das Interesse daran, was wir konkret machen, zum Beispiel bei den Privatisierungen, für den Kapitalmarkt, den Bankenplatz, wo wir mutige Schritte brauchen. Der Fokus der öffentlichen Meinung ist noch nicht dort; da können wir alles tun, es wird nicht einmal wahrgenommen.« Nicht dazugesagt hat er, daß es an Interesse auch deshalb fehlt, weil er selbst mit Vergnügen dicken Nebel wirft.

Die neue Politik brachte wie jeder Machtwechsel vorerst das Postenkarussell in Gang. Neu ist dabei allenfalls die Rede der FPÖ, es würden keine Parteipolitiker in die entscheidenden Posten der staatsnahen Banken und der staatlichen Industrie eingesetzt. Zufällig sind es fast immer Freunde, Förderer und Weggenossen aus Industrie und Wirtschaft, welche für die Partei lieber diskret und hinter vorgehaltener Hand agieren. Im Aufsichtsrat der Kärntner Elektrizitätsgesellschaft findet man die Freunde Haiders, in dem der ÖIAG, der staatlichen Industrieholding, eher die Freunde Thomas Prinzhorns, der, nachdem er als Minister abgelehnt worden war, nun als zweiter Präsident des Nationalrats sein Wesen treibt. »Während sich die politische Klasse an der Macht also wie die geschäftsführende Interessenvertretung der Hacienderos einer lateinamerikanischen Bananenrepublik verhält, werden weiterhin undifferenzierte Antipathien gegen ›die da oben‹, gegen die ›Apparatschiks in den Tintenburgen‹ oder gegen ›Funktionärsprivilegien‹ geschürt«, konstatiert bitter der Salzburger Politologe Nikolaus Dimmel. Die FPÖ als bisher ausgeschlossener Dritter holt sich jetzt ihren Teil. Unter ihrem liberalen Vizekanzler Norbert Steger (1983 bis 1986) hatte sie sich diesbezüglich diskret verhalten. Daß im Aufsichtsrat der ÖIAG nun eine Riege potentieller Interessenten versammelt ist, die zwecks Budgetsanierung den Ausverkauf des staatlichen Familiensilbers veranstalten soll, stimmt ebenfalls unfroh.

Nicht neu ist die Härte und Insistenz der ÖVP, mit der sie ihr nun zufallende Macht in Besitz nimmt und verbleibende rote Beamte schikaniert, abschiebt, isoliert. Fast hatte man schon vergessen, daß sie die gelernte Staatspartei ist, machtbewußt, ja machtversessen. Der EU-Kommissar, der Bundespräsident, der Bundeskanzler, sechs von neun Landeshauptleuten, der Nationalbankpräsident, der Rechnungshofpräsident – sie alle werden von der ÖVP gestellt. Das bedeutendste Anliegen der Reformpolitik dieser schwarzblauen Koalition besteht in der Zerschlagung nicht des bisher existierenden politischen Systems, aber der Checks and Balances seiner politischen Praxis. Austrothatcherismus könnte man dieses Projekt nennen. Die Reformblockade der rotschwarzen Koalition wird nicht weiter dem ewigen Konsens angekreidet, zu dem schließlich zwei einander blockierende Partner gehören, sondern ausschließlich der Haltung der Gewerkschaften; deren Macht müsse zurückgedrängt werden. Auch die eigene Klientel, Lehrer und Beamte, soll dabei nicht verschont werden. Schüssel überließ die Verhandlungen mit der Beamtengewerkschaft seiner FPÖ-Partnerin. Haider hat einige von deren Interessenvertretern als »Parasiten« bezeichnet.

Der Beschluß der sogenannten Pensionsreform markierte eine symbolisch bedeutsame Etappe des Austrothatcherismus. Erstmals fand eine derartige Reform ohne die Zustimmung der Gewerkschaften statt, die Mechanismen der Sozialpartnerschaft wurden außer Kraft gesetzt. Das System, auf dem Österreichs Erfolg nach 1945 gebaut war, wurde brüskiert, und es geschah – nichts. Ein müder gewerkschaftlicher Protesttag, mit einer Streikstunde der Eisenbahner, so früh am Tag, daß man es kaum wahrnahm, das war alles. Charakteristischerweise bemerkte der Kanzler, selbst ein geeichter Sozialpartner, die Tür zu den Sozialpartnern stehe weiterhin jederzeit offen.

Stimmungsmäßig hat die Regierung hier zweifellos einen Erfolg gefeiert. Sachlich schien die Reform angemessen; das Problem der fidelen, sonnengebräunten Frühpensionisten, die mit 53 Jahren die wohlverdiente Lizenz zum staatlich subventionierten Pfuschen ausfaßten, ist jedem Österreicher anschaulich zu machen. Zudem waren es von Sozialdemokraten geholte Experten gewesen, die auf eine Reform der Frühpensionen gedrängt hatten; auch das ein Grund für den gebremsten Widerstand. Von einer gültigen, tragfähigen Lösung des Pensionsproblems kann freilich keine Rede sein.

Die Macht der Gewerkschaften war mit jener des Zeitungsherausgeberverbandes offenbar nicht zu vergleichen. Hier zeigte sich der Austrothatcherismus von seiner halbherzigen Seite. Eine angekündigte Reform der geförderten Posttarife wurde sogleich auf ein Sechstel des geplanten Ausmaßes zurückgenommen, weil die Verleger gegen den Verlust dieser indirekten Presseförderung in dreistelliger Millionenhöhe protestierten. Schüssel setzte einen Mediator ein und schob die Sache auf die lange Bank. Hier jedenfalls besteht weiterhin eine »Tabuzone«, hier wird nicht »durchlüftet«, denn hier geht es um Reichweite und Medialpartnerschaft.

Hohn wäre dennoch unangebracht. Man muß konstatieren, daß die Regierung ein Gesetz zu Entschädigung der im Nationalsozialismus in Österreich eingesetzten Zwangsarbeiter beschloß; im Fremdenrecht, das unter sozialdemokratischer Mitwirkung weitgehend entliberalisiert worden war, schuf sie immerhin per Erlaß die bislang undenkbare Möglichkeit einer Arbeitsbewilligung für Asylwerber. An die Grenzen ihrer Möglichkeiten wird sie vermutlich schnell gelangen. Die Konjunktur ermöglicht die Sanierung des Budgets. Man spricht nun auch in Österreich davon, konform mit den Maastricht-Kriterien die Neuverschuldung bis 2002 zu eliminieren. Dies ist aber nur möglich – der Finanzminister hat es erkannt –, wenn man die Bundesländer zur Kasse bittet. Deren teilweise hypertrophe Verwaltungsstrukturen und deren teure Hobbys, wie die Wohnbauförderung, gehören aber anscheinend zum unverzichtbaren Inventar Österreichs. Vernünftige Vorschläge, durch Zusammenlegung der neun Bundesländer auf drei Regionen effizientere Verwaltungsstrukturen zu schaffen, wurden bisher von den Landeshauptleuten höchstens verlacht. Zudem reißt die luxuriöse Familienförderung Löcher ins Budget.

Geschenke für Familien und Schecks für Kinder! Der hochsubventionierte Familialismus scheint der ideologische Minimalkonsens zu sein, auf den sich beide Parteien verstehen. So wirtschaftsliberal und auf Durchlüftung erpicht sich die Regierungsparteien auch darstellen: Österreich bleibt ein Eigenheim, in dem wohnt eine Familie. Ein kleines Land, ein kleines Heim, die kleinstmögliche Einheit. Zusammenhalten gegen die Großen. Fein sein, beieinander bleiben. Die Familie spart gern, nur nicht bei der Familie. Dort ist der Glaubensgrundsatz von der »sozialen Treffsicherheit« der Transferzahlungen völlig außer Kraft gesetzt. Nur dort geht Ideologie vor Ökonomie. Höhere Treffsicherheit bei Transferleistungen wäre übrigens – trotz der verräterisch militaristischen Diktion – durchaus wünschenswert. Wenn Reiche sich beispielsweise an private Gesundheitsdienstleister wenden, besteht allerdings die Gefahr, daß das öffentliche System medizinischer Versorgung an Qualität verliert und sich sukzessive verschlechtert. Zu befürchten ist, daß die Rede von der Treffsicherheit für propagandistische Effekte ausreicht, nicht aber für mehr Gerechtigkeit.

Rätselhaft ist mir, weshalb man hierzulande mit Austeritätsphrasen soviel Zustimmung erntet. Der Finanzminister, in den meisten Staatswesen eine graue, uncharismatische Figur, ist hierzulande traditionellerweise ein saftiger Charakter und vor allem dann beliebt, wenn er den Leuten etwas nimmt. Austrothatcherismus dient als Therapie für Austromasochisten, die zwar nicht merken, daß ein Systemwechsel stattfindet, aber sich irgendwie zugehörig fühlen, wenn man sie schröpft. Ein Systemwechsel hinter vorgehaltener Hand quasi. Schulterschließend kuscheln sie sich zusammen und ducken sich vor den Großen, denen sie die Stirn bieten. Alles braucht man sich eben wirklich nicht gefallen zu lassen.

Verspätete Demokratie – verspätete Wende

Der Systembruch kam spät: Die Wende hatte anderswo vor eineinhalb Jahrzehnten stattgefunden. Bemerkenswert daran ist nur, daß offenbar die klassische österreichische Chance, die sich aus solchen retardierenden Momenten ergibt, nämlich die Fehler der anderen zu beobachten und dann nur die Hälfte davon nachzumachen, ungenutzt bleibt. Der Austrothatcherismus – oder zumindest die Rhetorik des Austrothatcherimus – läßt sich vom Deregulierungsbedarf blenden; er legt kein vernünftiges Konzept zur Liberalisierung und Modernisierung der Gesellschaft vor, und schon gar nicht engagiert er sich zum Schutz der staatlichen Institutionen, ja von Staatlichkeit überhaupt. Seine Staatsidee ist die Familie und auf seiten der FPÖ die vage

Volksgemeinschaft, forciert bei Haider, wirtschaftsliberal abgeschwächt bei Grasser und Prinzhorn. Die markigen marktliberalen Sprüche dieses letzteren sind, nebenbei bemerkt, vor allem für jene eine Freude, die wissen, daß sein Imperium von Papierfabriken nur deswegen existiert, weil es mit Hilfe staatlicher Fördergelder saniert wurde.

Gerade zu dem Zeitpunkt, da das Finanzkapital krisenhaft wird und verrückt spielt, da globale Regulierungsmechanismen auch von Befürwortern der Globalisierung diskutiert werden, da sich Staatlichkeit auf internationaler Ebene langsam neu zu bilden versucht, genau in dem Moment bläst Österreich zur umfassenden Privatisierung. Was Wunder, ist die eine der Regierungsparteien doch dadurch behindert, daß sie sich als Partei der Wirtschaft fühlt, obwohl sie auch die Partei der Angestellten, der Bauern und der Bundesländer ist. Die andere hat zur Staatlichkeit insgesamt ein gebrochenes Verhältnis. Die Chancen, welche die hochentwickelte österreichische Bürokratie in moderner Form böte, werden zugunsten des billigen Slogans »mehr privat, weniger Staat« ignoriert. Der josephinische Beamte, ein Bild von Loyalität und Kompetenz, noch immer tragende Säule der Verwaltung, wird der Marktideologie gedankenlos geopfert. Der Neffe des Justizministers als Pressesprecher im Justizministerium gibt ein schönes Beispiel für den neuen Stil. Weg mit kompetenten Beamten, die widersetzen sich aus Sachkenntnis dem tagespolitischen Mißbrauch. Ich höre schon das Argument: Verwandtschaft darf doch kein Grund für Diskriminierung sein!

Der Zugriff auf den Apparat ist beim ORF besonders augenfällig. Hatte die Regierung – ganz im Sinn der angekündigten Entpolitisierung – zuerst angedeutet, sie werde die Funktionsperioden der bestellten Kuratoren auslaufen lassen, machte sie gleich nach ihrer Angelobung reinen Tisch und übernahm die Mehrheit im ORF-Kuratorium, einer Art Aufsichtsrat des ORF. Seitdem weht dort ein anderer Wind: Unliebsame Sendereihen werden unter Druck gesetzt; die Hörfunk-Reihe *Journal-Panorama*, auf Ö1 laufend und mit einer Reichweite von 80 000 Hörern eher ein Minderheitenprogramm, soll nachträglich auf »objektive Auswahl und die Berücksichtigung einer breiten Meinungsvielfalt hinsichtlich Themenauswahl, Gesprächspartnern und Wertungen der Sendungsgestalter in den einzelnen Sendungen wie der Sendeleiste insgesamt« überprüft werden. Ein klarer Einschüchterungsversuch.

Rechtsstaatlichkeit scheint der neuen Regierung kein Anliegen zu sein. Sie beschloß ein Sicherheitspolizeigesetz und ein Militärbefugnisgesetz: Beide setzen die Bürgerrechte hintan. Die Vorsitzende der Richtervereinigung protestierte, die Kommentare der ausländischen Beobachter blieben merkwürdig verhalten. Man kann sich auf den Standpunkt stellen, daß tatsächlich nur Staatsfeinde bespitzelt werden; sollte es anders sein, würde man es nach der neuen Gesetzeslage nie erfahren. Immerhin ist anzunehmen, daß ein Teil dieser hastig beschlossenen Gesetze vor dem Verfassungsgerichtshof nicht standhält. Geschwindigkeit hat die Nichtöffentlichkeit als Qualität beim Gesetzwerdungsprozeß abgelöst. Ob es nicht bessere Varianten gäbe, Öffentlichkeit herzustellen, als Gesetze beim Verfassungsgerichtshof überprüfen zu lassen, bleibt dahingestellt.

Andererseits gibt es noch immer mehr Kontinuität in der Politik, als den Sozialdemokraten lieb sein kann. Bürgerfreiheit war auch der rotschwarzen Regierung kein vorrangiges Anliegen; das Sicherheitspolizeigesetz wurde damals konzipiert. Das Ausländerrecht wurde schon damals rigider gefaßt, die Praxis der Abschiebung sowieso; die neue Regierung gestattet immerhin per Verordnung Asylsuchenden, Arbeit anzunehmen, solange ihr Verfahren nicht entschieden ist. Umgekehrt kann man die faktische Abschaffung des Zivildiensts nur als Zynismus auffassen, wenn er von einer Partei kommt, deren Ideologen die Rede von der »Bürgergesellschaft« im Mund führen. Unter dem Vorwand einer Sparmaßnahme wird Zivildienern ein täglicher Verpflegungssatz von 43 Schilling zugestanden, der ohne Zuschüsse von Eltern oder Verwandten zum Tod durch Verhungern führen würde.

Eine Sozialpartnerschaft wird geschieden

Die Tür zu den Sozialpartnern, sagte Kanzler Schüssel, stehe weit offen, als er sie mit der Rentenreform gerade krachend ins Schloß geworfen hatte. Und Jörg Haider verkündete, die Sozialpartnerschaft sei für ihn »ein autoritäres System ... wenn die FPÖ Ernst macht, ist das vorbei«. Kein Zweifel, sie machen Ernst. Nur: *Was* ist dann genau vorbei? Die Kritiker der Sozialpartnerschaft hatten bei ihrer Kritik immer das Verfahren im Auge gehabt, die Ergebnisse wurden elegant übersehen. Nicht von ungefähr: Das Verfahren trägt Mitschuld an der Katastrophe der österreichischen Öffentlichkeit; in feudaler Tradition gewährten die Sozialpartner, die Industriellen, der Handel, die Landwirtschaft und die Arbeitervertreter den Wohlstand und dessen gerechte Verteilung. Nie haben sie sich darum gekümmert, was ihr Tun demokratiepolitisch bedeutet. Das materielle Ergebnis der Sozialpartnerschaft hingegen rechtfertigte in den Augen ihrer Protagonisten ihr Handeln. Österreichs Erfolgsstory als friedlicher und reicher Staat beruht auf ihr.

Und nun? Uwe Mattheiss, in Wien ansässiger Korrespondent deutscher Zeitungen, hat die Sache in der *Süddeutschen Zeitung* auf den Punkt gebracht. »Der Thatcherismus, die ›Reagan-Revolution‹ und – in der entsprechenden kontinentaleuropäischen Abschwächung – die ›Wende‹ von Helmut Kohl und Graf Lambsdorff mögen den sozialen Konsens weit radikaler aufgekündigt haben als die österreichischen Konservativen heute. Den politischen Konsens der westlichen Demokratien haben die ökonomischen Korrekturen in den achtziger Jahren jedoch nie angegriffen.« In Österreich findet beides statt: Der Bruch mit der antifaschistischen europäischen Gründungsübereinkunft wurde mit der Aufnahme der rechtsextremen FPÖ in die Regierung zumindest nach Ansicht der 14 europäischen Staaten vollzogen. Das neue Regierungsduo bezieht mittlerweile seine Identität aus deren Reaktion. Zugleich findet es sich im Konsens zu einer austrothatcheristischen Variante, die den sozialen Konsens angreift.

Wenn linke Kritiker den »Verlust einer Kultur der Verhandlung« beklagen, ist das ebenso unangebracht wie neoliberale Befriedigung oder geistreich-funkelndes Jubeln über den Akt der Befreiung, den die Aufkündigung des sozialen Konsenses vermeintlich darstellt. Tatsächlich ist es niemals gelungen, die geschlossene Veranstaltung der Sozialpartnerschaft gewissermaßen zu veröffentlichen. Auch als sie sich bereits in der Krise befand, kam es ihren Vertretern nicht in den Sinn, diese institutionalisierte Umgehung des Parlamentarismus demokratisch zu kontrollieren. Die Sozialpartnerschaft blieb unöffentlich. Weil ihre Veröffentlichung nicht gelang, erwies sich die Kritik an der Sozialpartnerschaft als berechtigt. Zugleich wurde diese berechtigte Kritik als nützliche Ideologie zur Beseitigung von Verteilungsgerechtigkeit mißbraucht.

Was nun verlorengeht, ist leicht zu beschreiben, aber schwer zu ermessen. Die Entmachtung der Gewerkschaften steht zwar weltweit längst auf der historischen Tagesordnung; in Österreich währte die Erfolgsgeschichte des von ihnen mitdominierten institutionalisierten Interessenausgleichs ohnehin so lang wie in keinem anderen Staat der Welt. In gewisser Weise vorkapitalistisch und zur Behebung von Kriegsschäden, auch von Schäden des Faschismus und des Nationalsozialismus konzipiert (nicht vor 1990 erreichten die weltweiten Handelsverflechtungen den Stand von 1913!), geriet die Sozialpartnerschaft erst im wieder entwickelten Kapitalismus in die Krise. Nach 1989 wurden Themen wie Globalisierung und Standortwettbewerb hierzulande aktuell.

Dann geschah auch in Österreich, was der Soziologe Ulrich Beck mit einem kessen Bild beschrieben hat: »Etwa ein Jahrhundert lang haben Staat, Wirtschaft und Gewerkschaft im Sandkasten der territorialen Nationalgesellschaft Backe-backe-Kuchen gespielt und dabei allmählich gelernt, zivilisierter miteinander umzugehen. Das heißt, man hat sich am Ende die Sandkuchen wechselseitig nur noch nach den Regeln der Tarifautonomie und des Steuerrechts von der Schippe genommen. Plötzlich hat die Wirtschaft einen Riesenbagger geschenkt bekommen und räumt den ganzen Sandkasten ab. Staat und Gewerkschaft sind sitzengeblieben, machen Bäähhh und rufen nach der Mami.«

Betroffen stehen die Arbeitervertreter nun vor der leeren Sandkiste. Waren nicht sie es, die ökonomisch in großen Zusammenhängen dachten, den Kapitalismus akzeptierten, nie die Systemfrage stellten und in der Einkommenspolitik sich immer maßvoll zeigten? Die Gremien der Sozialpartnerschaft, in Österreich eine Einrichtung auf Dauer, nicht nur – wie in England – nach Bedarf zusammengerufen, tagten bis zum Ende der siebziger Jahre regelmäßig. Dann hörten die Preisabsprachen auf, die Lohnabsprachen und Preiskontrollen blieben. Noch immer traf man sich in paritätisch (das heißt rot-schwarz) besetzten Gremien, ein Netz von Experten und Entscheidungsträgern zog sich durch diverse Institutionen; in Notenbank, Forschungsgesellschaften, Arbeitsmarktkommissionen und Finanzierungsgesellschaften blickte man immer in vertraute Gesichter. Eine Kultur der Verabredung, nichtöffentlich, effizient und verteilungsgerecht. Alle mußten mitspielen. Wenn eine Firma nicht teilnahm, kriegte sie halt keinen ERP-Kredit. Nicht demokratisch, aber alle am Tisch konnten ihres Verhandlungsmandats sicher sein.

Im wahrsten Wortsinn war es eine unsichtbare Hand, die die ökonomischen Entscheidungen traf. Auch unter den Alleinregierungen hielt das Netz. Niemals wäre es den Roten eingefallen, den schwarzen Präsidenten der Finanzierungsgarantiegesellschaft zu entfernen, obwohl sie die Möglichkeit dazu gehabt hätten. Auch Schmerzhaftes habe man gemeinsam getragen, nach dem Ölschock gab es Minusabschlüsse bei den Löhnen. Makroökonomisch, so heißt es, stimme der Vorwurf, die Gewerkschaften hätten sich unflexibel verhalten, überhaupt nicht.

Noch immer, Monate nach der Wahl, liegt ein ungläubiges Staunen auf den Gesichtern der Funktionäre, die einem das erzählen. Gewiß, es gab Unflexibilität, nicht zu knapp, aber doch immer im Interesse der Produzenten: beim Ladenschluß, beim Strompreis. Gut, Österreich hatte, verglichen mit England, weniger Neugründer von Firmen; aber dabei handle es sich doch hauptsächlich um versteckte Arbeitslosigkeit! Weniger Selbständige, aber im Durchschnitt scheitern sie in Österreich weniger oft als anderswo. Demokratie? Zugegeben, das habe man unterschätzt, sträflich unterbewertet. Versäumnisse ja, Strukturkonservativismus auf beiden Seiten, zünftische Borniertheiten hie und geschützte Sektoren da, meinetwegen, aber im großen, da habe man es doch gut gemacht!

Selbst bei der Entscheidung, die zuletzt zu ihrer Abschaffung führte, dem Beitritt zur EU (erklären Sie einmal einem Straßenbahner aus Wien, warum er in die EU soll!), hätten die Arbeitnehmervertreter sozialpartnerschaftlich zugestimmt; wohl im Bewußtsein, sich selber den Boden wegzuziehen, aber ihnen sei es eben stets um das ökonomische Ganze gegangen. Erst als die SPÖ unter populistischem Druck von einer am Produzenten orientierten zu einer Konsumentenpolitik überging, war die Balance nicht mehr zu halten. Ja, den Gewerkschaften habe man vorgeworfen, ein Produzentenkartell zu sein, und das habe auch gestimmt: Aber die Löhne waren maßvoll, die Kaufkraft und die Beschäftigung hoch!

Noch immer können es die braven Funktionäre nicht glauben. Sie haben die Faszination und die Kraft der Konkurrenzdemokratie unterschätzt, zu sehr auf ihre altbewährte Konkordanzpolitik vertraut. Sie sehen alles ein, bei der Pensionsdebatte konnten sie sich nie durchsetzen, Politikergeschenke vermochten sie nicht zu verhindern. Der öffentliche Sektor ist ein Problem, das ist ihnen lange schon klar. Andererseits: Weniger Staat bedeutet weniger Möglichkeiten zur Umverteilung! Starke öffentliche Systeme seien der effizienteste Weg, soziale Gerechtigkeit zu schaffen. Das untere Drittel profitiere stärker von Schulen, vom Gesundheitswesen. Der Beweis des Gegenteils erfordert als Preis die Unumkehrbarkeit zerstörter Strukturen.

Der historische Erfolg der Sozialpartnerschaft, ja der Erfolg Österreichs beruhe auf der Übereinkunft, daß keiner der beiden Partner gewinnt, weil man in ihren Gremien eine andere Sprache spricht als in der Politik; das heißt vor allem, daß man die sachlichen Argumente außer Streit stellt. Aber jetzt … Jetzt haben die anderen den großen Bagger. Jetzt fahren sie einfach über uns drüber. Man hört es immer wieder, dieses Lieblingswort der Koalition. Hinter verschlossenen Türen rufen sie es den Roten und den Grünen, den Gewerkschaftern und den Arbeiterkämmerern fröhlich zu: Da fahren wir jetzt drüber! Und sie fahren drüber. Das Staunen wandelt sich zum blanken Entsetzen. »Ein Hauch von 1934« wehe jetzt durchs Parlament. Brutalität sei der einzige Ausdruck für die Art, wie die Koalition mit ihnen umgehe.

All das Verdrängte …

Tatsächlich, die Nachkriegszeit ist auch in dieser Hinsicht zu Ende. Delegitimationsprozesse überall. Das eigentliche Drama besteht darin, daß die Arbeitnehmervertreter zwar innerhalb ihrer Organisationen demokratisch vorgehen, sich aber gesamtgesellschaftlich durch ihre Politik des nichtöffentlichen Verhandelns und Tauschens abseits jener demokratischen Öffentlichkeit gestellt haben, die sie jetzt bräuchten. Wo ist die geblieben? Haben sie die Entstehung einer solchen Öffentlichkeit vielleicht selbst mit behindert? Und was legitimiert noch die Gewerkschaftsvertreter im Parlament? Was nützt der Hinweis, dort würden von allen Seiten nur Interessen vertreten? Daß immer Abgeordnete auf der Payroll der Industriellenvereinigung und irgendwelcher Lobbys stünden?

Die Gewerkschafter sind wehmütig, weil sie spüren, es ist vorbei. Eine schwache Sozialdemokratie hat teilweise dabei mitgeholfen, die Verteilungspartnerschaft abzuschaffen und den schwammigen Begriff einer »Zukunftspartnerschaft« an deren Stelle zu setzen. Das sinnfreie Gerede von der »Firma Österreich« trägt nur dazu bei, den Staat und seine Institutionen weiter zu delegitimieren. Auch die Tatsache, daß 80 Prozent der relevanten Rechtsvorschriften in Brüssel gemacht werden, macht die Wende nicht erfreulicher. Im Aufsichtsrat und im Management des Konzerns des Auslandsösterreichers Frank Stronach, der in seinen Betrieben den Betriebsrat abschaffte, tummeln sich ehemals führende Sozialdemokraten, ein ehemaliger Vorsitzender und ein ehemaliger Geschäftsführer (auch der jetzige Finanzminister kam von Stronach).

Die Arbeitnehmervertreter geben nicht auf. Mit den regelmäßigen Treffen der Sozialpartnerschaft ist es zwar vorbei, aber sie initiieren immer neue Runden von Gesprächen. Der offene Klassenkampf liegt ihnen nicht. Demonstrationen fallen halbherzig, ungeschickt und schüchtern aus. Die Voraussetzungen für eine Fortsetzung des »sublimierten Klassenkampfs«, wie das Bruno Kreisky nannte, sind aber ausgesprochen ungünstig. Der neue Chef der Wirtschaftskammer ist zwar ein Gegner Haiders, aber kein Kenner und Könner der alten Sozialpartnerschaft. Der Industriellenvereinigung und der Regierung, vor allem deren FPÖ-Mitgliedern und Martin Bartenstein, dem verbissen wirkenden steirischen Industriellen und Minister für Arbeit und Wirtschaft, unterstellt man zu Recht, sie wollten die Sozialpartnerschaft lieber heute als morgen weghaben. Bartenstein hat den Vorzug, schneller Marathon laufen zu können als Jörg Haider und den Nachteil, mit Haider nicht nur laufen zu können. Er steht für die sozimüden Modernisten in der ÖVP, welche die Gunst der Stunde erkennen und ihre hegemonialen Vorstellungen durchziehen. Die überzeugten Sozialpartner wie der VP-Landwirtschaftsminister Wilhelm Molterer sind in den Hintergrund getreten; Kanzler Schüssel selbst ist zwar ebenfalls Fleisch vom Fleisch der Sozialpartner. Jetzt aber sagt er: »Gewerbeordnung hier und ländlicher Raum da, die Beamten dort und dieses oder jenes Refugium hier, das muß durchlüftet werden; nur so haben wir eine Chance.«

Uwe Mattheiss übersetzte den beliebten Terminus der »Durchlüftung«: »Das alte Bündnis von oftmals auch staatlich gelenkter Großindustrie und dem Faktor Arbeit wird ersetzt durch eine heterogene Interessenkoalition von Besserverdienenden, privaten Vermögen, freien Berufen und kleineren Unternehmen im Dienstleistungs- und Konsumgütersektor, die – anders als die klassischen Großunternehmer – weniger auf die verläßliche Bindung ihrer Belegschaften durch gute Sozialleistungen setzen als auf Flexibilität und geringere Personalkosten.« Die inhomogene, in Bünde zerrissene ÖVP benützt dabei die selbst zwischen Neoliberalismus und populistischem Korporatismus schwankende FPÖ als »massenwirksamen antiinstitutionellen Prellbock«, ohne Bedenken wegen des ideologischen Verdachts, den diese Partei stets aufs neue wieder auf sich lenkt. Völkische Motive in modernem Gewand: Hemmungsloser Populismus von Babyscheck bis Billigbenzin wird kombiniert mit permanenten Anspielungen an Nazitum und mit fatalen Appellen an gemeinschaftliche Affekte gegen innere (Künstler und Nestbeschmutzer) und äußere Feinde (Franzosen und Belgier). Die Europapartei ÖVP läßt sich dafür instrumentalisieren, macht mit, halb widerwillig, halb aus Kalkül.

Ein Hauch von Ständestaat

Bei aller Reserve gegenüber den demokratischen Defiziten und den statischen Beschwerden der Sozialpartnerschaft muß man sie doch als demokratische Alternative zu den vorangegangenen autoritären und nationalsozialistischen Modellen der Konfliktlösung zwischen Arbeit und Wirtschaft betrachten. Der Ständestaat hatte nicht nur den (nach 1945 übernommenen) Einheitsgewerkschaftsbund geschaffen, sondern auch Einheitsorganisationen von Arbeit und Kapital und sogenannte Werksgemeinschaften, in denen nur das Kapital ein Vetorecht hatte. Man soll die historischen Parallelen nicht übertreiben, aber das Bartensteinsche Ministerium für Arbeit und Wirtschaft wird immerhin von einem Industriellen geleitet. Schulterschluß auch hier? Sein Ministerium, so unbedeutend es sein mag, symbolisiert jedenfalls die Abwendung vom institutionell geregelten Konflikt der Sozialpartnerschaft und dem Wunsch nach einer institutionellen Aufhebung dieses Konflikts. Ein Hauch von Ständestaat? Man wolle nicht »die Dichotomie der Klassengegensätze in der Ministerialstruktur nachbilden«, sondern »ein ganzheitliches Modell der Arbeitswelt« entwickeln, sagte dazu Kanzler Schüssel.

Bis jetzt hat man außer ganzheitlichen Versprechungen nichts davon bemerkt. Der Umbau des Sozialsystems sowie die Erhöhung der sozialen Treffsicherheit verheißen beim bisher vorgelegten Reformtempo nichts Gutes; mit Geschenken soll die Klientel befriedigt werden. Vom Widerspruch zwischen sozialer Gerechtigkeit und der pauschalen Erhöhung des Karenzgelds für alle, üppigen Förderungen der Landwirtschaft und der Anschaffung fliegenden Heeresgeräts soll ein aggressives Gemeinschaftsgefühl ablenken. Die damit verbundene Mobilisierung antieuropäischer Affekte stimmt einen nicht behaglicher. Maastricht, das ist der Kreml, sagte Haider einmal. Genausogut könnte er sagen: Maastricht, das ist Versailles, und tatsächlich, er hat auch das schon gesagt. Mit der Wende, mit dem verlangten nationalen Zusammenschluß absentiert sich Österreich von Kerneuropa. Revanchismus für Möchtegerne. Die Volksgemeinschaft als Farce, die stets die Tragödie wiederholt.

Hans Rauscher, Kommentator des politischen Geschehens, laut eigenem Verständnis die Stimme des nichtexistenten österreichischen Bürgertums, erzählte von einer Szene nach den Wahlen im letzten Herbst, als er mit Wolfgang Schüssel im Holocaust-Museum in Washington einen Film betrachtete, in dem Papen und Hitler zusehen sind.

Auf die Frage, wer der Mann neben Hitler sei, erklärte Rauscher: »Franz von Papen, ein nationalkatholischer Politiker, der Hitler zur Macht verholfen hat und glaubte, ihn zähmen zu können.« Schüssels Antwort war ein knappes »Aha«. Rauscher schließt daraus, Schüssel und seine Partei hätten sich entschlossen, »den NS-nostalgischen Teil von Haiders Weltbild einfach auszublenden«. Wie wird Rauscher, ein Mann der entschlossenen Modernisierung, die gestrigen Anklänge verstehen, die in dieser Austro-wasimmer-Modernisierung mitschwingen? Um es mit Franz Schuh zu sagen: »Der Kanzler hat das Beste, das man über seine Regierung sagen kann, eh schon selber ausgesprochen. Er hat sein Pulver mit den Worten verschossen: ›Ich bin kein Dollfuß, Haider ist kein Hitler.‹«

Teilweise herrscht eine Stimmung, die einen den Kragen hochklappen läßt. Im Ausland zieht man als Österreicher sowieso den Kopf ein. Im Inland regieren Neid, Ressentiment, Lüge und das Drüberfahren. Der Politologe Nikolaus Dimmel hat darauf verwiesen, daß die neue Politik einen fatalen Zusammenhang schafft: »Im Grunde genommen basieren Populismus, Chauvinismus und die Politik der Ressentiments darauf, daß der gesellschaftliche Konsens über die materielle Teilhabe der Modernisierungsverlierer Ende der achtziger Jahre zerbrochen ist. 15 Prozent der Bevölkerung zählen zu dieser Gruppe, weitere 25 Prozent sind vom sozialen Abstieg bedroht. Es sind fraglos große Teile dieser Gruppen, die sich von den rassistischen und chauvinistischen Parolen in den Bierzelten begeistern lassen. Sohin ist das Fatale am Haiderismus, daß er seine eigenen sozialen Grundlagen schafft, nämlich Armut, soziale Ausgrenzung und Ressentiment.«

An die logische Alternative zu erinnern, kommt nicht in Frage. Eine Senkung der Vermögenssteuer ist tabu, ebenso eine Durchforstung der wuchernden Familientransfers. Deswegen heißt der Hausgott der Regierung Sparefroh. Der öffentliche Sektor muß verkleinert werden, tönt die Mühle. Die Verwaltung ist nicht effizient zu reformieren. Reform darf anscheinend nur als Entstaatlichung gedacht werden. Die Wahrheit ist: Die Sozialpartnerschaft hat als Verfahren politischen Segen gebracht. Der mit ihr verbundene Begriff von Politik als Aushandeln gegensätzlicher Interessen ist der von den intellektuellen Snobs in den sichersten Positionen angeflirteten Politik-Definition des gegenseitigen Schädel-Einschlagens nach Carl Schmitt allemal vorzuziehen. Sie hat aber auch als nichtöffentliches Verfahren den wesentlichen Teil des Politischen, daß solche Verhandlungen nämlich, um demokratisch zu sein, auch öffentlich sein müssen, mißachtet und insofern ihren Teil zur österreichischen Misere beigetragen.

Die Frage stellt sich, ob eine Rekonstruktion überhaupt noch denkbar wäre: Eine Ménage à trois wird nicht zu haben sein; daß Gewerkschaft und Arbeitgeber zu einer neuen Form von Partnerschaft finden, gilt als unwahrscheinlich. Oder wird doch dem Thatcherismus mehr Austro beigemengt, als es anfänglich aussieht? Und läßt sich überhaupt eine Sozialpartnerschaft ohne wattierte Türen denken, eine friedliche, aber harte Auseinandersetzung gegensätzlicher Interessen in der Öffentlichkeit? War nicht noch vor wenigen Jahren die Sozialpartnerschaft die Grundlage des österreichischen Erfolgsmodells, das man in die EU exportieren wollte (damals empfand ich das als gefährliche Drohung)?

Dagegen spricht, daß sich das Klima vergiftet, daß Schüssels taktisches Kalkül ihn und die Seinen mehr und mehr in den Bannkreis der Haider-Partei rückt. Die Wende war mit atmosphärischen Störungen jenseits der üblichen einer Machtübernahme verbunden, die von rechts ausgingen und von der Mitte mit Schweigen beantwortet wurden, wenn diese nicht selbst, wie im Fall des ORF, federführend teilnahm. Die dortigen Einschüchterungen haben sich ausgezahlt. Eine überwältigende Vielfalt und Vielzahl von Bartenstein-, Schüssel- und Khol-Auftritten ergießt sich über die Hörer und Seher. An die Westenthaler-, Haider- und Riess-Passer-Welle hat man sich bereits gewöhnt. Der Vorwand des Sparens schuf in der Kulturpolitik einen Zustand, in dem unliebsame Kulturinitiativen unter dem Vorwand von Sachzwängen im ungewissen über ihre Mittel gehalten wurden. Da war es in Kärnten noch besser, wo die klare Auskunft lautet: Hände, die füttern, werden nicht gebissen, sonst gibt es kein Futter. Beim Filmfestival Diagonale in Graz hatte nach gleichlautender Ankündigung wegen regierungskritischer Texte im Katalog die steirische Landesregierung sich gerade noch besonnen und den bereits zurückgezogenen Preis doch ausgezahlt. Die Botschaft blieb. Der Kunststaatssekretär Morak – »Ich stehe für eine Koalition mit der FPÖ nicht zur Verfügung«, sagte er 1996 – evaluiert, spart und wartet darauf, daß Künstler und Intellektuelle endlich zu ihm überlaufen. Davon ist wenig zu sehen. So bleiben ihm nur hilflose Vereinnahmungsgesten und theatralische Auftritte. Man erinnert sich bei Morak jener Definition, die der Wirtschaftshistoriker Roman Sandgruber für die Unternehmenskultur des Ständestaats bringt: »Sie entsprach der Mentalität von Unternehmern, deren hervorstechendes Merkmal es ist, nichts zu unternehmen.«

Die Einschüchterungskampagne der burgenländischen FPÖ gegen die evangelische Superintendentin Gertraud

Knoll überschritt das Maß des Atmosphärischen bei weitem. Die zahlreichen Urteile der Justiz gegen einzelne Personen können der Regierung nur insofern zur Last gelegt werden, als sie meist von Haiders langjährigem Rechtsanwalt, dem nunmehrigen Justizminister Böhmdorfer, erstritten wurden. Die Justiz ist unabhängig. Daß der für einige dieser Urteile zuständige Richter Ernest Maurer die FPÖ im ORF-Kuratorium vertritt, sieht halt nicht besonders hübsch aus. Das Urteil, das den Politologen Anton Pelinka dafür bestraft, daß er die Wahrheit über Haider sagte, wird, wie gesagt, vor dem Europäischen Gerichtshof nicht halten. Ebenso skandalös wie dieses Urteil ist die Tatsache, daß in Österreich wenig Aufregung darüber herrschte. Der Soziologe und Sozialexperte Bernd Marin wurde diffamiert, auf der Lohnliste des Sozialministeriums gestanden zu sein. Es wurde insinuiert, er sei direkt von der SPÖ bezahlt worden. Erst nachdem er sich zur Wehr setzte, wurde das Gerücht korrigiert. Sprecher beider Regierungsparteien hatten es in der Zwischenzeit bereits freudig aufgegriffen und verstärkt. Von den wilden, aber nicht unsystematischen Bemühungen Haiders war schon die Rede. Auch sie gehören ins Bild der Stimmungsmache, die die Wende begleitet: Die Palette reicht von der Idee, österreichkritische Abgeordnete strafrechtlich zu verfolgen, bis zum Vergleich von Journalisten mit bissigen Hunden.

Schuld sind die anderen

Wie schön wäre es, brächte der österreichisch-millenarische Paradigmenwechsel mehr von der ersehnten frischen Luft aus Liberalisierung, erwachendem Bürgergeist, entfesseltem Unternehmertum bei gleichzeitig aktivem sozialem Gewissen! Leider steht all das nicht auf der Tagesordnung. Vielmehr ist Österreich zum Problem und zum Prüfstein, um nicht zu sagen zum Schandfleck Europas geworden. Der Paradigmenwechsel findet statt, aber anders als geplant. Die österreichischen Maßstäbe stimmen offenkundig mit den Maßstäben des Westens nicht überein. Das läßt sich nicht mehr kleinreden, indem man all die möglichen und tatsächlichen unlauteren Interessen und Motive der Vierzehn ins Spiel bringt. Die österreichische Amnesiegesellschaft mußte nach ihrem krisenhaften zeithistorischen Erwachen durch Waldheim auch einmal in die politische Krise geraten. Die ist jetzt eingetreten. Unvorstellbar für das Austro-Inland, daß sich das zugehörige EU-Inland erstens seit Amsterdam als »Raum der Freiheit, der Sicherheit und des Rechts« versteht und sich tatsächlich zu einer Innenpolitik aufschwingt, weswegen auch die Hinweise, im Fall einer Beteiligung des Neofaschisten Gianfranco Fini an der italienischen Regierung habe die EU geschwiegen, nicht verfangen, denn das war vor Amsterdam.

Es ist in Österreich unvorstellbar, daß man sich mit gewissen Aussprüchen tatsächlich für immer (zumindest bis zur glaubhaften Läuterung) für politische Ämter disqualifiziert. Was hierzulande augenzwinkernd geduldet wird – man kennt einander, das schwarze Schaf wird schon noch weiß werden –, sieht man andernorts viel strenger. Damit ist nichts für den Sinn der diplomatischen EU-Boykott-Maßnahmen gesagt (sie sind in beiden Richtungen unsinnig), aber alles für den politischen Sinn des scharfen Protests und der genauen Beobachtung einer Regierung, *jeder* Regierung, in der sich eine rechtsextreme Partei befindet. Tatsächlich haben die EU-Sanktionen Haider zur europäischen Medienfigur gemacht und die Idee Haiders als Führer der europäischen Rechten, eines Karawanken-Gaddafi der Euraber, ermöglicht. Umso nötiger, ihm und seinesgleichen gegenüber prinzipienfest zu bleiben. Österreich muß als Etappe einer politisch werdenden Union gesehen werden; leider setzt Österreich sich selbst als europäischen Staat aufs Spiel. Vor diesem Hintergrund ist alles, was die ÖVP zur Verteidigung Haiders sagen muß, um sich selbst an der Macht zu halten, doppelt skandalös. Haider wäre damit umgekehrt eine Chance auch für Österreich selbst: sich klar und unmißverständlich, ohne vorgehaltene Hand, als europäischer Staat zu deklarieren.

Alles ist möglich. Eine weitere Haiderisierung der ÖVP, eine Spaltung der FPÖ in liberale Gewinnler und frustrierte Ausgegrenzte. Oder ein Koalitionskrach mit anschließenden Neuwahlen, bei denen die FPÖ die Rechnung dafür präsentiert bekommt, regiert zu haben. Oder bei denen Haider, den sie jetzt schon wieder totsagen, an die Macht kommt.

Das Ende der rotschwarzen Laokoon-Gruppe ist tatsächlich zu konstatieren. Ja, es handelt sich um einen Systembruch, um das Ende der ewigen Koalition. Das rotschwarze Klientelsystem ist zu Ende. Jetzt kommt nichts anderes als das blauschwarze. Zu Ende ist vor allem die Entpolitisierung, die erzwungene Scheinharmonie über kaum mehr zu übertünchenden Gegensätzen, zu Ende ist das Kabinettsgemauschel, zu Ende ist das Ende der Politik. Aber um welchen Preis! Das Schlimmste ist nicht die Mittelmäßigkeit bis Unzumutbarkeit des Regierungspersonals; auch nicht die Lächerlichkeit, daß einer eine Präambel demokratischer Selbstverständlichkeiten unterschreiben muß, daß der Bundespräsident Minister wegen Unzumutbarkeit ablehnt. Das ist peinlich, aber es mag hingehen. Das Schlimmste ist der antieuropäische Reflex, der in Kauf genommen wird und der lautet: nieder mit Europa, hoch Österreich, das unschuldige Opfer. Schuld sind die anderen. Und weil sie schuld sind, fühlen wir uns berechtigt, sie mittels Volksbefragung zu erpressen.

Beim Aspekt der Öffentlichkeit mischen sich Erfreuliches und Abscheuliches. Das Erfreuliche: Politische Gegensätze werden nicht nur in parteipolitischer Hinsicht wieder kenntlich. Die vielbeschworene Zivilgesellschaft beginnt mit Zivilcourage. Ebenfalls erfreulich: Diese Regierung hat durch ihr Zustandekommen einen Akt unerhörter medialer Dissidenz gesetzt, indem sie das Diktat der *Kronenzeitung* mißachtete. Das allein macht sie nicht sympathischer, aber es verdient vermerkt und als Beispiel für alle kommenden Generationen festgehalten zu werden. Es geht auch so. Schon schwenkt die *Krone* brav auf Regierungslinie. Die Lehre: Strukturellen Opportunisten darf man nicht mit Opportunismus begegnen. Das Abscheuliche besteht nicht nur in der Schulterschluß-Rhetorik, die das arme Opferland Österreich nun hervorbringt, es besteht in den hegemonial motivierten, aber drohend grundierten Attacken auf Andersdenkende, die sich vom ORF bis in die Kulturszene und in die Wissenschaft hinziehen.

Eine Repolitisierung findet statt. Und die europäische Aufmerksamkeit findet ihre österreichische Entsprechung. Wir sind Europa! Und weil wir es sind, dem Erdteil inmitten, einem starken Herzen des Populismus gleich, bekommen wir nun viel europäische Aufmerksamkeit. Es geht nicht nur Österreich, es geht den Leuten in ganz Europa zu gut. So löst sich das Rätsel, warum die Menschen der Hafer sticht: nicht weil es ihnen zu schlecht geht, sondern weil es ihnen zu gut geht. Es fehlt in den superreichen Gesellschaften an Projekten, Aufgaben und Ideen, sagt der Politologe Claus Leggewie. Jetzt ist Österreich selbst ein solches Projekt geworden: nach »außen«, wie die Regierung die EU betrachtet, und nach innen. Dieses heißt etwas großspurig »Widerstand« und belebt das politische Interesse vieler, die bis dato dem Aufstieg der harmlos geredeten Populisten gleichgültig bis desinteressiert zusahen und nicht wählen gingen. Immerhin: Leute, die einst gegen den Beitritt zur EU stimmten, sind heute froh, Europäer zu sein.

IX

Man sollte dagegen sein

Und herauf die weiten Stiegen
Dringt ein buntverworr'nes Rauschen ...
Franz Grillparzer,
»Der Traum, ein Leben«

15. Juni 2000, ein heißer Abend. Ich schlenderte nicht ganz absichtslos durch Wien, hatte vor, ein Feuilleton über den Stand der Dinge abzufassen. Jeden Donnerstag abend treffen sich seit der Bildung der schwarzblauen Koalition Demonstranten am Ballhausplatz, um irgendwohin zu marschieren, geleitet von einer noch immer erstaunlich toleranten Polizei. Auch wenn den Beamten die Demos schon auf die Nerven gehen, die Boulevardblätter ihre Hetze allmählich verschärfen, verläuft alles bis auf wenige Ausnahmen friedlich. Die *Krone* brachte sogar den Leserbrief einer betagten Dauerdemonstrantin, allerdings nur, um den Hohn vieler weiterer Leserbriefe über sie zu ergießen. Anfangs hatten sogar einige Polizisten von ihren Gewissenskonflikten berichtet (manche sagten, sie hätten selbst gern demonstriert; wir sind im Roten Wien), und der Wiener Polizeipräsident selbst hatte seine Tochter von einer Demonstration abgeholt, die Teilnahme durchaus nicht mißbilligend. Ehemalige Kanzler und Minister fanden sich anfangs unter den Demonstranten. Jetzt aber, an diesem Juniabend, schien schon etwas die Luft draußen.

Ich ging schnell hinüber ins Kunsthistorische Museum, wo am gleichen Abend, keine 300 Meter Luftlinie entfernt, die Ausstellung »Kaiser Karl V. – Macht und Ohnmacht

Europas« eröffnet werden sollte. Festredner: der Bundeskanzler. Überall in der Stadt hingen Plakate mit dem Tizian-Porträt des Habsburgers, auf dem dessen Gemächtschutz provozierend aus dem Goldwams ragt. Mit dem rechten Zeigefinger deutet Karl darauf, von links schnuppert eine mächtige weiße Ulmer Dogge daran. Ohne ein weiteres österreichisches Spezifikum daraus machen zu wollen: Alle haben es gesehen, niemand hat davon geredet.

Im summenden marmornen Kuppelsaal Hunderte Konservative, die Blüte des Wiener Konservativismus, so dicht, wie man sie nicht einmal bei Jubiläen der *Presse* findet. Dort drängt sich noch der eine oder andere Liberale oder Sozialdemokrat dazwischen. Nicht hier. Geschlossen schwitzten die repräsentativen Kulturalisten, eine Stunde fast mußten sie dunsten, ehe ihr Kanzler eintraf, begrüßt mit enthusiastischem Applaus. Wenn das die Demonstranten wüßten, dachte ich. Der holländische Festredner Wim Blockmans warnte davor, angesichts des Renaissance-Themas leichtfertige Parallelen zur Gegenwart zu ziehen. Schüssel hatte offenbar genau das vorgehabt, disponierte aber geschickt aus dem Stegreif um, vermied die Antwort auf den Vorredner, wo sie angebracht gewesen wäre (»Politik verhält sich sträflich untätig gegenüber dem Diktat der kommerziellen Massenmedienkultur«), holte sich nur ein paarmal den sicheren Applaus (»unser Traum ist ein partnerschaftliches, kein zentralstaatliches Europa«) ab.

Während Schüssel mit der Prominenz die Ausstellung besichtigte (ich ging nicht mit, das Thema Karls Gemächt blieb sicher ausgespart), brachen beinahe schweigend und routiniert, nur von etwas Getrommel akkompagniert, die Demonstranten vom Ballhausplatz auf. Knapp 1500 mögen es gewesen sein. Es konnte an diesem Abend für sie nur ein Ziel geben: die von Christoph Schlingensief als Projekt der Wiener Festwochen errichtete Container-Stadt. Schlingensief spielte seit Beginn der Woche auf die Welt der Real-Soap-Operas nach dem Muster von Big Brother an. Gefüllt mit Asylanten, geschmäht von der *Kronenzeitung*, umstritten von den Bösen und gefeiert von den Guten, stand seine Aktion eine Woche derart im Mittelpunkt der Aufmerksamkeit, daß man schon allein deswegen den Hut vor Schlingensief ziehen mußte. Er holte das Beste aus allen Akteuren, er motivierte FPÖ und *Kronenzeitung* von Tag zu Tag mehr, bis diese endlich seine Aktion mit einer Schlagzeile krönte: »Container-Show kostet Millionen.« Festwochen-Chef Luc Bondy sei zufrieden, berichtete die *Krone*, »er brauchte den Provokateur Schlingensief, um seine Kunstschickeria zufrieden zu stellen«. Der Wiener Kulturstadtrat Peter Marboe mußte sich von *Krone*-Herausgeber Hans Dichand eine »Steuergeld vernichtende Niete« nennen lassen und faßte strafweise eine fette, fiese Kampagne aus, weil er zu Recht auf der Freiheit der Kunst beharrte und den geforderten Eingriff verweigerte. Die FPÖ weiß in solchen Fällen Rat: Freiheit der Kunst im allgemeinen ja, aber das hier ist keine Kunst! »Wie selbst der Intendant der Festwochen, Luc Bondy, zugab, hatte diese Aktion nichts mit Kunst zu tun, sondern war laut Bondy eine politische Veranstaltung«, berichtete das Parteiorgan *Neue Freie Zeitung*.

Provokateur Schlingensief hatte die Republik Dichand in den Schlingen seines Doublebind gefangen: Wer gegen die Entfernung des Transparents »Ausländer raus« war, sprach sich scheinbar für dessen Inhalt aus; wer es entfernen wollte, gegen die Freiheit der Kunst. Die Ebene des Theatralischen (alles wird Theater, sobald es auf der Bühne passiert) tat ein übriges. Denn der Doublebind, so zeigte Schlingensief, ist die Verfahrensweise der österreichischen Politik. Wie sonst soll man verfahren, fragte der Philosoph Burghart Schmidt, wenn »das offizielle Österreich die Satire methodisch zur Verblödung Europas und Österreichs selber einsetzt?« Zum Beispiel Kanzler Schüssel: Löst erst die Sanktionen aus, schlägt alle Warnungen in den Wind und vergattert dann die Bevölkerung zum nationalen Schulterschluß. Das gleiche Spiel mit Europa: Er fordert das Ende der Sanktionen und erschwert es zugleich durch Drohungen. Schlägt selbst ein Monitoring vor und lehnt es, wird es angeboten, ab, weil sich die Lage stabilisiert habe.

Wie der Kanzler und sein Widerpart, der Landeshauptmann von Kärnten, aneinander gebunden sind, grenzt an eine doppelmasochistische Doppelmasche. Auch der alte Mann in der Muthgasse, der Herausgeber der *Kronenzeitung*, spielte seine Rolle nicht schlecht. Man ist ja viel an parademokratischem Gedankengut gewohnt, aber was Schlingensief bei der *Krone*-Kampagne an Verfassungsverständnis zutage förderte, war doch ein starkes Stück. »Sogar Hilmar Kabas hätte sich seine Lump-Hump-Dump-Affäre erspart, hätte er zeitgerecht bei Kulturstadtrat Marboe das Privileg der ›künstlerischen Freiheit‹ eingeholt. Und erst der Windholz aus NÖ!«, schrieb allen Ernstes der außenpolitische (!) *Krone*-Kommentator Kurt Seinitz. Niemals vergessen: Es handelt sich um das politische Leitmedium des Landes.

Den Höhepunkt seiner Inszenierung schenkten Schlingensief jedoch die Demonstranten. An jenem Donnerstag bewegten sie sich mit gelassener Sicherheit auf die Staatsoper zu, neben der Schlingensiefs Container-City in einem abgezäunten Areal stand, geschmückt mit dem provokanten Slogan »Ausländer raus«, mit dem abgewandelten Logo der *Kronenzeitung* und mit Fotos der »Asylanten«. Die Menge versammelte sich vor dem Platz, eine Frau und ein Mann durchbrachen die Abzäunung und erkletterten das Dach. Die Security griff nicht ein, als der Demonstrant versuchte, das hölzerne Schild mit dem Slogan zu zertrümmern und die Demonstrantin Widerstandsslogans auf die Reste sprühte.

Schlingensief beobachtete die Szenerie gelassen. Ohne sichtbare Regung nahm er den Jubel zur Kenntnis, als das Schild fiel. Nun war es ihm gelungen, auch diese Akteure in sein Spiel »Bitte liebt Österreich!« zu integrieren. Später sagte er, sie hätten als österreichische Bevölkerung die Bewährungsprobe bestanden. Das stimmte so zwar nicht, denn bei der österreichischen Bevölkerung überwog längst das patriotische »Mir lossn uns nix gfoin«, das so merkwürdig mit der Hilfsbereitschaft gegenüber Nachbarn in Not kontrastiert. Schlingensief hatte die Demonstranten in ihrer Doppelrolle vorgeführt: zugleich Gegner des rechten Chauvinismus und linke Patrioten. Schulterschluß auch hier! Immerhin: Das Container-Spiel hatte stattfinden dürfen, die neue Regierung hatte es nicht verboten, der politmediale Mob hatte es nicht abgeschafft, obwohl Touristen, ebenfalls von Schlingensief genarrt, besorgt bei ihren Botschaften anriefen und zuerst glaubten, dem häßlichen Österreich ins Antlitz zu schauen.

Lauter Patrioten

Wenn es wahr ist, daß der gängige Feschismus sich vor allem aus dem Fundus der erfolgreichen österreichischen Nationsbildung speist, samt erotischem Kokettieren mit deren Verdrängtem, ist ebenso wahr, daß sich diesem erfolgreichen austrochauvinistischen Programm kaum jemand aus der jetzt lebenden Generation entziehen kann. Die Zweite Republik Österreich habe »keine Geschichte, die jenen Stolz und jenes Selbstbewußtsein ermöglicht hätte, die Voraussetzung für emphatische Staatsgründungen sind«, bemerkt Robert Menasse. Abgesehen von der Frage, ob Staatsgründungen immer emphatisch sein müssen (denken wir an das nächstliegende, gewiß nicht emphatische Beispiel der Bundesrepublik), abgesehen davon, ob es in der österreichischen Geschichte keinen Grund für »Stolz« gibt, trifft doch die Beobachtung zu, daß Stolz und Selbstvertrauen nach 1945 neu konstruiert wurden, werden mußten, und daß diese Konstruktion erfolgreich war. Die Österreicher verstehen heute Österreich als Nation und sich selbst als Patrioten. Nun ist Nationalismus immer der Anfang des Chauvinismus und Nationalität, wie wir vom Österreicher Grillparzer wissen, der Anfang des kurzen Wegs zur Bestialität.

Moderner ausgedrückt, besteht der Erfolg Europas in der »Neutralisierung« seiner nationalistischen Tendenzen, wie das der Historiker Dan Diner ausdrückt. Während sich Europa im Inneren neutralisiert, holt das neutrale Österreich in dieser Umgebung den ihm je schon vorenthaltenen Patriotismus nach und renationalisiert sich. Umgekehrt ist mit dem Nationalstaat weiterhin zu rechnen, gerade in dem Augenblick, da er sich selbst zur Disposition stellt und darüber entscheidet, ob er sich in übernationalen Gebilden aufheben möchte. Die positive Forderung nach einem europäischen, gar kosmischen Bewußtsein mutet daher eher komisch an. Liebenswert in ihrer negativen Variante, der Absage an jeden Nationalismus als Vorstufe des Chauvinismus, bleibt die Frage nach der politischen Alternative dieser Absage unbeantwortet, sofern man nicht die Forderung nach einer abstrakten Humanität oder einem Weltbürgertum gelten läßt. Das Vakuum aber füllt sich sowieso. Ob sich der Nationalismus spielerisch beherrschen läßt, wie das die TV-geleiteten Massenveranstaltungen im Sport suggerieren, während die Ökonomie leidenschaftslos die alten Grenzen verwischt, wird man sehen.

Geplant war, den Glauben an ein lebensfähiges kleines Land zu schaffen, das alles anders machen wollte als bisher.

Der Austrochauvinismus als Feschismus ist die übers Ziel schießende Folge des ungenügenden Konstruktionsplans. Er wird von der Regierung mit Appellen zum Schulterschluß ausgenützt, in denen fatale Anklänge an den Appell zur Volksgemeinschaft mitschwingen. Rotweißrot und die blaue Fahne mit den goldenen Sternen symbolisieren zwei Lager von Fans. Ich fühle mich schon kämpferisch, wenn ich mit meinem aufgespannten EU-Regenschirm durch die Stadt gehe.

Der linke Patriotismus hingegen bedeutet einen Offenbarungseid. Ein Eingeständnis, daß auch oppositionelle Politik es nicht wagt, Alternativen zur aufgeregten allgemeinen Gefühlslage zu artikulieren. Er widerspricht nicht, aus Angst vor mehr Aufregung. Dadurch aber verbessert er die Lage für die Provokateure, die immer frecher werden. Während Verwendung von NS-Terminologie und -Gedankengut ein läßliches Vergehen darstellt, rückt alles Österreichkritische in die Nähe des Hochverrats. Vor allem blendet der linke Patriotismus –weil's zu kompliziert ist? – die historisch fatale Rolle Österreichs im 20. Jahrhundert aus (zwei Weltkriege, ein Führer) und folgt damit ohne Not ebenfalls dem Plan des emotionellen Wiederaufbaus. Aus Angst vor Umfragen und Schlagzeilen gerieren sich Grüne wie Rote mittlerweile als Oberpatrioten und beten unter dem Druck der öffentlichen Meinung den Blödsinn vom »Österreich, das nicht so ist« nach, statt zu artikulieren, wie es sein sollte. Natürlich ist »Österreich« nicht so, aber ein erheblicher Teil der österreichischen Wähler ist halt doch so.

Da Politik sich offenbar nur mehr populistisch denken läßt, geben Rote und Grüne dem Druck nach. Ja, sagte mir ein junger, tüchtiger Einwohner des Waldviertels, ÖVP-Mann von Geburt, die Regierung sei ihm auch nicht recht, und der Van der Bellen, der hätte ihm schon gefallen, er habe sogar daran gedacht, seinetwegen demnächst Grün zu wählen. Aber als der angefangen habe, sich mit der EU zu solidarisieren, da sei es für ihn vorbei gewesen. Das hatte Van der Bellen zwar nie getan, er hatte nur ein gewisses Verständnis für die Motive der 14 durchklingen lassen. Aber der grassierende Patriotismus macht es unmöglich, diese Frage rational zu diskutieren. Schuld daran ist weniger der linke Patriotismus als vielmehr der Zustand der Öffentlichkeit, dessen Folge er ist. Als der neue SPÖ-Chef Gusenbauer mit Jospin ein Gläschen trank, nachdem er ihn beschworen hatte, von den Sanktionen abzurücken, forderten in Österreich die Feschisten Gefängnis für Gusenbauer. Das patriotisch gestimmte Publikum aber fand weniger diese Forderung merkwürdig als Gusenbauers Reise zum belgischen und französischen »Feind«. Dabei hatte er die nur im Interesse des Landes unternommen! Als Patriot!

Nach der Befreiung des Containers von seinem Slogan schrieb Uwe Mattheiss in der *Süddeutschen Zeitung* über die Demonstranten: »Sie vollziehen gegen Haider symbolisch und nachträglich, was viele ihrer Eltern und Großeltern gegen Hitler unterlassen haben. Die österreichische Opposition muß nun endlich klären, ob es ihr um die Demokratie geht oder um die Wiederherstellung der Identifikation mit dem nationalen Kollektiv. Aus der symbolischen Intervention der Linksnationalen in die symbolische Intervention Schlingensiefs spricht der Herzenswunsch einer breiten Öffentlichkeit: Das Bild Österreichs muß wieder sauber werden!«

Ein gutes Bild machen

Entpolitisierte Bürger lagen im Interesse der großen Koalition; eine Öffentlichkeit, die andere Interessen artikuliert hätte, brauchte sie nicht, ja empfand sie als schädlich. Die

Generation der 68er, die im Westen Europas den Ton angibt, war hierzulande zu schwach, später nahmen viele eine reaktionäre Wende oder zogen sich ins Private zurück. Gegen den schlaffen Konservativismus samt Spindoctoring auf seiten der SPÖ und gegen die konservative Schlaffheit plus müdem Katholizismus auf seiten der ÖVP setzte sich der hetzerische Feschismus kraft der Vitalität seiner Aggression und dank der Unterstützung durch gleich hungrige Medien durch: Der politische und der publizistische Mob stützten und ergänzten einander und prägten das österreichische Milieu. Davon abweichende Formen politischer Artikulation waren von der Marginalisierung bedroht: die Grünen von einem sektiererischen Alarmismus, die Liberalen, weil Liberalismus in Österreich nicht einmal als Rechtsliberalismus ein Publikum hat. Das einzige, was ein Publikum zu haben schien, war auf politischer wie medialer Ebene Populismus unter der europäischen Gürtellinie. Deswegen konnte auch der Beitritt zur EU nur mit Unterstützung der *Kronenzeitung* gelingen.

Entsetzt und hilflos stand die schweigende Vielzahl derer, die sich politisch nicht repräsentiert fühlten, vor dem Wahlergebnis und fragte sich, wieso sie nicht schon früher etwas getan habe. In einem Land, das keine Tradition zivilisierter politischer Auseinandersetzung hat, nur eine Kultur des Zusammensetzens, von Streiks und Demonstrationen ganz zu schweigen? Die vielen Gegendemonstranten und Neugierigen bei der Abschlußkundgebung der FPÖ am 1. Oktober 1999 auf dem Wiener Stephansplatz hatten es angekündigt; nun mußte etwas geschehen. Bloß was? Es war eine Handvoll Journalisten, Schriftsteller, Philosophen und Mitglieder des Republikanischen Clubs, die sich zaghaft an die Organisation einer Kundgebung machte, in der bangen Hoffnung, es möchten wenigstens doppelt so viele Menschen kommen wie zur FPÖ. 10 000 waren es damals gewesen, am 19. November kamen 70 000. Sie vollzogen ein Reinigungsritual. Die 70 000 säuberten nicht das Bild Österreichs, aber den Stephansplatz. Ihr Auftreten diente als Zeichen. Zeigen, daß es andere gibt im Land. Für jeden, der auf die Hetz- und Haßparolen der Feschisten mit geifernder Zustimmung reagiert hatte, standen jetzt sieben andere dort, die schwiegen. Auf jeden Wähler dieser Partei kamen sieben, die ein von ihr geführtes Österreich zutiefst ablehnen.

In der Redaktion meiner Zeitschrift hatte Skepsis unter den Mittzwanzigern geherrscht. Demonstrieren, sagten sie, mehr zu sich selber, wer will das noch, wer geht da noch hin? Ändert sowieso nichts. Aus Neugier gingen sie doch. Das Erlebnis der Menge und die ernste, freundlich-unaggressive Stimmung änderten ihre Ansicht. Am Abend des 24. Jänner, als offiziell die Verhandlungen zwischen ÖVP und FPÖ aufgenommen wurden und deshalb eine Demonstration vor der ÖVP-Zentrale angekündigt war, sah ich die Demo-Skeptiker von gestern wie auf Verabredung gegen halb sechs zur Tür hinaus schleichen. Die Jungen hatten ein neues Medium gefunden: die Straße.

Dort war Österreich nicht wiederzuerkennen, mehr als 15 000 Menschen! In einer wunderbaren Mischung von Leuten, die einander seit 30 Jahren nicht mehr gesehen hatten. Alte Leute, die noch nie auf einer Demo waren, und Junge, die nun lernten, ihre Neuentdeckung liebzuhaben. Anarchos neben Pensionisten, Frauen mit Kinderwägen neben ehemaligen Ministern, Schüler neben Arbeitern. Empört, aber friedlich. Besorgt, aber unhysterisch. Betroffen, aber nicht ohne Ironie. In ganz Österreich fanden in diesen Tagen Kundgebungen statt, an Orten, wo man dergleichen nicht für möglich gehalten hätte. Tausende in Bregenz! Zehntausende in Graz! Anfangs wirkte es wie ein Rausch. In Wien begann der Protest sich selbst zu organisieren, das Medium der »Wiener Spaziergänge« entstand. Jeden Abend marschierten Tausende durch die Stadt, verabredeten die Route über Internet, SMS und Handy, trotteten durch die Außenbezirke, wo euphorisierte jugoslawische Kellner aus den Lokalen applaudierten und altlinke Opas mit roten Pyjamas beim Fenster des Gemeindebaus herauswinkten. Die Schriftstellerin Marlene Streeruwitz erklärte den Sinn der Spaziergänge so: »Die Donnerstag-Wandertage sind von utopisch-anarchischen Zügen geprägt. Die Regeln können außer Kraft gesetzt werden, weil alle sich auf Freundlichkeit geeinigt haben. Und das ist dann ja auch schon die Botschaft. Toleranz im Anti-Rassismus. Beglückende Gemeinsamkeit in einem positiven politischen Gefühl.«

Die Polizei lächelte freundlich dazu. Promis aller Arten marschierten mit. Das Fernsehen und die Medien berichteten ausgiebig und meist wohlwollend. Schon vor Schlingensief kam es auch zu semantischen Mißverständnissen. Die *Kronenzeitung* brachte die Schlagzeile »Österreich wehrt sich« (gegen die Sanktionen, lautete die Fortsetzung). Unter der Schlagzeile war ein Foto von Demonstranten abgebildet. Als ein begeisterter Demonstrant die druckfrische Zeitung triumphierend über der Menge schwenkte, glaubte diese, sie selbst sei gemeint. Jubel! Jetzt hatten sie endgültig gewonnen, wenn ihnen auch die *Krone* zustimmte! Das Mißverständnis war schnell aufgeklärt. Ein paar Monate später titelte die *Krone*: »Demos kosten uns schon 82 Millionen.« (Übrigens zeit- und fast wortgleich mit FPÖ-Geschäftsführer Peter Westenthaler, der sich dazu verstieg, die Demonstranten mit Hooligans zu vergleichen und von »Gewalttätern« faselte, »die jeden Donnerstag Wien unsicher machen und alles kurz und klein schlagen«.)

Dabei hatte es bei mehr als 150 Demonstrationen bis Mitte Juli gerade ein paar kurzfristig besetzte Amtsgebäude, wenige eingeschlagene Scheiben und ein paar Leichtverletzte gegeben. Westenthaler hatte sich bereits öfters blamiert, als er Kundgebungen Mißerfolge voraussagte. So leicht ließen sie sich nicht kleinreden, wenngleich bei aller Leichtigkeit der Organisation ihr politisches Vokabular etwas schwerfällig daherkam. Gegen den Rassismus kämpften sie. »Widerstand!« riefen sie. Auf die Zivilgesellschaft setzten sie.

Die zynischen Geschwader der Intelligenz antworteten sofort mit Schmähungen. Von »antifaschistischem Karneval« war die Rede. Gegen den Rassismus hätte man bereits unter den vorangegangenen Regierungen kämpfen müssen, hieß es. Das war auch tatsächlich geschehen; nicht in massenhafter Form, aber doch nachdrücklich und nicht erst nach dem Tod des Schubhäftlings Marcus Omofuma. Die Kritiker übersahen außerdem, daß für die neuen Generationen auf der Straße der Kampf gegen Rassismus kein erzwungenes Argument darstellte, wie einst das Auftreten der Kritiker gegen den fernen Kolonialismus, sondern nichts anderes bedeutete als das ganz persönliche Einstehen für Lebensqualität: Viele der besten Freunde dieser Kids sind Ausländer. Eine Zeitlang sah es fast so aus, als hätte die Spaßgeneration ihren Spaß an Politik gefunden.

Auf dem Höhepunkt des Protestspaßes wurde mehrstimmiger Einspruch gegen den Mißbrauch des Wortes »Widerstand« artikuliert. Tatsächlich ist das Wort Widerstand auf die Bemühungen einer Opposition nicht anzuwenden, solange diese im demokratischen Rahmen stattfinden. Daß sie das kann, daran besteht in Österreich kein Zweifel. Der Rest ist Selbstverkitschung, aber als solche nicht so schlimm, wie die Kritiker taten. Nehmen wir als

Beispiel die Verwendung des Symbols »O5«. Die Vereinigung ehemaliger Widerstandskämpfer verbat sich in offenen Briefen an *Presse* und *Standard* die Verwendung dieses Symbols. O und 5 stehen bekanntlich für O und E, den fünften Buchstaben im Alphabet, was zusammen Ö wie Österreich ergibt. In Zeiten der Naziherrschaft wurde dieses O5 in die Wand des Stephansdoms eingeritzt, wo es – heute noch gepflegt – neben dem Riesentor zu bewundern ist.

Die neuen Verwender von O5 wollen damit möglicherweise gegen das kokette Verhältnis der Regierungspartei FPÖ zum Dritten Reich protestieren. Und sie teilen in einer Antwort auf den offenen Brief der Widerstandskämpfer mit, sie hätten bereits vor »mehreren Monaten (also noch vor dem Zustandekommen der derzeitigen Regierung) beschlossen, das Symbol ›O5‹ als sichtbaren Widerstand gegen den wieder aufkeimenden höchst bedenklichen Nationalismus und Rassismus in Österreich wiederzubeleben«. Und: »Die Wiederbelebung des Symbols O5 geschah voller Respekt und Bewunderung für die WiderstandskämpferInnen gegen das Naziregime.«

Man kann zwar nicht überhören, wie sie zwischen den Zähnen »alte Deppen« murmeln, aber die edle Absicht ist keinesfalls zu bezweifeln. Auch nicht, daß sich die Widerstandskämpfer mehr darum sorgten, daß ihr Widerstand und sein Symbol pathetisch mißbraucht werden könnten, als um die Frage, was an den Protesten berechtigt wäre. Es lag ihnen fern, den Österreich-Patriotismus zu kritisieren, der in dem Gebrauch des O5 durchschien. Und auch der Doppelcharakter des Zeichens O5 schien sie nicht zu interessieren. Einerseits war es Ausdruck des nationalen österreichischen Widerstands gegen die Nazis. Andererseits war es auch eine international gemeinte Reaktion auf die Moskauer Deklaration von 1943, in welcher die Alliierten

Österreich als »erstes Opfer Hitlers« anerkannten und hofften, dadurch den Widerstand in Österreich zu ermutigen und anzufachen. Dieser Doppelcharakter hätte dem Doppelcharakter Österreichs als Nationalstaat und als Mitglied der Europäischen Union gar nicht schlecht entsprochen. Gerade jetzt bestand die Schwierigkeit, gegen eine demokratisch legitimierte Regierung des österreichischen Nationalstaats im Einklang mit den 14 anderen Staaten der EU zu opponieren. Minus Widerstandspathos wäre dieses Symbol vielleicht durchaus am Platz gewesen. Aber die alten Widerstandskämpfer schienen vor allem parteitaktisch motiviert: Waren nicht einige von ihnen in der Causa Waldheim weltweit unterwegs gewesen, um das »Image Österreichs« zu politieren?

Politur statt Politik

Wo das Wort Widerstand zu hoch griff, konnte nur noch ein anderes helfen: Zivilgesellschaft. Vor allem gegen die alten kommunistischen Regime war dieser vielbeschworene Begriff ins Treffen geführt worden. Was könnte er in Österreich bedeuten? Natürlich entspann sich sofort eine Debatte zwischen denen, die Zivilgesellschaft als schiere Artikulation von Antirassimus betrachteten, und den anderen, die alles in ihr eingeschlossen sahen, bis zur Feuerwehr und zum Kegelklub – diese Debatte lassen wir hier entspannt aus.

Gemeint war im allgemeinen vermutlich folgendes: Unter Bedingungen fehlender demokratischer Traditionen und unter dem herrschenden Harmoniezwang bedeutet Zivilgesellschaft zuerst die Fähigkeit und Möglichkeit, Gegensätze zivilisiert auszutragen; nicht die Auseinandersetzung in den vom Staat und dessen Parteien vorgesehenen

Bahnen sich totlaufen zu lassen. Man wollte die kaputte Öffentlichkeit neu konstruieren, sich eigene Öffentlichkeiten schaffen, Zivilcourage und Eigeninitiative entwickeln.

In der ersten Phase des Protests war kein Halten. Die Kids spielten mit der Straße und den neuen Medien, mehrere Internet-Zeitungen entstanden (sie funktionieren noch immer), die Älteren steckten in neu formierten Salons die Köpfe zusammen, das Gesumm in den Hörsälen und Kaffeehäusern, die Diskussionen in Theatern und Kunsthallen wurden lauter. Das Burgtheater war nicht mehr spannend, wenn Theater gespielt, sondern vor allem, wenn auf offener Bühne diskutiert wurde. Die Auflagen der Zeitungen und Magazine stiegen um bis zu 30 Prozent. Jede künstlerische Institution öffnete sich für Debatten sonder Zahl. Selten fanden sie vor leeren Sälen statt. Auch wenn sie mitunter weniger der Wahrheitsfindung als der Prominenzbildung dienten. Das Schweigen der Intellektuellen, nun hatte es ein Ende. Nun redeten Schriftstellerinnen auf Demos, Romanciers hielten zündende Ansprachen, Journalisten verlasen Manifeste. Vor sinnhungrigen Menschen diskutierten Intellektuelle darüber, was Intellektuelle seien. Vorbei die Zeit der Debatte, als man ihnen vorwarf, sie hätten die Wahl verloren.

Nun waren sie unübersehbar, debattierten und publizierten. Auch draußen auf den Straßen, wo sich Unerhörtes tat; auch Lächerliches oder Peinliches. Menschen, die durch die Stadt liefen und »Widerstand, Widerstand!« riefen, Denker, die tatsächlich glauben, sie würden die Regierung stürzen, die etwas anstrengenden Menschen an den Megaphonen mit ihren Begabungen zum umfassenden Ostinato, vom gebetsmühlenartigen Skandieren öder Slogans bis zum nachhaltigen Schlagen der Trommel. Nicht zuletzt die antiautoritären Hunde. Aber man wußte, was gemeint ist. Schließlich hätte weder in Österreich noch außerhalb jemand die Ereignisse des ersten Halbjahrs 2000 für möglich gehalten. Nicht die in der Regierung und nicht die auf der Straße.

250 000 Menschen standen am 19. Februar auf dem Heldenplatz im Regen, kein einziger Parteienvertreter gelangte ans Wort. Die Botschaft war einfach und in gewissem Sinn tatsächlich patriotisch. Sie lautete: Wir brauchen nicht die peinliche Verordnung einer Wertegemeinschaft von außen, wir gehen daran, sie uns selbst zu erkämpfen. Nur Naive konnten erwarten, die Regierung würde daraufhin zurücktreten. Diese war selbst erstaunt über die Zahl und Intensität der Proteste. Klarerweise wählte sie die Taktik der Ermüdung.

Den Widerstand einer so großen Masse durch harte Maßnahmen zu reizen wäre unklug gewesen. Auslaufen lassen ist klüger. Der vielen Patrioten konnte man nur Herr werden, indem man sie mit chauvinistischem Ressentiment übertrumpfte. Trotz einiger Sprüche des Kanzlers über die Internetgeneration, der man ihren Auslauf gönne, war klar, die Manifestanten für ein europawürdiges Österreich konnten nur mit einem antieuropäischen Volksbegehren bekämpft werden.

Überwogen anfangs die Hysteriker und blieben am Ende die Sektierer übrig, wie das immer ist, so war doch in der Mitte ein Potential des Dagegenseins dargestellt: eine Koalition der Generationen und der Schichten, die sich zu Recht als Repräsentanten des anständigen Österreich betrachteten. Man konnte nicht jede Woche demonstrieren, nicht einmal debattieren. Der Sommer kam, Ende Juni waren die Batterien leer; die Frage, wie sich die außerparlamentarische Opposition außer in Demonstrationen und außerhalb der neuen elektronischen Netzwerke konsolidiert, ist offen. Festzuhalten ist: Die intellektuelle Szene hat sich belebt. Die Künstler sind nicht zur Regierung übergelaufen. Zu viel mehr als zu Zeichen gegenseitiger Ermutigung hat es jedoch vorläufig nicht gereicht. Ewig kann die verständliche Freude darüber, ein riesiges aus menschlichen Körpern bestehendes Zeichen, einen herzeigbaren Gesamtkörper gegen die aggressive Körperpolitik der Feschisten auf den Heldenplatz gestellt zu haben, nicht anhalten. Der einst so mächtige Gewerkschaftsbund brachte zwar bisher nicht annähernd so eindrucksvolle Proteste zusammen wie ein paar versprengte Intellektuelle und ihre Helfer. Aber mit dieser Art institutioneller Gegenmacht dürfte es unter austrothatcheristischen Verhältnissen sowieso vorbei sein.

Nur in Klammer: Als Feschisten, um diesen populären, aber als Verharmlosung mißverstandenen Begriff noch einmal zu erklären, bezeichne ich Leute, die ihr Aussehen und ihre Körper bewußt als fit und neu gegen die abgeschlafften Körper der »alten Säcke« positionieren. Sie bedienen sich dabei der alpinen Siegersymbolik und ihres Milieus, vom Wörthersee bis zum Zielraum von Kitzbühel. Die alten Säcke stehen aber nicht nur für die ermüdete Koalition, sondern schlechthin für verfaßte Politik, wie wir sie kennen. Die Feschisten zielen darauf, diese demokratisch verfaßte Politik, die noch auf wie immer verkommenen Fundamenten von Rationalität und Legalität beruht, nicht zu erneuern, sondern sie durch eine akklamative Politik des augenscheinlich Besseren, Tüchtigeren, Fitteren zu ersetzen. Ihr Ziel ist nicht die Erneuerung, sondern die Abschaffung der repräsentativen Demokratie. Es gilt nicht mehr der Ausgleich von Interessen zugunsten der Schwächeren, der anderen, der Fremden, es soll das Diktat des Siegers gelten. Der Sieger sieht fescher aus, er lächelt frech, und er hat immer recht, weil er sich um die Wahrheit nicht schert. Klammer zu.

Die Regierung redet sich, was die Proteste betrifft, die

Wirklichkeit zurecht und die Proteste klein. Dennoch bleibt als Faktum, daß der österreichische Untertan beginnt, sich von sich selbst zu verabschieden. Das paradoxe Ende der Nachkriegsgesellschaft hat nicht viel Gutes; aber am beginnenden Neuen kann man sich freuen. Die Proteste haben nicht aufgehört. Mit dem zwangsberuhigten Österreich hat es ein Ende. Die Regierung von Haiders Gnaden wird keine Ruhe haben. Daß sie ihre Reformen unbeirrt, ja im Schutz des öffentlichen und internationalen Lärms durchzieht, steht auf einem anderen Blatt.

Sie sollten dagegen sein

Die politischen Parteien stehen noch immer unter Schock. Die Grünen, sobald sich andere als der Parteivorsitzende Van der Bellen zeigen, werden von der *Kronenzeitung* als Kryptokommunisten beschimpft; also verziehen sie sich hinter die Rockschöße des Professors, der ihnen ein Umfragehoch nach dem anderen beschert, weil er so unglaublich authentisch und gemütlich ist, aber auch geschickt: Er weiß, wann Schulterschluß mit lustig ist.

Die SPÖ hat ihre neue Rolle schon deswegen nicht verkraftet, weil ihr neuer Vorsitzender meint, ebenfalls dem Diktat des Schulterschlusses folgen zu müssen und die konservativen Kräfte in der Partei nicht über Gebühr reizen zu dürfen. Mit der Untersuchung »brauner Flecken« in der eigenen Parteigeschichte hat er diesbezüglich mehr gewagt, als das Publikum merkt. Was nach außen als übervorsichtig wahrgenommen wird, gilt nach innen vermutlich als tollkühn. Die prekäre Balance zu den konservativen Gewerkschaften ist augenblicklich zu deren Gunsten gekippt, schlechte Voraussetzungen, die Schlüsselfrage der gesellschaftlichen Modernisierung zu stellen. Nicht leicht wiegt das personelle Erbe der letzten Regierung: Der Kanzler, Viktor Klima, ging zu VW nach Argentinien, ein munteres Wort von sozialer und wirtschaftlicher Kompetenz auf den Lippen. Der Geschäftsführer ging zu Gewerkschaftsfresser Frank Stronach, wo der Altkanzler Vranitzky dem Aufsichtsrat präsidiert. Über Stronach hört man seither von Gewerkschaftsseite wenig. Des Kanzlers Sprecher ging zur *Kronenzeitung*, wo er die Kampagne gegen Schlingensief persönlich betreute. Der Assistent des Geschäftsführers wiederum setzt sich beim Medienkonzern Libro gegen die marktordnenden Ziele der SPÖ ein. All diese angewandten Modernisierer zeigen den Grad der Entpolitisierung der Sozialdemokraten und die Tiefe der Kluft zwischen Gewerkschaft und Partei; mit ihrer Praxis stünden sie jedenfalls der neuen Regierung näher als sonstwem. Zu allem Überdruß kämpft die SPÖ mit der Hypothek ihres eigenen Regierungshandelns, von dem sich die Praxis von Schwarzblau bisher in der Praxis der Ausländerbehandlung wohltuend abhebt.

Der Wahrheit die Ehre! Nur darauf zu hoffen, daß die Konjunktur nachläßt oder die Einschnitte ins öffentliche Budget den Sozialdemokraten die alte Klientel wieder zurücktreiben, heißt der neuen Lage in keiner Weise gerecht werden. Die Rückkehr zur traditionellen Arbeiterpartei scheint verschlossen, die Modernisierungsfrage ohne europäische Perspektive zu stellen, unmöglich. Kaum ein Ausweg in einer Situation, in der aus innenpolitischem Kalkül eine Regierungspartei die andere nötigt, die europäische Ebene nicht nur zu verlassen, sondern auch die anderen Europäer zu erpressen. Der Jetzt-erst-recht-Reflex der Bevölkerung, bekannt aus Waldheims Zeiten, nimmt sich im Jahr 2000 sehr abgeschwächt aus. »Wir Österreicher wählen, wen wir wollen!« klang 1986 deutlich aggressiver als das heutige »Wir Österreicher sind doch gar keine

Nazis, Fremdenfeinde, Rechtsextreme!« Aber er gewinnt an Wirksamkeit für die Regierung.

Europapolitik ist noch nicht gleich Innenpolitik, aber seit den Amsterdamer Verträgen kommt sie ihr näher, samt parteipolitischen Interessen und wechselnden Mehrheiten in der gesamten EU. Die Oppositionsparteien aber können mit der Tatsache, daß Europa Inland ist, nichts anfangen. Die Opposition außerhalb der Parteien ist zu schwach, die Öffentlichkeit ist ebenso opportunistisch und chauvinistisch ausgerichtet wie die Regierung. Keine guten Aussichten!

Ruhig zogen die Manifestanten an diesem Donnerstag abend an den Plakaten Karls V. vorbei. Prominente waren nicht zugegen, oder sie warteten schon bei der Oper. Ein paar Dutzend zogen nach der Container-Aktion zum Hotel Marriott, wo sie eine Rede des Finanzministers störten und einen Auftritt des Kanzlers verhinderten. Während der Demontage des Schilds und der »Befreiung der Asylanten« aus dem Container hatte es einen Wolkenbruch gesetzt. Nun regnete es sich ein. Es würde ein kühler Sommer werden. Ich spannte meinen EU-Schirm auf und ging nach Hause.

X

Mehr Gurkenstaat als Schurkenstaat

Es ist ein furchtbarer Gedanke,
daß vielleicht niemand besser ist
als der andere und jeder Anspruch
darauf Täuschung.
Elias Canetti,
»Die Provinz des Menschen«

Worte zählen nichts, was gilt, sind Taten! Wenn das ein Freistilringer oder ein Feldwebel sagt, wird man nicht überrascht sein. In Österreich sagen es aber die Philosophen. Sie haben nichts getan, sie haben nur geredet.

Der Polemiker kritisierte den Umgang Österreichs mit seiner Verfassung. In diesem Zusammenhang berichtete er, in der Verfassung stehe, alle Macht gehe vom Volk aus. In aller Bescheidenheit teilte ihm daraufhin der Präsident des Verwaltungsgerichtshofs den Wortlaut des Satzes mit: »Österreich ist eine demokratische Republik. Ihr Recht geht vom Volke aus.« Aber wie die Polemik funkelte!

In Österreich gibt es wirkliche Hofräte und wirkliche Zyniker; die Steigerung davon ist der zynische Hofrat: abgründige Weltanschauung aus gesicherter Position. Also sprach der wirkliche Zyniker in Gestalt des Philosophen Rudolf Burger: »Das Nazireich ist versunken wie Karthago.« Gewiß doch. Heute überqueren nicht mehr graue Kolosse im Dienste Hannibals die Alpen, sondern nur noch LKW-Kolonnen voller Erdäpfel, die zum Waschen und zurück gebracht werden. Es gibt auch keine totalitären Gefahren für die Demokratie mehr, außer der Demokratie selbst. Abgesehen vom Auftauchen von Humpi und Dumpi, den neuen, berüsselten Wappentieren der Wiener FPÖ, wäre nur nachzutragen, daß Hilmar »Hannibal« Kabas soeben die Patenschaft über einen Elefanten im Zoo Schönbrunn übernommen hat, der Herausgeber der mächtigsten Zeitung das Pseudonym »Cato« verwendet und im südlichen Bundesland regelmäßig Altpuniertreffen stattfinden.

Die drei Weisen werde man jedenfalls nicht abweisen, sagte Haider, ohne auf diesen Wortwitz weiter hinzuweisen. Wir verdanken ihm keine Witze. Haider ist unwitzig. Seine Gags stammen zwar angeblich von ihm selbst, aber sie bewegen sich eher auf der Ebene des Brachialen. Gute Witze, sagt man, stiften Erkenntnis. Ihm liegt an der blinden Erregung, und die steigt durch Beleidigung, Schändung oder Drohung. So beeilte er sich, um seinen Witz zu überspielen, den Weisen zu versichern, sie seien willkommen, aber sie hätten schließlich einen Ruf zu verlieren. Kommen Sie, hätte er sagen sollen, alles wird sich weisen.

Andreas Khol, der Klubobmann der ÖVP, ist ein Mann, der etwas zu oft »Wir sind ehrlich« sagt. Er sitzt auch im Kuratorium des ORF, wo er zusammen mit seinem blauen Zwilling Peter Westenthaler für Ordnung und Entpolitisierung sorgt. Kürzlich wurde er in diesem Fernsehsender von einer jungen, engagierten Moderatorin interviewt, die tatsächlich versuchte, nachzufragen. Khol ließ sich das nicht gefallen und sagte, was er wollte. Am Schluß verabschiedete er sich mit dem Gruß: »Ich danke Ihnen, Frau Fenderl. Nett war's!« Das klang nicht nur äußerst ehrlich, sondern brachte ein selten gehörtes Kunststück zusammen: Untergriff, Drohung und Falschheit in einem, im allerfreundlichsten Tonfall.

Am Tag, als in den internationalen Zeitungen das Stück von der Entschlüsselung des Genoms gegeben wurde, füllte zum Beispiel die *Frankfurter Allgemeine Zeitung* ihr gesamtes Feuilleton mit dem Abdruck eines Bruchteils der Sequenzen und bat Wissenschaftler und Nobelpreisträger, Begeisterte und Skeptiker um ihren Kommentar. In der Wiener *Presse* las man einen zigarettenschachtelgroßen Bericht; genau darunter, in doppelter Größe, berichtete das Blatt über die Veröffentlichung des dritten Geheimnisses von Fatima. Das Wiener Qualitätsblatt druckte nicht den Text des Genoms, sondern den Text der Prophezeiung.

Das schwarze Licht. »Aufhellen, aufklären, die Dinge beim Namen nennen«, das ist unser Ziel. Wer sagte das? Immanuel Kant? Thomas Alva Edison? Egon Erwin Kisch? Natürlich nicht. Es war Hans Dichand. Die *Kronenzeitung* wurde 100 Jahre alt und feierte den Geburtstag mit einer zur Gänze in Vierfarbdruck erschienenen Beilage von 126 Seiten. Bekanntlich haben wir im Leben nicht allzu viele Gedanken; die wenigsten denken darüber auch noch nach. Hans Dichand gehört zu jener Spezies, die der Sache mit Wiederholung beikommen wollen; deshalb freut er sich gewiß jedesmal über den letzten Satz meiner Kommentare. Der ist schließlich als Catonismus ihm gewidmet, der sich bisweilen des Pseudonyms »Cato« bedient. Darüber liest man in der Jubiläumsausgabe zwar nichts. Dichands letzter Satz aber kommt in seinem berührenden Leitartikel »100 Jahre – Tag für Tag« vor, einer Lebens- und Werkbilanz, die nicht 126, sondern 36 500 Seiten wert wäre.

In dieser Rückschau also darf Dichands Ceterum censeo nicht fehlen. Es lautet: »Als Journalist versuchte ich stets, die demokratische Grundstimmung zu verstärken. Nie ging es mir dabei um Macht. Dennoch warf man mir das oft vor. ›Lieber streichle ich unseren Hund daheim, als Macht auszuüben‹, war meine viel zitierte Antwort.« Echte, sympathische Bescheidenheit eben. »Die demokratische Grundstimmung verstärken«, was ist damit eigentlich gemeint? Jedenfalls kein »Regieren gegen Denken und Fühlen der Österreicher«. Und wenn das Denken und Fühlen der Österreicher gegen die demokratische Grundstimmung liefe? Undenkbarer Grundsatzkonflikt!

Dichand hat die meisten derartigen Konflikte sowieso gewonnen: Zwentendorf gegen Kanzler Kreisky, Hainburg gegen Gewerkschaftspräsident Benya, die EU-Abstimmung gegen El Minimo Líder Haider. Er hat auch viele verloren, wie zuletzt den um die Regierungsbildung. Was nur zeigt, daß seine Macht hauptsächlich darin besteht, daß die angesprochenen Politiker sie sich einbilden. Weil die sie sich aber einbilden, wächst und wächst sie. Schließlich ist die Wirkung dieser Macht nicht mehr an Einzelfällen zu messen, sondern an der Bildung einer gesellschaftlichen Stimmung. Nichts geht gegen die *Krone*, und die von ihr verstärkten Ressentiments bilden jenen Mainstream österreichischen Fühlens und Denkens, der das Ausland entsetzt und alle einheimischen Demokraten bekümmert.

Die *Krone* als Organ der mißhandelten Soldatengeneration, als Organ von Antisemitismus, Xenophobie, Ressentiment und Künstlerhetze, die *Krone* als Zentralorgan des Doktorhaider. Ohne sie wäre sein Aufstieg undenkbar. Ein Blatt als Chiffre und Wesensausdruck der österreichischen Misere. Diese Misere bildet sich in der *Krone* ziemlich genau ab: durchschlagender ökonomischer Erfolg bei weltanschaulicher und demokratiepolitischer Katastrophe. Niemals gegen das Volk zu agieren ist eine erfolgreiche, aber politisch fragwürdige und publizistisch unwürdige

Maxime, denn das Volk irrt oft und der Pöbel fast immer. Die würdigere publizistische Maxime wäre es, das Volk auf seine Irrtümer aufmerksam zu machen und mit ihm darüber einen Dialog zu führen.

»Das Regieren gegen das Denken und Fühlen der Österreicher weckte bereits in den frühen Jahren der Republik Ärger und Widerstand bei der Bevölkerung« (Dichand), denn damals fühlte diese Bevölkerung noch ganz anders. Unser österreichisches Problem: Wir bekamen anders als die Deutschen keine Reeducation, und als es zu spät war, 1959, bekamen wir als Strafverschärfung das Zentralorgan der Counter-Reeducation beschert, die *Kronenzeitung*. Das Denken und Fühlen der Österreicher, der eigenen Vergangenheit gegenüber geschwächt, wurde von der *Krone* in dieser Schwäche bestärkt.

»Wenn die *Kronenzeitung* in diesem Jahr ihren 100. Geburtstag begeht, dann ist dies ein weit über den Anlaß hinausgehender Grund zur Gratulation. Denn beinahe jeder zweite erwachsene Österreicher liest diese Tageszeitung, die längst ein Spiegel der Meinungen aus allen Schichten der Bevölkerung unseres Landes ist.« Dieser weit über den Anlaß hinausgehende Text stammt von Thomas Klestil, dem Bundespräsidenten mit der Leichenbittermiene, der bei Angelobungen niemals lächelt. Auch das ist Teil der österreichischen Misere, daß sich die Repräsentanten des Landes mit dessen führenden Presseerzeugnissen identifizieren. Wo sind wir denn? Im Land, wo die *Krone* alle Meinungen spiegelt und wo sich die *Krone* in jeder Regierung spiegelt. Im Spiegelkabinett.

Das soll ein Grund zur Freude sein? Wo war die Stimme Klestils, als Staberl schrieb, es seien in den KZs »nur verhältnismäßig wenige der jüdischen Opfer vergast«, der Rest sei »auf andere Weise umgebracht« worden, »gewiß um kein Haar weniger barbarisch«? Oder als Wolf Martin dichtete: »Der Scholten ist bei uns Minister / Oft Gast im Heil'gen Lande ist er. / Das ist schon gut. Das ist schon recht. / Wär's umgekehrt, wär's auch nicht schlecht«? Und wenige Wochen nach der Regierungsbildung von Blauschwarz: »Daß Juden jetzt aus Österreich flüchten, / steht zu befürchten wohl mitnichten. / Denn selbst für ärgste Haider-Fresser / lebt es sich wohl um Häuser besser / im ›Nazi-Land‹ der blauen ›Schande‹ / als im gelobten heil'gen Lande«? Das braucht man nicht zu erklären. Ergänzung: Um Häuser besser – das geht wohl gegen den Immobilienmakler und Präsidenten der Israelitischen Kultusgemeinde Ariel Muzicant. Auf der Leserbriefseite kommentierte am 20. März 2000 »die Chefredaktion« das Gedicht gegen laut gewordene Proteste: »Eine solche Meinungsäußerung ist jedenfalls zulässig. Es steht allerdings auch jedem frei, sie abzulehnen.«

Es wäre schön gewesen, hätte wenigstens der Bundespräsident von dieser Freiheit Gebrauch gemacht. Aber wie immer ducken sie alle ab. Nicht einmal von einer bitteren Miene war etwas zu sehen. Ohne *Krone*, meinen sie, geht es nicht, gegen die *Krone* kann man das Land nicht regieren. Deswegen geht hierzulande fast alles, und es bedarf des Auslands, damit wir erfahren, daß doch nicht alles geht. Es wäre aber schön, wenn wir damit beginnen könnten, es uns selber beizubringen.

Identität, kugelrund. Ein Drama: Die Fußballeuropameisterschaft fand ohne Österreich statt. Eine Tragödie: Die Sanktionsfranzosen werden Europameister. Ein Glück: Wir hatten Günter Benkö. Benkö war sehr gut, er war, sagen selbst ausländische Zeitungen (*Der Kicker*), der beste Schiedsrichter bei der EM. Und Benkö ist Österreicher. Na also. Wir waren wieder einmal nicht dabei und doch die Besten. Wer hatte schon ein Auge für Zidane oder Figo im

Angesicht der stahlfarbenen burgenländischen Bürstenfrisur Benkös, des Krankenpflegers aus Rauchwald. Der österreichische Fernsehkommentator jedenfalls sah nur ihn. Benkö hat sich gesondert vorbereitet, erzählte er. Frau und Kind hat er vorher nicht sehen dürfen, ein österreichisches Schicksal. Vom Intimsten war er abgeschnitten, so wollen es die strengen Regeln der UEFA, des europäischen Fußballverbandes, und an die strengen Regeln Europas halten wir uns, da kennen wir Österreicher nix. Sollen sie sehen, wo sie damit bleiben!

»Jetzt ist er da, auf den Punkt genau«, jubelte der Kommentator, als Benkö ins Stadion einlief. Und fit ist er, das haben ihm die Europäer attestiert. Fit und vor allem für sein Alter sehr schnell, unser Günter. Österreich im Halbfinale dabei, wir hätten natürlich auch die Teilnahme am Finale verdient, aber der Präsident ist ein Schwede, und da wurde, eh klar, ein schwedischer Schiedsrichter bevorzugt, darüber murren wir nur kurz, denn zum Nepotismus unterhalten wir eine ungestörte Beziehung. Benkö: Da gibt's kein internationales Dilemma. Da kommt das elektronische Signal vom Spielfeldrand, er merkt, da ist was. Er läuft zum Linienrichter – und dann? Benkös Bericht, fit und knapp, wie's das hierzulande gepflegte Ideal erfordert: »Ich sagte, Igor, what is los? Er sagte: ›Give penalty it was a hands‹!« Warum kann er das so gut? Benkös Auskunft: »Es wird Rhetorik geschult, alles, was man halt im internationalen Fußball braucht.«

Da soll Europa nur kommen, samt seinem Rat der drei Weisen. Sollen sie sehen, wo sie gegen Benkö und seine zwei tüchtigen Linesmen bleiben, dann kriegen sie ihr Golden Goal in Form der Volksbefragung und schleichen heim wie geprügelte Hunde. Und wenn sie aufbegehren, zeigen wir uns selber beim Abgang noch die rote Karte. Fußballmetaphern mögen sie. Die Klubobleute von ÖVP und FPÖ saßen nebeneinander, als sie in der Metaphernkiste des Fußballs wühlten und die Volksbefragung als »Golden Goal« bezeichneten. Der Blaue Westenthaler meinte die Tatsache, daß sie durchgeführt wird, während der Schwarze Khol hoffte, sie würde die Einstellung der Sanktionen bewirken. Während man andernorts diskutiert, wohin sich die Europäische Gemeinschaft entwickelt, kann man hierzulande höchstens darüber reden, daß – um im Bild zu bleiben – diese Hundstruppe von Regierung Österreich mit gußeiserner taktischer Borniertheit auf Jahre in Abstiegsgefahr aus Kerneuropa bringt.

Was nützt es, daß der sportliche Kanzler, der weiß, was eine Wuchtel ist, sie aus Gründen der Machterhaltung aber nicht so nennen kann, im Dreß eines französischen Sponsors auftritt und tatsächlich Shorts mit angenähter Trikolore trägt? In vorbildlicher Schußhaltung fotografiert, ziert er das Titelblatt der *Kronenzeitung*, die noch vor wenigen Monaten die Schlagzeile trug: »Volkszorn trifft Schüssel voll.« Nun schreibt sie: »Schüssel schoß ein Bombentor.« Auch im Fernsehen war dieses zu sehen. Locker haut er mit dem Linken drauf, Gewicht nach vor, Körper über dem Ball. Nichts daran auszusetzen. Das ist nicht wenig. Die *Krone* frißt ihm aus der Hand, der Volkszorn trifft nicht ihn, sondern die Opposition. Cooler kleiner Kanzler. Er trifft das Tor voll. Was das Land trifft, soll nicht seine Sorge sein.

Die Würde fährt im Kreis. Österreich ist ein kleines Land, das tapfer um sein Ansehen in Europa kämpft. Hier blicken den Mächtigen die Anständigen, Fleißigen und Tüchtigen (kurz AFT, Mehrzahl Aften) offen ins Auge, bieten ihnen die Faust, wenn sie drohen, und Gastfreundschaft, wenn sie freundlich kommen. Deswegen hat auch Formel-1-Boß Bernie Ecclestone, der König des Grand-

Prix-Zirkus, von Bundespräsident Thomas Klestil das »Große Goldene Ehrenzeichen für Verdienste um die Republik Österreich« verliehen bekommen. Der Grand Prix sei »nicht nur von großer wirtschaftlicher Bedeutung für ganz Österreich, sondern dient auch wesentlich dem internationalen Ansehen unseres Landes«, sagte die Begründung der Präsidentschaftskanzlei.

Ein Teil der Bundesregierung war in Spielberg angetrabt, dem steirischen Austragungsort des Rennens, um Ecclestone dieses Ehrenzeichen zu überreichen. Wunderschöne Bilder boten sich. Auch sie mögen der Grund für die Anreise der halben Bundesregierung gewesen sein. Küsserkönigin Riess-Passer, die Vizekanzlerin, ließ es nicht bei einem Händedruck Bernies bewenden (das Foto erschien in der *Presse*). Kanzler Schüssel lachte und klatschte dazu (Foto ebenfalls in der *Presse*), bis Bernie den Kopf an dessen Schulter lehnte (Foto im *Kurier*). Das Foto des Tages brachte natürlich die *Krone*: Drei Aften und Könige des Feschismus posierten in Rennoveralls in und vor einem blauen Kart: Finanzminister Grasser, Schikönig Hörme Maier und Jörg Haider.

Im blauen Kart sitzt der Finanzminister, weißer Rennanzug, Zähne gebleckt, die rechte Hand locker auf den Volant gestützt. Hinter ihm, schiebend und bleckend, Jörg Haider, auf dessen blauem Overall neben der üblichen Werbung tatsächlich »Jörg« steht und auf dem Kappel Kärnten. Ein Mann als Litfaßsäule seiner selbst. Den Charme bezieht das Trio aus einem Maier in Gelb, der ebenfalls schiebt, allerdings, das wird die Wahlstrategen und Bilderhändler betrüben, nicht bleckt.

Der Finanzminister hatte zuvor schon einen ikonographischen Höhepunkt geliefert, als er für die Illustrierte *News* als James Bond posierte. Die Pistole hatte ein Herausgeber eigens vom Requisiteur besorgt; die roten Boxhandschuhe, die *News* den Mächtigen zum Beweis überzuziehen pflegte, daß es selber noch ein bißchen mächtiger ist, haben sich wohl schon etwas verbraucht. Schmauchspuren der sozialen Treffsicherheit, das ist ja auch nicht schlecht, fragt sich nur, in wessen geheimem Dienst dieser Agent aller Aften tatsächlich steht. Wahrscheinlich nur im eigenen. Und im Bilderdienst von *News*.

In Velden und Spielberg jedenfalls waren zwei sogenannte Paddock-Lounges aufgestellt, ein kleines (2000 Leute) in Velden, ein großes (5000 Leute) in Spielberg. In allen Details berichteten die Society-Reporter, wer sich darin tummelte, von Niki bis Hannes, von Attila bis Placido. Da strahlten die Feschisten Grasser, Schmid, Westenthaler und Hirschmann (Jörg hielt sich im Paddock-Zelt Berichten zufolge eher zurück), als die Vizekanzlerin Bernie den Orden überreichte und der Kanzler ihn zum Opernball einlud. Ehe sie zum König des Grand-Prix-Sports gelangten, waren sie Hunderte Meter durch die Boxengasse gegangen, ohne daß dieser ihnen entgegengekommen wäre. Sein Entgegenkommen bestand darin, den Orden anzunehmen. Er versprach, den Orden auf dem Opernball zu tragen. Da freuten sich die Aften sehr.

Im »Paddock-Club« zahlen die Aften an Bernie fette Gebühren fürs Dabeisein, für 30 000 Schilling dürfen sie auch eine halbe Stunde in die Boxenstraße. Viel mehr möchte weiterhin das Land Steiermark zahlen; etwa 22 bis 30 Millionen Schilling pro Grand Prix. Auch von Eile war die Rede, denn »selbst wenn das EU-Problem vom Tisch sein dürfte, werden vermutlich drei europäische Grand-Prix-Strecken ihren Formel-1-Status verlieren«, sagte der steirische Landesrat Gerhard Hirschmann. Welches EU-Problem? Die Sanktionen? Kaum. Das so vornehm umschriebene »EU-Problem« besteht in einer kartellrechtlichen Untersuchung gegen Ecclestones Imperium, über die der frühere Wettbewerbskommissar Van Miert, der sie einleitete, nur sagte, sie sei der »bedrohlichste Fall« (»most menacing case«) gewesen, den er je untersucht habe.

Dies und vieles andere Interessante war einer ausführlichen Recherche des britischen Magazins *Economist* zu entnehmen, die zeitgerecht zum Grand Prix in Spielberg erschien. Die vorsichtigen Briten zeichnen das Firmengeflecht des Bernie Ecclestone nach, so weit dies möglich ist, und berichten vom vielsagenden Schweigen, das die Eigentümerverhältnisse der Firma »All Sport« und anderer Grand-Prix-Firmen umweht. Der *Economist* teilt auch mit, daß die FIA, die Fédération International de l'Automobile, am 29. Juni dieses Jahres die TV-Rechte an der Formel 1 für 110 Jahre an Bernard Charles Ecclestone für ein sprichwörtliches Butterbrot übertragen hat.

Die Rede ist von geheimen, ja »finsteren« Geschäften. Am Höhepunkt des Leitartikels, der ebenfalls Ecclestone gewidmet ist, wird – und das will bei den rabiatesten Champions des Liberalismus was heißen – nach »angemessener öffentlicher Untersuchung« gerufen. Bliebe die Finsternis (»murkiness«) nur auf das Innere dieses Sports beschränkt, wäre es nicht so schlimm, heißt es. »Aber alle, die mit der Formel 1 in Berührung kamen, haben eine Art und Weise akzeptiert, Geschäfte abzuwickeln, die sie nirgendwo anders dulden würden.« Politiker wie Tony Blair und Gerhard Schröder riskierten, angepatzt zu werden, und den großen Autokonzernen von DaimlerChrysler bis Fiat könnte ihre »zahme Akzeptanz von Mr. Ecclestones Zugriff auf diesen Sport« noch leid tun.

Die Aften, Europas letzte Aufrechte, machen aber fröhlich Salti rückwärts und Kotaus vorwärts, um mit einem Mann Geschäfte zu machen, für den das Wort »neofeudal« ein Hilfsausdruck ist. Aber für solche Erscheinungen hat man in Österreich anscheinend ein besonderes Faible. Wir erinnern uns an Frank Stronach, den Paten-Onkel aus Amerika, oder an den Fußballpräsidenten Kartnig, die fleischgewordene TV-Präsenz. Großer Orden, das übliche Speichelgelecke im ORF, Bildergewitter der Feschisten. Vor zwanzig Jahren gab es in Wien ein Konzert Frank Sinatras, nach dem er die Gage bar entgegennahm und mit Blaulicht zum Flughafen gebracht wurde. Steuervermeidung unter Polizeischutz. Gewiß, dieser Verdacht besteht bei Bernie keineswegs. Und für die Region muß was getan werden. Ob aber Geschäfte mit Unüberprüfbaren durch Umwegrentabilität sich rechtfertigen lassen? Österreichs Umwege zum aufrechten Gang bieten jedenfalls ein interessantes Bild. Wir Aften lassen uns ja nichts gefallen, außer es ist rentabel. Und im Sport, da gibt's ka Sünd.

Die Welt im Oval. So beginnt eine beliebige Sportmoderation im ORF: »Es ist ein bitteres Wochenende für Österreich gewesen, darüber muß man trotzdem reden.« Wir würden es euch ja lieber ersparen, liebe Sportler, wir wissen ja, ihr habt euch bemüht, wir haben es gesehen, es hat halt leider nicht gereicht, der Ball war zu rund, der Rasen zu seifig, der Wind blies zu kräftig, der Schnee war zu aggressiv, die Anreise mühsam und das Publikum zu ungeduldig, aber nun sitzen wir hier im Studio, danke dem Sponsor übrigens, der dies alles erst möglich machte, er klebt ihnen auf den Hemdkrägen und am Gaumen, er pickt auf der Brust und am Stirnband, gleich unterbrechen wir für ihn die Sendung, aber vorher entschuldigen wir uns noch einmal, es hat halt leider nicht gereicht, es tut uns wirklich leid, aber da müssen wir einfach drüber reden.

So geht das dahin, geschwätzig, verschmust und verhabert quer durch den gesamten sportlich-polit-medialen Feschismus-Komplex aus Volksmusik und Bundeskanzler, Madln und Buam, Fans und DJs, Hansi Hinterseer und

Jörgi Haider, DJ Ötzi und dem Präsidenten Kartnig. »Herr Präsident!«: anders können sie ihn gar nicht anreden. Würden sie »Herr Kartnig« sagen, müßten sie vermutlich Windeln tragen. Wenn man diesen Reportern zuschaut, wie sie sich an den beliebigen Vereinspräsidenten eines durchschnittlichen Fußballklubs heranrobben, weiß man, die Öffentlichkeit hat auf dem Weg zum europäischen Standard des aufrechten Gangs noch ein gutes Stück des Weges zurückzulegen! »Da macht es ihm nichts aus, daß er mit seinem teuren aus Paris eingeflogenen Modesakko durch den Regen geht«, ruft der Reporter in der Live-Übertragung begeistert, der, weil er dem Präsidenten habituell aus der Hand frißt, unter Kollegen bereits den Spitznamen »Vizepräsident« trägt. Die Kamera beobachtet den Präsidenten beim Telefonieren. Der Reporter: »Man kann ihm seine Worte beinahe vom Mund ablesen! Wos sogst zu meine Buam, jetzt sans wieder do!« Er spricht tatsächlich mit dem Mund des Präsidenten. Das ist österreichischer Journalismus: Einfühlung in die Mächtigen, so lang an ihren Lippen hängen, bis man mit ihrem Mund sprechen kann. »Nur jetzt kein Fehler mehr!« Sie kommentieren nicht, sie zittern mit. Ihre pädagogische Aufgabe ist erfüllt, wenn alle mitsingen. Ihr publizistisches Ziel ist die Herstellung der Volksgemeinschaft als Fanhorde. Österreich macht die Welle.

Wenn sie wenigstens Deutsch könnten! »Zu Beginn waren die Fans ja noch guter Hoffnung gewesen ...« Nein, sie lernen es nimmer, diese Verbalakrobaten des Feschismus, die sich in den Bildern verheddern, aus den Sprachfügungen purzeln und durch die Syntax schlittern. Jeder Konjunktiv ein gestrecktes Bein, jede Metapher eine gelbe Karte. Nicht guter Hoffnung waren die Fans gewesen, jedenfalls die wenigsten von ihnen, sie hatten sich allenfalls Hoffnungen gemacht. Die Hoffnung, daß irgend jemand beim öffentlich-rechtlichen Rundfunk erkennen könnte, daß die technische Möglichkeit besteht, das Niveau der Sprecher über das des Fußballs anzuheben, scheint ebenso vergebens wie die Hoffnung, die Spielstärke der österreichischen Fußballnationalmannschaft möge wachsen. »Jetzt nur keinen Fehler machen!«

»Diese Fruchtzwerge, als Nationalspieler verkleidet, kippten ein paar Biere auf das EM-Aus und waren danach nur noch in der Lage, das Lied vom Anton aus Tirol zu singen; aus Tirol! Haben sich gleichgemacht mit den Rasenkaspern aus Österreich. Wie selbstzerfleischend wir sind.« Die *Süddeutsche Zeitung* redete ausnahmsweise von den eigenen, den Deutschen! Ganz glücklich wurde Österreich, als es sah, daß sich auch die blamieren können. Der Wermutstropfen: Um sich selber richtig verächtlich zu machen, vergleichen die sich mit Österreich. Rasenkasper! Wenn sie wenigstens unrecht hätten!

Vermischte Nachrichten. Ernst Jandl ist gestorben. In den Cineplexxen riecht es nach altem Frittieröl. Am Rand der Provinzhauptstadt gibt's Familientag im Shopping-Center. Auf dem Programm stehen Mudwrestling mit Damen und Speckjause. DJ Ötzi sucht eine neue Partnerin und droht mit dem Hit »Bier trinken«. Österreich besiegt Deutschland im Beachsoccer. Wir sind am Sand, dort aber König. Der Bundespräsident findet keine Villa, weil alle in Frage kommenden Gebäude arisiert sind. Die Handy-Anmeldungen überschritten einen neuen Höhepunkt. In Oberösterreich faßte die Polizei einen notorischen Brandstifter. Er ist erst sechzehn, zur Belohnung nannte die *Krone* seinen Namen und veröffentlichte sein Bild auf der Titelseite. Im Osten des Landes vernichtete eine große Dürre Teile der Ernte. Hans Dichand schreibt mit Norman Mailer ein Drehbuch für einen Sisi-Film, ein jüdischer Emigrant finanziert ihn. Schneckerl Prohaska wurde von Frank Stronachs Gehilfen, diesen Bütteln der Tüchtigkeit, als Trainer der Wiener Austria entlassen. Nicht öffentlich genannter Entlassungsgrund: ansteckende Melancholie. Die größte Bank des Landes wurde von einer bayerischen Bank gekauft; alles gehört nun den Deutschen. Den Österreichern wurde versichert, die Bank bleibe völlig eigenständig. Der Mann einer Politikerin wurde auf der Flucht erschossen. Er hatte eine Bank ausgeraubt, vielleicht auch mehrere. Sie hatte nichts geahnt. Als ich die Schlagzeile sah, ahnte ich, welcher Partei sie angehört. Nach dem Beschluß, Opfer der NS-Zwangsarbeit zu entschädigen, wurde bekannt, ein Bundesland weigere sich zu bezahlen. Als ich die Schlagzeile sah, ahnte ich, um welches Bundesland es sich handelt. Der Berufsstand des Hausmeisters wurde per Gesetz abgeschafft. Als ich die Schlagzeile sah, dachte ich, jetzt, wo sie in der Regierung sind ... Die Innung der Fleischer dementierte, Schulterschluß sei eine Spezialität vom Ochsen wie Schulterscherzl. Friedrich Gulda ist gestorben. Das Wochenmagazin der Wertkonservativen entdeckte den »fragwürdigen Zauber der Werte« – sofern er die »moralischen Grundlagen der EU« betrifft. Am Semmering gelang der *Krone* der Durchbruch: Der Bau des Tunnels wurde gestoppt. Schlagzeile: Die Außenministerin wurde in Paris geküßt. Keine Schlagzeile, nur ein Foto: Die Vizekanzlerin küßte Ernest Windholz nach dessen Ruf »Unsere Ehre heißt Treue«. Das Zitat hatte sie nicht gekannt. Ein Unwetter vernichtete Kürbisse im Wert von 19 Millionen in vier Minuten. Vor zehn Jahren starb Bruno Kreisky. Vor 250 Johann Sebastian Bach. Und nun zu etwas ganz anderem.

Erinnern Sie sich noch? Aus Innsbruck wird von einer der ersten öffentlichen Handlungen des wundersam geheilten Polizisten Johann Kelz berichtet. Er hatte durch eine von

Franz Fuchs gelegte Rohrbombe beide Hände verloren und in Innsbruck neue transplantiert bekommen. Am 30. Juni signierte Kelz »sein« Buch, also das von einem Ghostwriter für ihn verfaßte Buch, mit eigenen, genaugenommen mit fremden Händen. Fremde Federn, eigene Hände. Das Buch trägt den Titel »Rückkehr ins Leben«. Auch der Ghostwriter war zugegen, von Beruf, wie Kelz, Polizist. Das Buch solle deprimierten Menschen helfen, positiv zu denken, erklärte er. »Der Glaube kann Berge versetzen«, sagte die Käuferin des ersten signierten Exemplars zu Kelz.

Etwas später tauchte in Wien der Psychiater Heinrich Gross in den Nachrichten auf. Der Psychiater, der in der NS-Zeit, wie ein Gericht feststellte, »an einer größeren Zahl von Tötungen beteiligt war« und dessen Verfahren wegen fortschreitender Altersdemenz nie mehr stattfinden wird können, dieser Heinrich Gross klagte eines seiner Opfer, das im Fernsehen über seinen Peiniger Gross gesprochen hatte. Er selbst entgeht dem Schuldspruch durch Demenz. Aber er klagt seine Opfer, weil er sich in seinem Recht auf die Unschuldsvermutung verletzt fühlt.

Nur Franz Fuchs ist mausetot, und seine Taten sind versunken wie Karthago.

Epilog oder Wie ich lernte, Österreich zu lieben. Die Außenpolitik, ein sanktioniertes Desaster. Im roten Salon der ewig lächelnden Ministerin hängt ein Porträt des melancholisch blickenden Fürsten Kaunitz, Kanzler Maria Theresias, Josefs II. und Leopolds II. Immerhin hatte Kaunitz ein Bündnis mit den Franzosen gegen die Preußen geschafft. In der Europapolitik sind wir mittlerweile von beiden gleich weit entfernt. In der Finanzpolitik spart der Staat, begünstigt die Gewinne, belastet die Einkommen und verteilt Geschenke. Selbst der Staatssekretär im Finanzministerium, Alfred Finz, gibt zu, daß ohne diese

Wahlversprechen das Budget längst saniert wäre. Das ist originell: Die Kleinen müssen bluten, damit sie (mit Blutwurst?) beschenkt werden können. Auch weil die Pensionsreform als Sanierung, nicht als Strukturreform durchgeführt wurde. In der Medienpolitik wird der politische Druck auf den öffentlich-rechtlichen ORF verstärkt, während man die Kollaboration mit mächtigen Herausgebern sucht. In der Kulturpolitik geschieht nichts, aber das Nichtstun wird von einem Schauspieler dargeboten. Das Sozialministerium wird wegen Inkompetenz der Ministerin vom Wirtschaftsminister geführt, der zugleich auch als Minister für Arbeit werkt. Der Verkehrsminister geht gegen die EU-Bürokraten demonstrieren, der Justizminister holt seinen Neffen als Pressesprecher und ruft in den Redaktionen an. Der Kanzler lächelt und redet alles schön. Der ÖVP-Parlamentsklub beschließt, dem Partner zu glauben. Das einfache Parteimitglied aus Kärnten gibt im Koalitionsausschuß den Ton an, stört, wo es den Mund aufmacht und verhöhnt die Weisen, indem es ihnen Plüschbären schicken läßt, und Erklärungen, warum seine diversen Erklärungen nicht das bedeuten, was sie bedeuten.

Was wiegen dagegen die akzeptablen Maßnahmen der Regierung, vom Arbeitsrecht für Asylansuchende bis zur schnell getroffenen Regelung für NS-Zwangsarbeiter, von notwendigen Sanierungen und überfälligen Reformen? All das geht unter im Debakel der österreichischen Rolle in Europa. Die Bedeutungslosigkeit zuvor war auch nicht angenehm, aber der Wichtigkeit des Beinahe-Schurkenstaats, besser gesagt Gurkenstaats, allemal vorzuziehen.

Wie Österreich das kann, habe ich nun zwar nicht hinreichend, aber ausführlich untersucht. Wie ich meine nicht vorhandene Chance nutzen kann, frage ich mich noch immer. Bei einer Österreich-Veranstaltung an der europäischen Universität in Florenz hatte sich auch der österreichische Kulturattaché eingefunden. Ermüdet von den nicht abreißenden Argumenten der angereisten österreichischen Intellektuellen, auch meinen, meldete er sich zu Wort. Es reiche ihm, sagte er, daß man immer auf den Versäumnissen dieses Nachkriegsösterreich herumreite, es sei doch eine ungeheure Erfolgsstory gewesen. Niemand hatte das bestritten. Aber möglicherweise, sagte ich, besteht der Erfolg auch darin, daß wir Kritik an den Defiziten üben. Wir drücken unsere Liebe zum Land aus, indem wir unser Interesse an der Verbesserung des Gemeinwesens dartun.

Und warum sollte ich nicht schulterschlußlos stolz sein auf ein Land und auf Leute, die wesentliche Teile der Moderne hervorgebracht haben, in der ja die Skepsis gegen den Nationalismus wurzelt? Auf den Landsmann Karl Kraus, der die erste fundamentale Kritik an der nationalchauvinistischen Rolle der Medien formulierte? Warum sollte nur die Bundesrepublik Deutschland als unnationales Staatswesen durchgehen, wenn in der Habsburgermonarchie neben der Realität des Völkerkerkers auch die Idee des Reichs der gleichberechtigten Völker existierte? Warum sollte sich die Integrationskraft des Schmelztiegels Wien im Angesicht des trivialsten Chauvinismus verstecken? Sollte der Sozialstaat, um den uns Europa beneidet hat, seiner öffentlichen Defizite und seiner bürokratischen Deformationen wegen nichts mehr wert sein? Gut, ich will unchauvinistisch sein. Ich will nicht stolz sein. Aber ich will stolz sein können!

Österreich hat viel verloren. Österreich hat hoch verloren. Österreich hat sich selbst verloren. Aber auch nach der Heimniederlage muß es weitergehen. Patriotismus, Bestemm und enger Stolz aufs Land, als Trotz, als Nostalgie oder als Appell an den guten Willen, reichen nicht. Nur der paradoxe Patriotismus vermag die nicht vorhandene Chance zu nützen. Österreichischer Patriotismus ist ein Paradox, weil er als Staatspatriotismus tausend Jahre lang nicht existierte und vor 50 Jahren erst erfunden werden mußte. Der paradoxe Patriotismus besteht auf dem selbstverständlichen. Der paradoxe Patriotismus beharrt gerade jetzt auf der europäischen Rolle Österreichs, da diese von der Regierung mit Füßen getreten wird. Der paradoxe Patriotismus pflegt den Stolz auf ein anderes Österreich, das momentan nichts gilt. Ein Österreich, das es gibt, aber eher in der Möglichkeitsform (nicht umsonst wurde auch der Möglichkeitssinn hier entdeckt). Der paradoxe Patriotismus zieht dem Einschlagen der Schädel wie dessen landesüblicher Alternative, dem Einziehen des Kopfes, das elegante Ausweichen vor. Der paradoxe Patriotismus bringt es nicht einmal zu einem Programm. Nur zu dem Hinweis, wie wenig seine Gegner, die Austrochauvinisten, von jenen besseren, nie realisierten Möglichkeiten ahnen, die in einer Absage an die Dominanz einer Nationalität über andere Nationalitäten lägen. Ja, der paradoxe Patriotismus begleitet die gegrölte Hauptmelodie wie ein gern überhörtes, dezent intoniertes Seitenthema. Wie anders als ausweichend sollte man in einem Land reagieren, wo die Logik welkt und die Lügen blühen, wo die Politik eingeht und die Paradoxa im Saft stehen? Aber vielleicht, und damit tröste ich mich bis auf weiteres, ist das ja nicht nur in Österreich so.

Inhalt

Armin Thurnher
Das Trauma, ein Leben
Österreichische Einzelheiten
1999. 336 Seiten

Armin Thurnher erzählt Österreichs jüngste Zeitgeschichte von Kreisky bis Klima, von Waldheim bis Haider: scheinbar leicht hingeworfen, geistreich, anregend bis zur knallharten Analyse.

Georg Hoffmann-Ostenhof, *profil*

Eine subtile Analyse der österreichischen Psyche.

Joëlle Stolz, *Le Monde*

In Thurnhers famosem Buch werden sämtliche Erscheinungsformen der österreichischen Malaise und des österreichischen Glücks unter die Lupe genommen und höchst anschaulich analysiert. Und das Kapitel über Jörg Haider ist deswegen so gut, weil es das Phänomen von innen heraus erklärt, nicht von vornherein Eindeutigkeit suggeriert. Das zu lesen, könnte auch hier zu Lande von Nutzen sein.

Helmut Böttiger, *Frankfurter Rundschau*

Ein kluges Österreich-Buch.

Ulrich Weinzierl, *Frankfurter Allgemeine Zeitung*

Armin Thurnhers Buch sei dringend jenen empfohlen, die sich dieser Tage nicht nur empören, sondern auch etwas begreifen wollen.

Claudia Kühner, *Tages-Anzeiger*

Karl-Markus Gauß

Ins unentdeckte Österreich

Nachrufe und Attacken

1998. 184 Seiten

Die Verklärer und die Verächter Österreichs – sie haben sich bequem eingerichtet in ihren Vorurteilen, jeder nach seiner Überzeugung. Aber kommt es wirklich nur darauf an, Österreich zu preisen oder zu verdammen? Karl-Markus Gauß schreibt wider eine Gegenwart, deren Tugend Gedächtnislosigkeit und deren Ideal Opportunismus ist. Klug und ironisch erzählt er vom Josefinismus, den vielen Völkern der Donaumonarchie und was davon übrigblieb, von den Mythen der Habsburger und den Phrasen der heutigen Modernisierer, von Verrätern und Versagern, Rebellen und Dichtern.

Gauß, der einiges über österreichische »Sprach-Erotik« zu sagen hat, demonstriert sie auch: Die Freude am Wort und am Wortspiel, der Genuß am schöpferischen Umgang mit Syntax und Grammatik sind Teil seines eigenen, eigenwilligen Stils. In einer Reihe von einfühlsamen Essays über Werk und Leben verschollener oder doch unterschätzter Denker, Dichter, Historiker, Publizisten, ergibt sich ein Geschichtsbild Österreichs, das man nicht unterschätzen sollte, nur weil es exemplarisch und polemisch statt systematisch entfaltet wird. Hier ist ein Buch, das Klischees abräumt, zur Diskussion reizt und das eigentlich alle angeht, die deutsch sprechen.

Ruth Klüger, *Süddeutsche Zeitung*